高职高专院校公共体育课教材

高职体育教程

SPORT

主　审	薛雨平
副主审	贡建伟　张　陵　邓　雷
主　编	姚　强　曹　兵　孙志伟
副主编	高　伟　沈　帅　高立庆
编　委	杨俊娃　吴彩荣　付江平
	蒋　科　徐爱春　铁龙海

南京大学出版社

图书在版编目(CIP)数据

高职体育教程 / 姚强,曹兵,孙志伟主编.—2 版.
—南京:南京大学出版社,2019.8(2023.7 重印)
ISBN 978-7-305-22574-1

Ⅰ.①高…　Ⅱ.①姚…　②曹…　③孙…　Ⅲ.①体育-
高等职业教育-教材　Ⅳ.①G807.4

中国版本图书馆 CIP 数据核字(2019)第 161984 号

出版发行　南京大学出版社
社　　址　南京市汉口路 22 号　　　　邮　编 210093
出 版 人　金鑫荣
书　　名　**高职体育教程**
主　　编　姚　强　曹　兵　孙志伟
责任编辑　铁　路　　　　　编辑热线　025-83592320
照　　排　南京紫藤制版印务中心
印　　刷　丹阳兴华印务有限公司
开　　本　787×1092　1/16　印张 16　字数 369 千
版　　次　2019 年 8 月第 2 版　2023 年 7 月第 3 次印刷
ISBN　978-7-305-22574-1
定　　价　36.00 元

网址:http://www.njupco.com
官方微博:http://weibo.com/njupco
官方微信号:njupress
销售咨询热线:(025)83594756

序

  21世纪是高等职业教育快速发展的时期,高等职业教育已占据了我国高等教育的半壁江山。无论何种性质的高等职业院校,体育都是学校的必修公共课程。体育课程教学内容的设计是否科学、合理,直接关系到未来人才综合素质的培养质量,也影响着未来社会的和谐发展。高职院校体育课程建设必须改变原有教学模式,创新体育课程教学内容和方法,以新的教学模式对学生的身体、心理和思想进行全面教育,培养学生"健康第一"的终身体育理念。《高职体育教程》是以姚强为主的一批高职院校中青年体育教师,根据多年的教学实践,结合国家对高职体育教学的要求而编写的一本公共体育课教材,它的出版将在高职院校体育课程教材建设中产生积极的影响。

  此书在编写过程中注重贯彻落实《全国普通高等学校体育课程教学指导纲要》精神和"健康第一"的指导思想,结合高职院校的特点和教学的需要,以人为本,以增强体育意识、学会锻炼方法、提高活动能力、培养锻炼习惯为主线,引导学生主动接受体育教育,在欢愉中享受体育乐趣,最终达到身心健康发展的目的。全书注重理论与实践相结合,内容丰富,结构严谨,图文并茂,通俗易懂,是一本具有较强针对性、实用性与可读性的学生课内外体育与健康教育的指导性用书。

  高职院校体育教师也许是一群不太引起人们关注的教师群体,但他们在教学和实践过程中,通过不断地学习与实践,丰富了知识,增长了才干,开阔了视野,活跃了思维。这本教材就是他们的智慧与辛勤耕耘的结晶。我衷心地祝贺他们,也为他们感到欣慰,因为他们为高职院校的体育课程教材建设奠定了发展的基石。

  愿此教材在今后的教学实践中不断地完善,为高职院校体育课程内容和体系建设作出更大贡献。

教育部高等院校体育教学指导委员会委员
南京邮电大学体育部主任、教授

前　言

为了贯彻落实《全国普通高等学校体育课程教学指导纲要》精神和"健康第一"的指导思想,满足高职院校体育教学改革的需要,让学生通过学习和实践,掌握现代体育与健康科学的基本知识、技能和锻炼身体的方法,有效增强体质,促进身心和谐发展,树立"终身体育"的理念,我们组织编写了高等职业院校公共体育课教材《高职体育教程》一书。

《高职体育教程》分理论和实践两部分,计15章。理论部分"体育锻炼与身体健康"、"运动卫生与传统养生"、"国家学生体质健康标准"、"体育竞赛的组织与欣赏"、"奥林匹克运动"各章内容具有时代性、实用性,通俗易懂,学习后能丰富学生的体育文化修养和体育健康知识。实践部分介绍了球类运动、健美操、瑜伽、跆拳道、武术、拓展训练等项目的基础知识与技术,图文并茂,易学易练,实用性强,可供大学生在课内外学习时参考。

本书由南京旅游职业学院姚强、正德职业技术学院曹兵、南京交通职业技术学院孙志伟任主编,高伟、沈帅、高立庆任副主编,编委有杨俊娃、吴彩荣、付江平、蒋科、徐爱春、张俊辉。本书由薛雨平教授任主审,贡建伟教授、张陵教授、邓雷教授任副主审。本书在编写过程中参考和借鉴了前人与当代学者的研究成果,在此向本书所有参考文献的作者表示感谢。本书在编写的过程中得到了正德职业技术学院各级领导以及南京大学出版社铁龙海副编审的大力支持,在此表示真诚的谢意。此外,对未能标明出处的引用内容作者表示歉意。由于水平所限,本书难免有不妥之处,欢迎专家和同行批评指正,以便今后修订时加以完善。

编　者

目录

第一章　体育锻炼与身体健康 ………………………………………… 001

　　第一节　健康的新概念 …………………………………………… 001

　　第二节　体育锻炼与身体健康 …………………………………… 003

第二章　国家学生体质健康标准 …………………………………… 011

　　第一节　测试项目与评分标准 …………………………………… 011

　　第二节　测试方法 ………………………………………………… 020

第三章　运动卫生与传统养生 ……………………………………… 023

　　第一节　运动卫生与自我监督 …………………………………… 023

　　第二节　传统养生 ………………………………………………… 032

第四章　体育竞赛的组织与欣赏 …………………………………… 039

　　第一节　体育竞赛的组织与编排 ………………………………… 039

　　第二节　体育竞赛的欣赏 ………………………………………… 046

第五章　奥林匹克运动 ……………………………………………… 052

　　第一节　奥林匹克运动 …………………………………………… 052

　　第二节　奥林匹克精神象征 ……………………………………… 055

　　第三节　中国与奥林匹克运动 …………………………………… 059

第六章　篮球运动 …………………………………………………… 064

　　第一节　篮球运动概述 …………………………………………… 064

　　第二节　篮球基本技术 …………………………………………… 065

第三节　篮球基本战术 ……………………………………………………… 072

第四节　篮球竞赛主要规则 ………………………………………………… 075

第七章　足球运动 …………………………………………………………… 080

第一节　足球运动概述 ……………………………………………………… 080

第二节　足球基本技术 ……………………………………………………… 081

第三节　足球基本战术 ……………………………………………………… 092

第四节　足球竞赛主要规则 ………………………………………………… 098

第八章　气排球运动 ………………………………………………………… 108

第一节　气排球运动概述 …………………………………………………… 108

第二节　气排球基本技术 …………………………………………………… 108

第三节　气排球竞赛主要规则 ……………………………………………… 115

第九章　乒乓球运动 ………………………………………………………… 118

第一节　乒乓球运动概述 …………………………………………………… 118

第二节　乒乓球基本技术 …………………………………………………… 119

第三节　乒乓球基本战术 …………………………………………………… 123

第四节　乒乓球竞赛主要规则 ……………………………………………… 124

第十章　羽毛球运动 ………………………………………………………… 127

第一节　羽毛球运动概述 …………………………………………………… 127

第二节　羽毛球基本技术 …………………………………………………… 129

第三节　羽毛球基本战术 …………………………………………………… 136

第四节　羽毛球竞赛主要规则 ……………………………………………… 137

第十一章　网球运动 ………………………………………………………… 142

第一节　网球运动概述 ……………………………………………………… 142

第二节　网球基本技术 ……………………………………………………… 143

第三节　网球基本战术 ……………………………………………………… 149

第四节　网球竞赛主要规则 ………………………………………………… 150

第十二章　健美操运动 ……………………………………………………… 154

第一节　健美操运动概述 …………………………………………………… 154

第二节　健美操运动入门与基础 …………………………………………… 158

第三节　全国健美操大众锻炼标准(第三套) ……………………………… 163

第十三章　瑜伽运动 ·· 174

　　第一节　瑜伽运动概述 ·· 174

　　第二节　瑜伽运动基础动作 ···································· 178

　　第三节　瑜伽体位推介 ·· 182

第十四章　跆拳道运动 ·· 191

　　第一节　跆拳道运动概述 ······································ 191

　　第二节　跆拳道基本技术 ······································ 193

　　第三节　跆拳道组合技术 ······································ 197

　　第四节　跆拳道竞赛主要规则 ·································· 198

第十五章　武术运动 ·· 200

　　第一节　武术运动概述 ·· 200

　　第二节　武术的基本功和基本动作 ······························ 203

　　第三节　武术运动套路 ·· 208

第十六章　拓展训练 ·· 240

　　第一节　拓展训练概述 ·· 240

　　第二节　拓展训练的项目分类 ·································· 242

参考文献 ·· 246

第一章

第一节　健康的新概念

一、健康的涵义

健康最简单的定义是身体、精神和心灵的健全。世界卫生组织将健康定义为"不仅仅是没有疾病或衰弱状态",而且是"身体、精神和社会的健全状态"。健康是发现、利用和保护我们的身体、精神、心灵、家庭、社会和环境的所有资源的过程。

健康有很多组成部分:躯体、心理、心灵、社会、智力和环境。我们要将健康看作是一个人生活质量高低的重要标志之一。一般来讲,健康包括以下内容:

具有积极、乐观的态度;

面对应激和烦恼能够控制自我,能够自我放松;

具备能量和活力,没有痛苦或严重的疾病;

拥有朋友和家庭的支持,拥有与所爱的人之间相濡以沫、亲密无间的关系;

对自己的工作感到满意;

拥有清洁的环境。

越来越多的人正在努力达到最理想的健康,即整体健康状态。整体健康指的是有目的、有意义的生活,即以主动、负责、最大限度地提高躯体、精神和心灵的健康为特征的生活方式。健康不仅仅意味着没有疾病,健康还意味着主动采取实际步骤预防疾病,并努力生活得更加丰富、平衡和满足。

尽管躯体健全是健康的基础,但健康工作者所使用的"健康"一词涵义更为广泛。整体健康的概念好比是驾驶汽车:生病就像是开倒车,没有疾病时车子停在中点,积极的健康行为推进你向前驶去。当你的全部生活方式都建筑于增进健康的行为之上时,你就像汽车挂满了档在全速行驶,这时,你就实现了完全的健康。

在整体健康、身体健康和疾病状态中,心理、身体和心灵的功能有相当大的交叉重叠。正如科学家们在最近几十年来所反复证实的那样,心理因素在增进身体健康和预防疾病中起着重要的作用,心理因素也能够引发、加重或者延长躯体的症状。有学者指出:"心理对生理功能的各个方面都有深刻的影响。长期悲观、愤怒、焦虑或抑郁的人容易受到应激事件和疾病的打击,包括罹患心脏病和肿瘤。"同样,在影响病人生理状态的同时,基本上所有的疾病都能影响病人的心理。

二、健康的组成

1. 躯体健康

躯体健康的不同程度,如图1-1连续统一体上的各点所示。左端是早期的夭折;右端是理想的健康状态,此时你的自我感觉和表现极佳;在连续统一体的中间,虽然没有需要医治的疾病,但是你每天的生活并没有充满热情和活力。为了达到最理想的健康状态,我们应当采取积极步骤摆脱疾病,走向健康。我们必须满足身体对营养的需要,经常锻炼,避免不良行为,警惕疾病的早期信号,并且要注意防止发生事故。

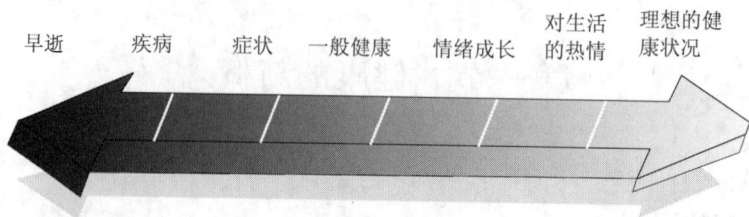

早逝　疾病　症状　一般健康　情绪成长　对生活的热情　理想的健康状况

图 1-1　健康-疾病连续统一体

2. 心理健康

与躯体健康相似,心理健康也不仅是没有精神疾病。心理健康包括情感和思维状态两方面,即情与知。心理健康包括对自己和他人的复杂情感的认识和接受能力、表达情绪的能力、独立行为的能力以及应付日常各种应激源的挑战的能力。

3. 心灵健康

精神生活的基本内容是对社会中某种意义或秩序的信念,一种给人的生命带来伟大意义的高尚力量。心灵健康的人明确其生命的基本目的,学会如何体验爱、欢乐、平和与成就,帮助自己和他人实现潜能。致力于奉献、宽恕和关怀他人,先人后己。

卫生工作者日益认识到精神生活的力量和潜能。哈佛医学院身心医学研究所主任赫伯特·本森博士进行了大量的实验,观察记录心灵对健康的影响。他的结论是:联合应用放松和行为方法,例如:视觉想象,即想象能使你镇静和集中精神的画面,能增强免疫功能,改善自我感觉;冥想,可以使你达到内心的平静与和谐,有助于放松。加上标准的外科和内科治疗,有助于缓解患者的病情,包括慢性疼痛、关节炎、失眠和月经前的症状。

4. 社会健康

社会健康指的是与他人及社会环境相互作用、培育满意的人际关系和实现社会角色的能力。社会健康包括参与社会,为社会作出贡献,与人和睦相处,建立起积极的相互依靠的关系,以及健康的性行为。

研究显示,社会隔离引起患病的危险性增加,"孤独者"的死亡率是有紧密社会联系者的两倍。社会隔离导致发生心脏病的危险性增加。那些相信自己在日常生活方面可以得到家庭和朋友充分支持的心脏病患者,长期存活率较高。社会接触甚至可以防止感冒的发生。在一项对276名健康志愿者进行的研究中,同样暴露在感冒病毒下,有很多社会关系(配偶、朋友、家庭、同事和社交组织成员)的人与社会关系较少者相比,不容易罹患感冒。

健康教育应强调社会健康的重要性,健康的概念不再局限于传统的个人健康概念,已经扩展为单个人的健康与社会和环境的健康之间复杂的相互关系。要提高个人的健康知识和技术水平,培养更健康的生活方式,以增进健康。

5. 智力健康

头脑是唯一有自知力的器官。人每天利用大脑收集、处理信息,并根据这些信息进行行动,利用大脑思索自己的价值,作出决定,制定目标,计划如何应付问题或者应对挑战。智力健康包括思考和在生活经验中学习的能力、思想接受新事物的开放程度以及对信息提出疑问、进行评估的能力。在一生中,每一个人都要借助思维的能力,其中包括评估健康信息以保证个人健康的能力。

智力健康的另一项重要内容是"情感智力",情感智力对个人生活及事业的成功也有很大影响。情感智力包括:自知力、利他主义、个人动机、移情,爱以及被朋友、伴侣和家人所爱。

6. 环境健康

我们生活在物质的和社会的环境中,环境能影响健康的各个方面。环境健康指的是周围环境对个人健康的影响。环境健康意味着通过防护空气、水和土壤污染以及使用的产品所带来的对健康的危害,保护自己,同时要为保护环境本身而努力。正如世界卫生组织指出的那样:"健康的环境不仅是我们的需要,而且是我们的权利。"政府、企业、社会和个人都有责任维护健康的环境。

第二节　体育锻炼与身体健康

体育锻炼能使人头脑发达,思维敏捷;能促进血液循环,提高心脏功能;能改善呼吸功能;能促进骨骼、肌肉结实有力;能使人心情舒畅,精神愉快。

一、人体发展不同时期的特点

1. 人体生命活动的基本规律

要进行科学的身体锻炼,首先必须了解人体的发展过程和生命活动的基本规律。

人是自然界最复杂的有机体。随着社会的发展与进步,人类在实践中逐渐认识到劳动对人体发展有一定局限性,因此就产生了体育,希望用体育锻炼的方式来使人体得到全面发展,以达到增强体质的目的。

从人体的特点来看,人的有机体是一个矛盾的统一体。例如,物质的同化与异化,神经的兴奋与抑制,肌肉的收缩与舒展,血液的阻力与推力,呼气与吸气,体热的产生与散发,细胞的增生与死亡等,都表现出对立与统一的法则。

生命必须依赖蛋白质而存在,并与其周围的外部自然界不断地进行新陈代谢。一旦新陈代谢停止了,人的生命也随之而停止。因为新陈代谢的同化作用,使体内积累了生活物质和能量,而异化作用则消耗体内的生活物质和能量。新陈代谢的同化和异化作用,是相互依存不断进行的,体育运动有利于促进人体的新陈代谢作用。因此,生命在于有节律的运动就是这个道理。

人的一生是经历由弱小到强盛,由强盛到衰老,由衰老到死亡的自然规律发展的过程。因此,现在我们学习和了解人体生命活动的基本规律,就在于更好地通过体育锻炼来达到促进人体的生长发育、增强体质、延年益寿的目的。

2. 人体发展的几个时期的特点

人体的生长发育是一个不停顿的发展过程,但这个发展过程是波浪式的。总的发展趋势是开始生长较快,后来减慢,然后逐步稳定,再由稳定到逐渐衰退的过程。在人的一生中有两次是人体生长发育的高峰期。以身高体重的发育为例,第一次是发生在由胎儿开始到出生后的第一年内,称第一次高峰期。出生后的第二年增长速度略低于第一年,但这时生长发育增长的绝对值仍然很大。以后增长速度继续下降,乃至保持相对稳定的增长速度。第二次出现生长发育高峰约至 17 岁。此后,增长速度逐渐减慢,直到成熟为止。因此,科学和实践证明在人体生长发育过程中,反映在不同的年龄阶段,有它不同的生理特征。

(1) 儿童少年时期。这一时期,总的来说是同化作用占优势,身体各组织器官不断生长发育,使人从幼年发育到青年。

在身体形态的发育过程中由于骨骼的发育快于肌肉,所以表现为人体各生长指数(身高、上下肢长、手长、足长等)的增长领先于围、宽度指数(胸围、臂围等)。身高与体重相比较,身高增长领先于体重。因此,在这个时期主要表现为骨增长快,软骨组织较多,骨组织内水分和有机物多,无机盐多,骨松质多,骨密质少,故骨骼富有弹性,但坚固性能差。由于骨的硬度小,韧性大,所以不易骨折,但易弯曲变形。

肌肉的增长主要表现在长度上,肌纤维细长,横切面积小,肌肉水分较多,蛋白质和无机盐减少,肌肉力量和耐力较差,易疲劳。

在内脏功能上,心肌纤维细,弹力纤维分布较少,心脏收缩力弱,心率快,收缩压低,每搏输出量比青年人小,植物性神经对心脏调节功能尚不完善。胸廓狭小,呼吸肌较弱,呼吸较浅,频率较快,肺活量小,肺通气量绝对值也较小。肝、肾、肠、胃的功能也较弱。

大脑皮层神经过程的兴奋和抑制过程不均衡,兴奋占优势,易扩散,活泼好动,注意力不集中,神经细胞工作能力较青年人弱,易疲劳,但神经过程的灵活性与神经细胞的物质代谢旺盛。故疲劳易消除。

身体形态发育具有性别的差异,9 岁前男女孩这种差异不明显,9—10 岁后女孩的各项发育指标高于男孩,但在 14—16 岁,男孩各项发育指标又超过女孩,以后这个差距继续保持。

(2) 青年时期。青年是少年向中年的过渡阶段,也是人体生长发育的高峰期。这一时期青年人血气方刚,思想活跃,精神饱满,记忆力强,可谓人生最美好的黄金时代。这一时期的生理特点是:

青年人的骨骼系统生长迅速,故身高增加明显。随着身高的增长,肌肉越来越丰满,体重也在不断增加。到青年后期,身高体重逐渐趋向稳定,这时体态、体型发展平衡,显示出一种美的活力。而体力多在 25 岁左右达到顶峰,30 岁以后逐渐下降。

青年期是肌肉纤维增粗,肌肉力量增大的时期。据有关测定表明,18 岁时的有关身体指标均值是:肌肉的增长率占体重的 44.2%;握力男青年约为 44 千克,女青年约为 32

千克;纵跳弹力男青年为 40.5 厘米,女青年为 34 厘米;背力男青年为 125 千克,女青年为 85 千克。男青年的肌肉力量一直发育到 30 岁才达高峰,女青年由于体重增加,弹跳能力有所下降。

随着年龄的增长和机体的发育,青年人的心脏功能渐趋成熟和健全,心、肺、肝、胃、肾的功能均比少年期增强,如心肺收缩力增强,容量明显增大,几乎达到血管容量的 3 倍,为机体进行繁重的脑力劳动和体力劳动奠定了基础。据有关资料表明,我国城市青年的机能测试的平均值是:男青年脉搏为 75.2 次/分钟,收缩压为 118.3 毫米汞柱,舒张压为 74.1 毫米汞柱,肺活量为 4124 毫升;女青年脉搏为 77.5 次/分钟,收缩压为 107.8 毫米汞柱,舒张压为 69.2 毫米汞柱,肺活量为 2871 毫升。

内分泌腺的分泌物(激素)直接透入血液或淋巴,借助血液和淋巴输送到全身,对机体的新陈代谢、生长发育及保持体内酸碱平衡等起着促进和协调作用。青春期各种腺体生长迅速,导致性机能的成熟和第二性征的出现,如男子喉结突出,发音低沉变粗,体毛出现;女子嗓音尖细,出现体毛,乳房隆起,臀部宽大,肢体柔软丰满等。

大脑发育臻于完善,人脑的重量已和成年人相近。随着知识和实践经验的丰富,神经元的联系更加复杂化,大脑皮层细胞活动的数量急剧增加,左半球的语言系统的最高调节能力迅速增强,从而提高了青年人的自调和自控能力。在青春后期,由于大脑质量的改变,人的记忆力、理解力、思维力、想象力都有一个大的飞跃。

(3)中年时期。中年时期是生理上的成熟期,是心理上的稳定期,也是人体生命由盛趋衰的转折期。

进入中年以后,骨密质降低,骨骼脆性增加,骨质增生和骨关节病等容易发生;肌肉的强度逐渐减弱,心肌和骨骼肌开始减退;50 岁左右,皮肤出现斑痕等老化标志;由于皮下脂肪减少,出现皱纹、头皮脱落和头发变白等衰老体征。

成年人的心脏每搏输出量随年龄的增长以每年 1% 的速度直线下降,40 岁以上者主动脉内膜厚约 0.25 毫米,50 岁后继续增厚。由于动脉血管壁弹性降低,因而容易产生高血压和体位性低血压。

若 20 岁时肺功能为 100%,那么 60 岁时下降至 75%,肺活量和最大通气量一般从 30 岁起呈线性下降,20—80 岁期间的动脉血氧量下降 10%—15%。这使得中年人的呼吸功能低于青年人,也是中年人的体力不如青年人的重要原因。

消化和代谢功能在中年期开始下降,基础代谢在 30 岁后平均每年以 0.5% 的速度下降。对热量的需要和代谢率也随年龄的增长日益减少。如中年人仍保持青年人的食量,吃得好,但活动量小,多余的热量便转化为脂肪贮存起来,这是中年人发胖的一个重要因素,而且易导致肠胃病。

就肾功能来讲,40 岁前肾血流量一般保持正常,以后每 10 年减少 10%。

年过 40 后,脑组织的水分、蛋白质、脂肪、核糖核酸的含量及其转运率逐渐下降,神经细胞的数量开始减少,脑组织开始萎缩,重量开始减轻。神经活动比较稳定,对情绪性刺激的反应不如青年时期那样强烈,能在不同的环境条件下保持稳定的工作效率。记忆力有轻度减退,但思维能力强,特别是抽象思维、创造性思维有所发展。所以中年期是承上启下大有作为的时期。

中年期向老年期过渡的时期称为更年期。一般认为,女性的更年期在 45—55 岁之间,男性的更年期在 55—65 岁之间。在更年期,人会出现一系列反常的生理现象,如眩晕、心悸、易怒、自以为是、失眠多梦、记忆力下降等症状。

(4) 老年时期。我国中华医学会提出 60 岁以上者为老年人以及老年的分期意见,即 45—59 岁为老年前期,60—89 岁为老年期,90 岁以上为长寿期。世界卫生组织经过种种测定,将人生年龄重新划分如下:凡 44 岁以下者为青年人(过去是 35 岁以下),45—59 岁为中年人,60—74 岁为年轻的老年人,75—89 岁为老年人,90 岁以上者称为长寿老人。

人进入老年时期后,有机体的机能缓慢衰退。45 岁左右心肌功能开始逐渐减弱,65 岁时心搏输出量与 25 岁相比要减少 40%。70 岁的老人中,血管硬化者约占 60%,冠状动脉硬化者约占 36%。由于血管壁增厚,动脉硬化,老人的血压常常增高。

老年人的呼吸功能随着年龄的增加而明显下降,由于肺泡隔膜的消失,肺泡的数目减少,剩余的肺泡变大,使肺泡和细支气管扩张。由于呼吸肌、膈肌和韧带的萎缩,肺和气管弹性下降,呼吸功能降低,肺活量下降,80 岁老人的肺活量只有 20 岁青年人的一半。肾、胃、肠的功能也在衰退且容易发生病变。

老年人的骨骼系统也在发生变化。如关节腔变窄;骨骼的弹性、韧性变差;骨组织变松变脆,容易发生骨折和骨裂;肌肉和韧带的弹性变差,若身体承担的运动负荷不当,容易使肌肉纤维和韧带断裂。

老年人的脑细胞和脑组织的重量相应减少,触觉和本应感觉的灵敏性、听觉和视觉的敏锐性均在减退,只适合参加节奏较慢的活动。

需要指出的是,人体发展总趋势是不可改变的,但衰退速度的快慢和体质的强弱是可以控制的。事实证明,人体的发展和变化,有两种不同的方向:不利的条件会削弱人体的结构和机能,导致早衰;有利的条件能增强体质,健康长寿。了解人体生长发育及发展变化的客观规律,有利于我们更有效地促进身体发展,增强体质,增进健康。

二、体育锻炼有益于人的身体健康

1. 体育锻炼能使人头脑发达,思维敏捷

人的重要生理活动,主要通过反射的方式进行。反射分为条件与非条件反射两类。非条件反射是遗传的,其神经中枢在大脑皮层下部。条件反射是通过后天学习、训练建立起的反射活动的高级形式,其神经中枢主要在大脑皮层。而体育活动中的各种技术动作和变化莫测的战术配合,是通过感受器不断地对大脑皮层进行复合性的强化刺激,产生刺激效应,使大脑皮层的兴奋与抑制更加加深、更加集中。例如打乒乓球时,接发球的一瞬间,大脑皮层进行了一系列复杂的分析与综合,对方发球的姿势、击球部位、声音、球的方向、弧度、旋转和落台地点等刺激相继出现,所有的刺激由相应的感受器接收后并传入大脑皮层,引起皮层不同的细胞活动,依靠暂时的神经联系,把这些活动联成一个整体,使接球者对发过来的球产生综合的概念:是好球还是坏球,是怎样旋转的球,用什么方法把球击过去等。再如竞技体操运动时的肌肉收缩性质,有动力性成分,也有静力性成分。既要建立各对抗肌中枢之间兴奋和抑制交替活动的动力定型,又要建立它们之间处于同一神经过程的静力定型,且根据动作技能组合安排的需要,神经过程的高低强弱与接替,均需按规定节奏进行。因此大脑皮层与大脑皮层下运动中枢可因训练而形成全新的协调关系,有时需加强或保持低级中枢的交互抑制,有时又需要改造它们。由此可

知,体育锻炼使机体的每一种非条件反射都可能与各种各样的外界刺激结合起来而建立的相应的条件反射,从而使人的头脑发达、思维敏捷,达到提神健脑的功效。

2. 促进血液循环,提高心脏功能

体育活动时,由于体内能量物质消耗增强、代谢物增多,必须加快血液的流通量,及时满足机体各部能源的供应和代谢物的排泄。例如在激烈运动时,运动员每搏输出量从安静时的 100 毫升激增至 180 毫升,每分钟向全身输送血液可高达 35000 毫升。这就促进了血液循环,增强了血管壁的弹性,同时也提高了血液中高密度脂蛋白的数量,降低和限制了胆固醇在血管壁上的存积。血液循环的加快,血液需求量的激增,又促使心脏从形态、机能和功能上产生良好的适应。例如心脏运动性肥大,使心脏面积比一般人大 10% 以上;心肌发达,收缩力强,一般人每搏输出血液 113 毫升,而优秀运动员每搏输出量可高达 200 毫升;心容量大,心力贮备高,据测试一般人为 765—785 毫升,而运动员可达 1015—1027 毫升;窦性心率徐缓,一般人为 70—80 次/分钟,经常从事体育锻炼者约为 50—60 次/分钟,优秀运动员为 36—40 次/分钟。心脏的调节机能也大为提高,主要表现在:运动开始后,能迅速动员心血管系统的功能,以适应运动的需要;在进行激烈运动的过程中,可发挥心血管系统的最大潜力,充分动员心力贮备;运动结束后,能很快地恢复到安静水平。

3. 改善呼吸功能

体育活动对于人体的呼吸系统影响甚大。体内的一切活动需要能量,而这些能量都来源于体内营养物质的氧化。及时排出二氧化碳,吸进新鲜空气,借助于不停地呼吸运动。经常参加体育锻炼,能使呼吸肌增强,肺通气量提高,每分钟可达 80—100 升或更多,长跑者为 180—200 升;肺活量增大,一般男子为 3000—3500 毫升,女子为 2500—3000 毫升,而锻炼者为 4000—5000 毫升;氧利用率提高,安静时氧利用率为 25%,较剧烈运动时可达 65%,是安静时的 2.6 倍。剧烈运动时,毛细血管与细胞间的氧分压增加,足部血流量增加 3 倍,氧气供应率比安静时高出 9 倍以上,氧利用率接近 100%。安静时,一般人每分钟呼吸约 18 次,而锻炼者只有 12 次左右。以上这些都充分证明体育锻炼能有效地提高人体的有氧工作能力,充分改善呼吸系统的功能。

4. 促进骨骼、肌肉结实有力

体育锻炼能促进机体的生长发育,提高运动器官的机能,使管状骨变粗,骨密质加厚,骨小梁排列密集,骨结节粗隆增大等。坚持参加体育活动的人,骨密质可增厚 1.5—8 毫米。所有这些变化均赋予骨骼坚固密实、抗压性强的特性。体育锻炼时,肌肉工作加强,血液工作增加,使原有的肌肉纤维增粗,肌肉块增大。通过锻炼,男子臂围、腿围等可增长 4 厘米以上,女子可增长 0.6 厘米以上,肌肉的重量可占体重的 50% 以上,而不锻炼者肌肉的重量只占体重的 35%—40%。因此,体育锻炼能使肌肉更加结实有力,并具有高度的兴奋性和灵活性。

5. 使人心情舒畅、精神愉快

现实生活中,一个人的身体和精神是密不可分的。毛泽东在《体育之研究》一文中指出"身体健全,感情斯正"。列宁也曾说过"健全的精神寓于健全的身体"。这些精辟的论述都充分说明体质强壮、精力充沛、生命力旺盛,对一个人的精神面貌、思想情绪、心理状态都具有重大的影响和作用。反之,就会有如我国古代医书《内经》所说的"怒伤肝,思伤脾,忧伤肺,恐伤肾"的不良情绪,而直接危害人体的健康。

从体育锻炼的内涵来说,它不仅能发展身体,增强体质,延年益寿,而且也是一种高尚的文化娱乐活动。它既能满足人们精神生活上的需要,又能使人们在精神上得到一种乐趣和享受,故具有炼意志、调感情之功效。

体育锻炼多属室外运动,它把人们带进大自然的怀抱之中。在那阳光灿烂、空气新鲜的环境下进行锻炼,充分享受大自然赋予人们的无穷乐趣,更使人感到心情舒畅,精神愉快。

总之,体育锻炼对人体发展的作用是巨大的,但是只有按照人体生长发育的规律,坚持不懈地去进行科学锻炼,方能达到上述目的。

三、体育锻炼有益于人的心理健康

体育是一项以人体自身运动为中介的社会文化教育活动。它既由社会规律所决定,也受人的生理、心理规律所制约。体育活动与人的心理之间表现为一种相互作用并相互影响的关系。良好的心理素质是有效地进行体育活动的重要条件,从事体育活动对人的心理有一些不同日常生活的要求。另一方面,通过体育活动又有助于提高人的心理功能和增进心理健康,促进个体相应心理素质的发展。

1. 体育活动有益于人的心理功能提高

(1) 体育活动能促进人的认知能力发展。体育活动具有直观性,它需要参加者必须综合地运用各种有关的感觉器官,不仅通过视觉、听觉等来感知动作的形象,还要通过触觉和肌肉的本体感觉来感知动作的要领、肌肉用力的程度和方法,以及完成动作过程中的时间与空间关系等,从而建立完整、正确的运动表象。在这过程中,人的感知能力、观察力以及形象记忆、运动记忆能力等均得到发展与提高,有利于促进思维的灵活性、敏捷性,有利于挖掘人的思维潜能。

(2) 体育活动有益于人的情感控制和调节。情感是人对客观事物的态度体验。体育活动内容的多样性与吸引力,能诱发人们从事体育活动的兴趣和爱好;体育活动内容的复杂性与多变性,又能激发人们的应变行为与能力。经常参加体育活动,既能很快激发起强烈的情感,保持乐观、稳定、健康的情绪,又能控制、克服情绪的冲动性、易变性,使之服从活动的需要,从而培养情感的目的性和深刻性。同时,体育活动有助于改善大脑皮层与产生情绪有关的各皮下中枢的调节能力,因而能促进人的情感的自控能力向成熟发展。

(3) 体育活动能强化人的意志。一切体育活动都要求人积极主动地进行,体育活动还充满着失败和挫折。因此,它与意志始终联系在一起。在体育活动中,主、客观方面的困难愈大,需要付出的努力愈大。这说明努力的积极程度愈高,愈能培养出良好的意志品质。意志品质是在克服困难的过程中表现出来的,更是在克服困难的过程中培养起来的。

(4) 体育活动能促进人的社会化。体育活动中,参加者无需过多的智力准备即可参与并在相互之间产生亲近感。尤其是参加者不需划分民族、阶级,这使各种不同信仰、不同民族、不同意识形态的人广泛接触,消除人们之间由于不同语言、社会背景带来的交往障碍,从而使不同政体的国家关系和不同文化背景的民族关系得到改善。

体育活动能改善人与人之间的关系,缩短人际间的距离。在运动协作中扩大交往,相互协作与支持,使同伴之间(师生之间、同学之间)产生一种亲近感,从而有助于形成待人诚恳、合作、有礼貌等良好的社会行为,提高社会适应能力。

(5) 体育活动有助于形成积极的自我概念。从事体育活动能改善一个人对自己体育能力的认识,对自己身体外貌(吸引力)的认识,对自己身体的抵抗力和健康状况的认知。体育活动的开放性使每个人的个性得到表现的机会,这促进了交往人群的相互了解,有助于培养个人优秀的个性品质。

2. 体育活动有益于增进心理健康

体育活动是预防和治疗各种心理疾病的有效手段,对神经衰弱、忧郁症、恐惧症等多种神经官能症和心身疾病有治疗作用。就目前而言,尽管对一些心理疾病的病因以及体育活动为什么有助于心理疾病消除的基本机制尚不完全清楚,但体育活动作为一种心理治疗手段在国内外已开始流行起来。心理学者迪什曼曾概括了 1750 名医生的材料,发现从事体育活动(如慢跑、游泳、骑自行车、力量训练和快走等)对于治疗抑郁症的有效率达 85％,对于焦虑症的有效率达 60％,对于对化学药品有依赖性者的有效率达 43％。

3. 体育活动对人心理各方面的影响

(1) 体育活动对发展能力的影响。参加体育活动的人所应具备的一般能力就是拥有正常的身体以及某项活动所要求的最基本的活动能力(走、跑、跳等),而并不在乎这些能力水平的高低。

专门能力名目众多。例如球类运动员敏捷的反应能力、控制球协调能力;体操运动员良好的空间感、速度感、体位感;个人项目选手良好的情绪控制能力;水上运动者的水感;击剑选手的躲闪能力;乒乓球选手的力量分配能力,等等。

实践活动能力表现在对活动组织、活动中发生问题的处理,突发事件的预防与解决,改进活动的本领等方面。

(2) 体育活动对性格的影响。体育活动使人积累了丰富的经验,这些经验使性格产生质的变化。在国外的一项实验观察中,运动技能好的少年儿童表现得积极、冷静、办法多、有人缘和合作精神;反之则表现出畏首畏尾、羞羞答答、紧张等消极倾向。这些行为特征在其他年龄组人群中也有同样的表现。

体育锻炼中运动能力与身体能力涉及的社会评价、价值观念,通过间接形式促进了人的性格的发展。

经常有计划地从事体育活动,对一个人良好性格的形成能产生巨大的影响。体育运动能够培养人的意志力,能够培养人的勇敢、自制力、果断性、顽强性以及坚强性和纪律性等,这些都对性格的发展有着重要的影响。

(3) 体育活动对气质的影响。每一种体育活动都对气质提出了不同的要求,参加篮球、足球的练习,以胆汁质、多血质为合适;射击、射箭则希望参加者的气质为粘液质,神经活动高度平衡。正因为如此,在运动员选材和参加体育活动选项时要首先考虑到这方面的先天素质条件。

胆汁质的人开始参加射击活动,很难适应长时间瞄准、缓慢扣动扳机、一个姿态维持许久而不变换等。但是射击活动的这些特点能够改变胆汁质急躁、变化快的弱点。如果参加者努力改变自己以适应射击活动的要求,随着时间的推移,射击活动最终能改变他的气质特点。研究表明,在运动资历较长的运动员中,他们都是一些善于适应生活,具有强型神经系统的胆汁质和多血质的人。

(4) 体育活动对兴趣发展的影响。体育活动是一种富有乐趣的社会文化活动,经常参加体育活动,不仅能全面提高身体素质,增加体力,也可以提高大脑皮层神经细胞的工作能力,使人精神振奋,增加乐趣,促进人的智力发展。此外,它还具有积极性休息的作用。

(5) 体育活动对情感、意志发展的影响。体育活动对发展情感和意志力有着重大影响。它能改善大脑皮层对发生情绪有关的各皮下中枢的调节能力,因而能促进人的情感、情绪的自控能力向成熟发展。

体育活动不仅要随时克服各种外界的障碍和困难,而且还要不断克服自身思想上的各种阻力和障碍,因此,运动既能培养人坚毅顽强的意志品质,又能培养积极向上的情感和情操。

体育活动能丰富人的生活,改变人的心境和思维方式,容易使人的情绪乐观、稳定、健康,形成豁达开朗的性格。

(6) 体育活动对个性发展的影响。首先,体育活动中能展现自我,能宣泄由封闭造成的精神压抑,并能缩短人际间的距离,在活动协作中扩大交往,因而是消除心理冲突、发展个性、使之向健康积极方向发展的理想方法。其次,体育活动最少依赖性,活动中要遵守规则、和他人进行真诚合作与支持,因此是培养人正确处理独立性与依赖性矛盾的良好途径。再次,通过体育活动,可以指导大学生从体力、气质和活动能力等方面认识两性间的关怀,培养正确对待异性的观念与健康的行为方式。最后,体育活动不仅能增强体质、健全体魄,而且能促进个性的全面发展。

【复习思考题】

■ 健康由哪几部分组成?
■ 简述人体发展的几个时期的特点。
■ 简述体育锻炼对人体发展的影响。
■ 简述体育锻炼对心理健康的影响。

第二章　国家学生体质健康标准

《国家学生体质健康标准》的制定与实施，是学校教育落实"健康第一"指导思想的具体措施。《标准》是促进学生体质健康发展、激励学生积极进行身体锻炼的教育手段，是学生体质健康的个体评价标准，也是学生毕业的基本条件之一。

第一节　测试项目与评分标准

一、有关事项的说明

（1）2014 年进行修订的《国家学生体质健康标准》（以下简称《标准》）是国家学校教育质量基本标准，是评价学生综合素质、评估学校工作和衡量各地教育发展的重要依据，是《国家体育锻炼标准》在学校的具体实施，适用于全日制普通小学、初中、普通高中、中等职业学校、普通高等学校的学生。

（2）《标准》从身体形态、身体机能和身体素质等方面综合评定学生的体质健康水平，是促进学生体质健康发展、激励学生积极进行身体锻炼的教育手段，是国家学生发展核心素养体系和学业质量标准的重要组成部分，是学生体质健康的个体评价标准。

（3）《标准》有关普通高校部分设置大学一、二年级为一组，三、四年级为一组。

（4）大学各组别的测试指标均为必测指标。其中，身体形态类中的体重指数（BMI）、身体机能类中的肺活量，以及身体素质类中的 50 米跑、坐位体前屈、立定跳远为学生共性指标。此外，男生引体向上、1 000 米跑，女生 1 分钟仰卧起坐、800 米跑也为必测项目。

（5）《标准》的学年总分由标准分与附加分之和构成，满分为 120 分。标准分由各单项指标得分与权重乘积之和组成，满分为 100 分。附加分根据实测成绩确定，即对成绩超过 100 分的加分指标进行加分，满分为 20 分；大学的加分指标为男生引体向上和1 000 米跑，女生 1 分钟仰卧起坐和 800 米跑，各指标加分幅度均为 10 分。

（6）根据学生学年总分评定等级：90.0 分及以上为优秀，80.0～89.9 分为良好，60.0～79.9 分为及格，59.9 分及以下为不及格。

（7）每个学生每学年按照《标准》进行一次测试与评定，并记入《〈国家学生体质健康标准〉登记卡》。学生毕业时的成绩和等级，按毕业当年学年总分的 50%与其他学年总分平均得分的 50%之和进行评定。

（8）学生测试成绩评定达到《标准》良好及以上等级者，方可参加评优与评奖；成绩达到优秀者，方可获体育奖学分。测试成绩评定不及格者，在本学年度准予补测一次，补测仍不及格,则学年成绩评定为不及格。普通高等学校学生毕业时,《标准》测试的成绩达不到 50 分者按结业或肄业处理。

(9) 学生因病或残疾可向学校提交暂缓或免予执行《标准》的申请,经医疗单位证明,体育教学部门核准,可暂缓或免予执行《标准》,并填写《免予执行〈国家学生体质健康标准〉申请表》,存入学生档案。确实丧失运动能力、被免予执行《标准》的残疾学生,仍可参加评优与评奖,毕业时《标准》成绩需注明免测。

二、单项指标与权重

单项指标	权重(%)
体重指数(BMI)	15
肺活量	15
50 米跑	20
坐位体前屈	10
立定跳远	10
引体向上(男)/1 分钟仰卧起坐(女)	10
1 000 米跑(男)/800 米跑(女)	20

注:体重指数(BMI)=体重(千克)/身高^2(米^2)。

三、标准分指标评分表

1. 大学男女生体重指数(BMI)单项评分表(单位:千克/米^2)

等级	单项得分	指数	
		男	女
正常	100	17.9～23.9	17.2～23.9
低体重	80	≤17.8	≤17.1
超重		24.0～27.9	24.0～27.9
肥胖	60	≥28.0	≥28.0

2. 大学男女生肺活量单项评分表(单位:毫升)

等级	单项得分	男		女	
		大一大二	大三大四	大一大二	大三大四
优秀	100	5 040	5 140	3 400	3 450
	95	4 920	5 020	3 350	3 400
	90	4 800	4 900	3 300	3 350
良好	85	4 550	4 650	3 150	3 200
	80	4 300	4 400	3 000	3 050

等级	单项得分	男		女	
		大一大二	大三大四	大一大二	大三大四
及格	78	4 180	4 280	2 900	2 950
	76	4 060	4 160	2 800	2 850
	74	3 940	4 040	2 700	2 750
	72	3 820	3 920	2 600	2 650
	70	3 700	3 800	2 500	2 550
	68	3 580	3 680	2 400	2 450
	66	3 460	3 560	2 300	2 350
	64	3 340	3 440	2 200	2 250
	62	3 220	3 320	2 100	2 150
	60	3 100	3 200	2 000	2 050
不及格	50	2 940	3 030	1 960	2 010
	40	2 780	2 860	1 920	1 970
	30	2 620	2 690	1 880	1 930
	20	2 460	2 520	1 840	1 890
	10	2 300	2 350	1 800	1 850

3. 大学男女生 50 米跑单项评分表（单位：秒）

等级	单项得分	男		女	
		大一大二	大三大四	大一大二	大三大四
优秀	100	6.7	6.6	7.5	7.4
	95	6.8	6.7	7.6	7.5
	90	6.9	6.8	7.7	7.6
良好	85	7.0	6.9	8.0	7.9
	80	7.1	7.0	8.3	8.2
及格	78	7.3	7.2	8.5	8.4
	76	7.5	7.4	8.7	8.6
	74	7.7	7.6	8.9	8.8
	72	7.9	7.8	9.1	9.0
	70	8.1	8.0	9.3	9.2
	68	8.3	8.2	9.5	9.4
	66	8.5	8.4	9.7	9.6
	64	8.7	8.6	9.9	9.8
	62	8.9	8.8	10.1	10.0
	60	9.1	9.0	10.3	10.2

续　表

等级	单项得分	男		女	
		大一大二	大三大四	大一大二	大三大四
不及格	50	9.3	9.2	10.5	10.4
	40	9.5	9.4	10.7	10.6
	30	9.7	9.6	10.9	10.8
	20	9.9	9.8	11.1	11.0
	10	10.1	10.0	11.3	11.2

4. 大学男女生坐位体前屈单项评分表（单位:厘米）

等级	单项得分	男		女	
		大一大二	大三大四	大一大二	大三大四
优秀	100	24.9	25.1	25.8	26.3
	95	23.1	23.3	24.0	24.4
	90	21.3	21.5	22.2	22.4
良好	85	19.5	19.9	20.6	21.0
	80	17.7	18.2	19.0	19.5
及格	78	16.3	16.8	17.7	18.2
	76	14.9	15.4	16.4	16.9
	74	13.5	14.0	15.1	15.6
	72	12.1	12.6	13.8	14.3
	70	10.7	11.2	12.5	13.0
	68	9.3	9.8	11.2	11.7
	66	7.9	8.4	9.9	10.4
	64	6.5	7.0	8.6	9.1
	62	5.1	5.6	7.3	7.8
	60	3.7	4.2	6.0	6.5
不及格	50	2.7	3.2	5.2	5.7
	40	1.7	2.2	4.4	4.9
	30	0.7	1.2	3.6	4.1
	20	−0.3	0.2	2.8	3.3
	10	−1.3	−0.8	2.0	2.5

5. 大学男女生立定跳远单项评分表（单位：厘米）

等级	单项得分	男		女	
		大一大二	大三大四	大一大二	大三大四
优秀	100	273	275	207	208
	95	268	270	201	202
	90	263	265	195	196
良好	85	256	258	188	189
	80	248	250	181	182
及格	78	244	246	178	179
	76	240	242	175	176
	74	236	238	172	173
	72	232	234	169	170
	70	228	230	166	167
	68	224	226	163	164
	66	220	222	160	161
	64	216	218	157	158
	62	212	214	154	155
	60	208	210	151	152
不及格	50	203	205	146	147
	40	198	200	141	142
	30	193	195	136	137
	20	188	190	131	132
	10	183	185	126	127

6. 大学男生引体向上单项评分表（单位：次）

等级	单项得分	大一大二	大三大四
优秀	100	19	20
	95	18	19
	90	17	18
良好	85	16	17
	80	15	16
及格	78		
	76	14	15
	74		
	72	13	14
	70		

等级	单项得分	大一大二	大三大四
及格	68	12	13
	66		
	64	11	12
	62		
	60	10	11
不及格	50	9	10
	40	8	9
	30	7	8
	20	6	7
	10	5	6

7. 大学女生一分钟仰卧起坐单项评分表（单位：次）

等级	单项得分	大一大二	大三大四
优秀	100	56	57
	95	54	55
	90	52	53
良好	85	49	50
	80	46	47
及格	78	44	45
	76	42	43
	74	40	41
	72	38	39
	70	36	37
	68	34	35
	66	32	33
	64	30	31
	62	28	29
	60	26	27
不及格	50	24	25
	40	22	23
	30	20	21
	20	18	19
	10	16	17

8. 大学男生 1 000 米耐力跑单项评分表（单位:分·秒）

等级	单项得分	大一大二	大三大四
优秀	100	3′17″	3′15″
	95	3′22″	3′20″
	90	3′27″	3′25″
良好	85	3′34″	3′32″
	80	3′42″	3′40″
及格	78	3′47″	3′45″
	76	3′52″	3′50″
	74	3′57″	3′55″
	72	4′02″	4′00″
	70	4′07″	4′05″
	68	4′12″	4′10″
	66	4′17″	4′15″
	64	4′22″	4′20″
	62	4′27″	4′25″
	60	4′32″	4′30″
不及格	50	4′52″	4′50″
	40	5′12″	5′10″
	30	5′32″	5′30″
	20	5′52″	5′50″
	10	6′12″	6′10″

9. 大学女生 800 米耐力跑单项评分表（单位:分·秒）

等级	单项得分	大一大二	大三大四
优秀	100	3′18″	3′16″
	95	3′24″	3′22″
	90	3′30″	3′28″
良好	85	3′37″	3′35″
	80	3′44″	3′42″
及格	78	3′49″	3′47″
	76	3′54″	3′52″
	74	3′59″	3′57″
	72	4′04″	4′02″
	70	4′09″	4′07″
	68	4′14″	4′12″

等级	单项得分	大一大二	大三大四
及格	66	4′19″	4′17″
	64	4′24″	4′22″
	62	4′29″	4′27″
	60	4′34″	4′32″
不及格	50	4′44″	4′42″
	40	4′54″	4′52″
	30	5′04″	5′02″
	20	5′14″	5′12″
	10	5′24″	5′22″

四、加分指标评分表

1. 大学男生引体向上加分评分表（单位：次）

加分	大一大二	大三大四
10	10	10
9	9	9
8	8	8
7	7	7
6	6	6
5	5	5
4	4	4
3	3	3
2	2	2
1	1	1

2. 大学女生一分钟仰卧起坐加分评分表（单位：次）

加分	大一大二	大三大四
10	13	13
9	12	12
8	11	11
7	10	10
6	9	9
5	8	8
4	7	7

加分	大一大二	大三大四
3	6	6
2	4	4
1	2	2

注:引体向上、一分钟仰卧起坐均为高优指标,学生成绩超过单项评分100分后,以超过的次数所对应的分数进行加分。

3. 大学男生1 000米跑加分评分表(单位:分·秒)

加分	大一大二	大三大四
10	−35″	−35″
9	−32″	−32″
8	−29″	−29″
7	−26″	−26″
6	−23″	−23″
5	−20″	−20″
4	−16″	−16″
3	−12″	−12″
2	−8″	−8″
1	−4″	−4″

4. 大学女生800米跑加分评分表(单位:分·秒)

加分	大一大二	大三大四
10	−50″	−50″
9	−45″	−45″
8	−40″	−40″
7	−35″	−35″
6	−30″	−30″
5	−25″	−25″
4	−20″	−20″
3	−15″	−15″
2	−10″	−10″
1	−5″	−5″

注:1 000米跑、800米跑均为低优指标,学生成绩低于单项评分100分后,以减少的秒数所对应的分数进行加分。

第二节　测试方法

一、体重指数(BMI)测试

体重指数(BMI)是将体重和身高综合起来,以体重(千克)除以每平方米身高所得的数值,判定学生的体形匀称度,反映学生的营养状况、体重是否正常或超重。评价该指标时,身高单位为平方米,测试时保留1位小数;体重的单位为千克,测试时保留1位小数。

1. 身高测试方法

受试者赤足,立正姿势站在身高计的底板上(上肢自然下垂,两足跟并拢,两足尖分开约成60°角)。足跟、骶骨部及两肩胛区与立柱相接触,躯干自然挺直,头部正直,耳屏上缘与眼眶下缘呈水平位。测试人员站在受试者右侧,将水平压板轻轻沿立柱下滑,轻压于受试者头顶。测试人员读数时双眼应与压板水平面等高进行读数,以厘米为单位,精确到小数点后一位。测试误差不得超过0.5厘米。

2. 体重测试方法

测试时,受试者赤足,男性受试者身着短裤;女性受试者身着短裤、短袖衫,站在秤台中央。读数以千克为单位,精确到小数点后一位。

二、肺活量测试

肺活量是指在不限时间的情况下,一次最大吸气后再尽最大力量所呼出的气体量。肺活量因性别和年龄而异,男性明显高于女性。在20岁前,肺活量随着年龄增长而逐渐增大,20岁后增加量就不明显了。体育锻炼可以明显地提高肺活量,如中长跑运动员和游泳运动员的肺活量可达6 000毫升以上。

测试方法:房间通风良好;使用干燥的一次性口嘴(非一次性口嘴,则每换测试对象需消毒一次。每测一人时将口嘴朝下倒出唾液,并注意消毒后必须使其干燥)。肺活量计主机放置于平稳桌面上,检查电源线及接口是否牢固,按工作键液晶屏显示"0"即表示机器进入工作状态,预热5分钟后测试为佳。

被测者要尽全力、以中等速度和力度吹气。被测试者深吸气后屏住气再对准口嘴尽力深呼气,直至不能呼气为止。液晶屏上最终显示的数字即为肺活量。每位受试者测三次,每次间隔15秒,记录三次数值,选取最大值作为测试结果,不保留小数。

三、50米跑测试

50米跑是国际上通用的测试项目,通过较短距离的高强度跑测试速度素质。速度素质的测试可以反映人体中枢神经系统的机能状态和神经与肌肉的调节机能,也可以综合地反映人体的爆发力、灵敏、反应、柔韧性等素质。速度素质有性别和年龄差异。男性在20岁前、女性在18岁前一般是随着年龄增长而提高。体重过大或肥胖都会影响速度。

《标准》中50米跑的测试和评价以秒为单位,保留1位小数,小数点后第二位数非"0"时则进1,例如10.11秒,按10.2秒查表评分。

四、坐位体前屈测试

坐位体前屈是用于反映人体柔韧性的测试项目。柔韧性是指人体完成动作时,关节、肌肉、肌腱和韧带的伸展能力。柔韧性的提高,对增强身体的协调能力,更好地发挥力量、速度等素质,提高技能和技术,防止运动创伤等都有积极的作用。

测试方法：受试者两腿伸直,两脚蹬测试纵板坐在平地上,两脚分开约 10～15 厘米,上体前屈,两臂伸直向前,用两手中指尖逐渐向前推动游标,直到不能前推为止(图 2-1)。测试计的脚蹬纵板内沿平面为 0 点,向内为负值,向前为正值。记录以厘米为单位,保留一位小数。测试两次,取最好成绩。

图 2-1

五、立定跳远测试

立定跳远是测试爆发力的项目,爆发力是指在最短时间内发挥最大的力量。爆发力的大小不仅取决于力量,而且取决于力量和速度的结合。

《标准》中立定跳远的测试和评价以厘米为单位,保留整数,小数点后四舍五入。

六、引体向上(男)测试

引体向上是测试上肢肌肉力量和肌肉耐力的一个项目。测试在高单杠或横杠(杠粗以手能握住为准)上进行。男生经常进行引体向上练习,可以发展胸大肌、肩部三角肌,这对塑造男生健美形体也有积极的作用。

测试方法：受试者跳起双手正握杠,两手与肩同宽成直臂悬垂。静止后,两臂同时用力引体(身体不能有附加动作),上拉到下颏超过横杠上缘为完成一次。记录引体次数。

测试时要求受试者应双手正握单杠,待身体静止后开始测试。引体向上时,身体不得做大的摆动,也不得借助其他附加动作撑起。

七、仰卧起坐(女)测试

仰卧起坐是测试肌腹力量和耐力的一个项目。较强的腰腹力量对女性将来在生育等方面有着十分重要的作用。

测试方法：受试者仰卧于垫上,两腿稍分开,屈膝呈 90°左右角,两手指交叉贴于脑后。另一同伴压住其踝关节,以固定下肢。受试者坐起时两肘触及或超过双膝为完成一次(图 2-2)。仰卧时两肩胛必须触垫。测试人员发出"开始"口令的同时开表计时,记录 1 分钟内完成次数。1 分钟到时,受试者虽已坐起但肘关节未达到双膝者不计该次数,精确到个位。如发现受试者借用肘部撑垫或臀部起落的力量起坐时,该次不计数。测试过程中,观测人员应向受试者报数。受试者双脚必须放于垫上。

图 2-2

八、1 000 米(男)、800 米(女)跑测试

过去多发生在老年期的心、脑血管疾病,现在正在向低年龄的青壮年蔓延,有的青少

年已患上心脑血管疾病。运动不足是重要原因之一。低强度,长时间的运动,如长跑,能充分地动员体内脂肪分解供能,有效提高机体分解和利用脂类物质能力,促进身体健康。而且长跑测试既可以反映肌肉耐力,又可以反映呼吸系统和心血管系统的机能水平,有其他测验项目不可替代的作用。

《标准》中1 000米跑(男)、800米跑(女)的测试和评价以分、秒为单位记录成绩,不计小数,然后进行查表评分。

【思考题】

■ 对照《国家学生体质健康标准》,试给自己健康状况进行评分。

附:《国家学生体质健康标准》登记卡

学校_____

姓　名		性　别		学　号	
院(系)		民　族		出生日期	

单项指标	大一			大二			大三			大四			毕业成绩	
	成绩	得分	等级	成绩	得分	等级	成绩	得分	等级	成绩	得分	等级	得分	等级
体重指数(BMI)(千克/米²)														
肺活量(毫升)														
50米跑(秒)														
坐位体前屈(厘米)														
立定跳远(厘米)														
引体向上(男)/1分钟仰卧起坐(女)(次)														
1 000米跑(男)/800米跑(女)(分·秒)														
标准分														

加分指标	成绩	附加分	成绩	附加分	成绩	附加分	成绩	附加分
引体向上(男)/1分钟仰卧起坐(女)(次)								
1 000米跑(男)/800米跑(女)(分·秒)								
学年总分								
等级评定								
体育教师签字								
辅导员签字								

学校签章:　　　　　　　　　年　月　日

第三章　运动卫生与传统养生

第一节　运动卫生与自我监督

我们要理解在体育锻炼中所发生的一些生理现象,并能预防和处理在体育锻炼中发生的一些伤害事故,就必须了解掌握运动卫生方面的常识和自我监督、急救等有关方面的知识。

一、运动卫生

1. 体育锻炼的卫生

（1）饭后半小时不宜激烈运动。最近几年,高校里掀起了一股足球热,为了争得场地,有的同学一放下饭碗就跑到运动场进行练习和比赛。饭后立即进行剧烈运动或剧烈运动后马上吃饭,都是对身体不利的。

我们知道,人体的器官活动是受植物神经系统支配的,而植物神经系统又分为交感神经和副交感神经。当交感神经兴奋时,能使心跳加快,血液循环加速,呼吸加强以利于肌肉的活动;副交感神经兴奋时,心跳、呼吸减慢,胃肠和消化腺的活动加强。人在剧烈运动时,交感神经兴奋,副交感神经被抑制,消化系统的活动也就处于抑制状态,人体大量的血液和养料流入肌肉,保证肌肉活动的需要,而胃肠等内脏器官获得的血液相对减少。因此,胃肠吸收消化能力就会减弱,这时如果立即去吃饭,就会发生吃不下饭的现象。同样,饭后胃里装满食物,运动起来由于强烈震动,容易牵扯肠系膜而引起腹痛。由此可见,吃饭和运动之间,需要有一定的间隔时间,一般在饭后半小时方可进行运动。不常参加体育锻炼或体弱的人,饭后休息时间需要更长些。

剧烈运动后,休息约半小时,让心肺活动基本上稳定下来后再去吃饭为宜。

（2）重视做好准备活动。在上体育课和课外辅导课时,老师总要带领同学们先做准备活动,慢跑一定的距离,做一些徒手操和某种专项练习。为什么在体育锻炼前要做准备活动呢? 这是根据人体生理特点决定的。

平时我们在安静状态下,身体内部各种机能水平是比较低的,而运动时变化就会很大,各器官都要进入高度紧张工作状态。准备活动就是为了动员人体内由相对安静状态逐步地过渡到紧张的活动状态。

我们知道在进行较激烈的运动时,人体能量消耗骤然增加,对氧气及其他营养物质的需要量也突然增加,代谢产生的废物也要同时排除,这就要求心、肺等内脏器官加强工作,才能满足运动时的需要(心脏跳动由安静时70次/分左右,要上升到150—180次/分)。但是由于内脏器官是受植物性神经支配的,兴奋由大脑皮层传出后,经过皮层下中枢,最后才能到达所要支配的内脏,再加上植物性神经系统传递兴奋的速度比较慢,内脏器官惰性较大,一下子不能被很快动员起来。所以,在进行体育活动时,事先要做些不太激烈的准备活动,使内脏器官逐步兴奋起来加紧工作,以适应较为激烈的运动。这样,就能避免内脏器官因暂时跟不上运动器官的要求而发生的心慌、呼吸困难、腹痛、动作失调等现象。

直接使身体产生运动的是肌肉,它是受到神经支配的,兴奋可以从大脑皮层直接传到支配骨骼肌的脊髓前角细胞。所以,它兴奋比内脏器官快。由于做了准备活动,克服了内脏器官的生理惰性,在中枢神经统一指挥下运动机能和内脏机能差距缩小了,它们可以迅速地进入工作状态,并积极配合,尽快达到最高水平。

准备活动还可以加强体内的新陈代谢过程,提高肌肉韧带的力量、柔韧性和弹性,增加关节内的滑液,使关节灵活性增大,防止运动中伤害事故的发生。

因此,在体育锻炼时,事先应该做好准备活动。天热可以少做一些,天冷要多做一些,使身体各部分肌肉、关节活动开,心跳加快、呼吸加深,做到身体发热并适量出汗为宜。

(3)整理活动。运动后做些整理活动是必要的,它能使人体更好地由紧张的运动状态逐步转入到相对安静的状态。一般广播操的最后一节就是整理活动。

有些同学认为,运动停止了,体内各运动器官的工作也就要停止下来。其实,运动对身体所起的生理变化,并不是随着运动的停止而同时消失的。在剧烈运动时,肌肉的活动往往是在缺氧的情况下进行的,这样,运动后内脏器官还得继续加强工作来补偿运动所欠的氧债。同时,呼出肌肉活动时来不及排出的二氧化碳。例如,短跑和中跑时,需氧量特别大,据测定,中跑氧的需要量超过平时15倍,而短跑基本上是在缺氧的条件下进行的,如果不做整理活动,跑完后突然静止下来,就会影响氧的补充和血液不能及时回到内脏、大脑,造成暂时性脑贫血,甚至可能有晕倒休克的现象发生。

所以,运动后,特别是跑的项目活动后,要进行整理活动,如放松慢跑一段距离,做做深呼吸和腿部的屈伸动作,还可以将两手放在头后或进行手倒立蹬腿等活动,促进四肢的血液很快流回心脏,以防脑贫血的发生。

做整理活动,肌肉要充分放松。当自己感觉到呼吸和心跳比较稳定,其他一些不适感消失时就可以了。

(4)预防腹痛。在体育锻炼时,有些同学跑了一段距离后就会出现右上腹、左上腹、脐部周围等有胀痛或刺痛的现象。这时,老师常要这些同学用手按住痛处或减慢速度,用调整呼吸的方法使疼痛减轻、消失。

为什么在一般激烈的和耐力性的运动项目中,人会产生腹痛现象呢?分析起来大致有3个方面的原因:

● 没有做准备活动或准备活动不充分。前面已讲过,由于人体内脏器官系统的机能惰性大,对运动的急剧变化不能很快适应,剧烈运动中身体所需要的氧气只有通过加深呼吸来获得,这就使胸腔和腹腔之间的横膈肌收缩太猛烈,刺激了横膈肌的感受器,产生了肋下疼痛。

● 人的胃、肠、肝、脾等内脏,靠腹膜联挂在腹腔后壁上,剧烈运动时,腹腔内震动得厉害,强烈地牵拉着这部分腹膜,刺激这里的感受器,也会使肋下疼痛。特别是刚吃饱饭,胃里充满食物时运动,更容易产生腹痛。

● 肝、脾是人体的两个血库,较持久的紧张运动,由于疲劳,心脏功能降低,血液回流受阻而淤积在肝脾脏器内,这就增加了肝脾被膜的张力而出现腹痛。

以上 3 个方面的腹痛不属于疾病,不必害怕。要防止疼痛,最有效的方法是平时要加强体育锻炼,提高健康水平,运动前要充分做好准备活动,运动中注意呼吸要有节奏并和跑的动作紧密配合。

跑步时腹痛,在采用压迫、调整呼吸、放慢速度等措施后仍不见效,则应停止运动。

(5) 克服肌肉酸痛。我们都有这样的体会,如果在寒暑假中停止了体育锻炼,开学后一经体育锻炼就会感到全身或局部酸痛。几天至一周后,肌肉酸痛现象会自然消失。这是一种正常的生理现象,不用顾虑。

肌肉酸痛现象主要是因为在运动时,特别是四肢肌肉要进行激烈的收缩,在血液循环不畅、氧气供给不足的情况下,肌肉收缩过程中产生大量乳酸不能被及时氧化和排出体外,堆积在肌肉中,刺激了肌肉中的痛觉感觉神经末梢,就会引起肌肉酸痛感。一般减轻运动量或休息一两天,酸痛就会消失,对身体并没有什么坏处。如果酸痛得很厉害,可以用局部热敷或按摩的方法,以促进血液循环,使酸痛得到缓解。

经常参加锻炼的人,由于体内各器官,特别是呼吸、血液循环的功能提高,在运动时肌肉能够及时获得和利用体内的氧气,使肌肉在工作中产生的乳酸能迅速地得到氧化,其中大部分转变成能量物质存积于体内,有小部分变成二氧化碳和水排出体外,所以,不致发生肌肉酸痛,即使有酸痛也很轻微。希望同学们经常参加体育活动,在寒暑假中也不要中断体育锻炼。

(6) 要重视早餐。俗话说:"人是铁,饭是钢,一顿不吃饿得慌。"吃饭对人来说是十分重要的。

有些同学不重视早餐的作用,吃得很少,有的甚至不吃早餐就去上课,这有害于身体健康,应引起大家的重视。怎样安排一日三餐更有益于身体呢?

人们常说:"一日之计在于晨。"可见,一天中上午的学习、工作任务是比较繁重的,效率也是较高的。例如同学们上午要上 4 节课,而下午只上 2 节课。这就显得早餐的重要了。

据研究人员计算,一个体重 50 千克的男生,一上午学习和活动,需要消耗4937.1焦耳的热量。如果早餐不足或根本不吃,在九十点钟后他就会感到饥饿,接着就会出现疲劳、头晕、心慌、精神不集中的现象。严重者面色苍白、出虚汗,甚至可能导致昏厥。因为从头天吃晚餐至次日中午之间有十六七个小时得不到足够的食物,供给人体的血糖浓度降低、"能源短缺"。

早餐能量不足,人体为了补足每日相对稳定的热量需要,就不得不动用储存在体内的脂肪和蛋白质来燃烧供热,用宝贵的体内蛋白质来供热,好比拆掉门窗当柴烧,不但实在可惜,而且会造成不良后果。同学们仍处在生长发育期,本需要更多的热量和蛋白质,若长期缺乏,便会使生长发育迟缓、机体抵抗力下降,容易患各种疾病。

早餐不足,一上午饥肠辘辘,进午餐必然饥不择食、狼吞虎咽或吃得过多,这又将增加肠胃负担,久而久之会引发肠胃疾病。我国医学视肠胃为"后天之本",肠胃功能失调,身体健康就难以维持了。所以,要注意饮食定时、定量,不能暴饮暴食。

一日三餐合理安排是:早餐和晚餐各占全天热量的30%,午餐占40%。理想的早餐应该有一定的粮类为主的食物,同时,还应有足够的蛋白质和脂肪。学校食堂一般供应稀饭、馒头、包子,以及豆浆、油条等,如能吃上1只鸡蛋、1瓶牛奶就更好了。我国早就有"早餐好、午餐饱、晚餐少"的说法。国外学者称这三餐为"金质的早餐,银质的午餐,铜质的晚餐",其用意都是要我们重视早餐。

2. 女同学的体育锻炼与经期卫生

女同学经常参加体育锻炼,不仅可以促进身体发育,增进健康,更好地完成学习任务,而且能使身体各部肌肉得到均匀的发展,特别是通过锻炼能使腹肌和骨盆底肌的力量得到增强。

不过,女同学有自身的生理特点,体育锻炼要根据这些特点来进行。和男同学相比,女同学一般身材稍矮,四肢较短,躯干较长,椎骨间的软骨盘厚,关节灵活,脊柱及四肢柔韧性较好,骨盆较宽,重心较低,肌肉含脂肪和水分多,力量也较小。

所以,女同学在进行体育锻炼时,不宜多做单纯的支撑、悬垂和静力性练习,而应多做能促进腹肌和骨盆肌发育的练习。例如,坐位的两腿前举、仰卧的屈膝举腿、仰卧起坐等。从运动项目来说,以游泳、田径、球类、健美操为好,它能促进身体全面发展。

值得一提的是,女同学参加长跑要比男同学更为有利,这是因为:

● 能源供应有利。长跑锻炼基本上是有氧代谢过程,它所需的能量50%—60%是由氧化脂肪获得的,而女性的脂肪比男性多10%。

● 氧的利用率高。据专家们的测试,女性跑后血乳酸含量较低。

● 体温调节好。女性排汗比男性少,体内因运动产生的热量能及时散掉。

● 女性跑步时比男性动作优雅、轻盈,双腿蹬地摆动配合协调,双脚落地柔和自然。

由此看来,女同学适当地参加长跑,不但能消耗多余脂肪,而且能保持身材健美,增加下肢及腹背肌、骨盆肌的力量,增强心肺功能、调节情绪。

女同学在进行体育锻炼时还要注意月经期的卫生。

月经是一种正常的生理现象。行经时由于内分泌波动,子宫内膜脱落和出血,可能会有腰酸、腹痛、乳房胀痛、全身无力、情绪不稳定等不适感觉,这种情况一般在月经来潮前开始,等到月经来潮后就消失了。

身体健康、月经正常的女同学,月经期间参加适当的体育活动,如做徒手操、打排球、羽毛球、短距离慢跑等对身体是有益的。因为适当的体育活动可以改善盆腔的血液循环,加上腹肌、骨盆底肌的收缩与放松,对子宫起柔和的按摩作用,这有助于经血排出,减少痛经。

在经期中一般要注意以下事项:

● 心情要舒畅,不要使精神过度紧张,否则会影响大脑皮层调节功能而引起月经失调。

● 注意保暖,不要受凉,不要淋雨,不要用冷水洗头、洗脚、洗澡。

● 多吃有营养、易消化的食物,不要吃刺激性太强的食物。

● 按时休息,保证足够的睡眠时间,不要开夜车。

● 避免坐浴或者盆浴,保持外阴清洁。

● 多喝开水,保持大便通畅,不要喝凉水。

● 选用全棉质地,不含荧光剂,吸水性、透气性好的卫生巾。

● 避免剧烈的运动。

● 不要下水游泳，因这时子宫颈口微张，阴道内杀菌粘液被经血冲淡，细菌容易入侵而引起生殖器的炎症，影响身体健康。

3. 怎样进行冷水浴

锻炼身体的方法很多，冷水浴锻炼已被越来越多的青年人所喜爱。它不仅能培养勇敢、坚毅的意志品质，而且对于增强体质和预防疾病有良好的作用。

有意进行冷水浴锻炼的人最好从夏季开始，再从秋季坚持到冬季。秋季是冷水浴锻炼能否坚持下去的关键时期，也是对意志的锻炼和考验。只要我们坚持闯过这一关，以后的困难就比较容易克服了。

在春初或秋凉的天气里，初学者可以先用冷水洗脸，然后用双手或毛巾在面部进行摩擦，使面部感觉由冷而后发热，最后擦干面部。

在适应了冷水洗脸后，再逐步过渡到用冷水擦身。用冷水擦身前，先做些准备活动，充分活动关节，加速血液循环。最好在早晨利用3—4分钟的时间用湿毛巾快速擦身，然后再用干毛巾把身体擦干，擦到微红为止。到了秋冬季节，在进行冷水擦身时，可先脱去上身衣服，用冷水毛巾将上身各部位反复擦几遍，直到把皮肤擦红，然后赶快披上上衣再擦下身。下身的皮肤擦热发红后，迅速穿上裤子和袜子，注意保暖。

当冷水擦身习惯以后就可以开始冷水淋浴。淋浴时，先用冷水把周身淋湿，然后用干毛巾把水擦干，直到把皮肤擦红。刚接触冷水时，皮肤表面的血管会收缩，以减少散热，皮肤呈现苍白，有时会打寒颤，经过1—2分钟，皮肤表面的血管又会重新舒张，皮肤就成了红色，人即有温暖舒适的感觉了。此时结束冷水浴锻炼最好，切记每次进行冷水浴的时间不宜太长。

已适应冷水浴的人，就可以进行冬泳锻炼了。冬泳是进行冷水浴锻炼的最高阶段，是一项很好的冬季体育活动。现在我国各省都成立了冬泳俱乐部，每年都有冬泳表演。在冬泳入水前要做好充分的准备活动，每次游泳的时间不宜过长，在水温低于4—5℃时，每一次在水中1—5分钟，游距以50—250米为宜。出水后，应迅速用干毛巾擦干身体，穿好衣服保暖，必要时做些跑步、跳跃、摩擦等活动，以促使身体尽快暖和起来。冬泳锻炼时间最好在上午10点至下午3点左右进行。冬泳锻炼要持之以恒，但如身体不适或有病痛，就不能勉强进行。女同学在月经期间应暂停冬泳。为了安全，冬泳时要结伴进行。

二、自我监督

自我监督是参加体育锻炼的人对自己身体状况进行观察的一种方法。一般说来，其内容包括本人自我感觉及睡眠、食欲情况，能承受运动的强度，体重的变化，清晨脉搏次数，肺活量，握力等项目。每次锻炼后，应将以上各项情况较详细地记录下来，以备自我检查比较。这样做有利于调节运动量，及早发现身上出现的不平衡和早期的生病症候，及时地采取必要措施，如该减小运动量时则减小，该休息时则休息。

1. 主观感觉

自我监督的主要方法是主观感觉，它是衡量体育锻炼有无效果的可靠标志。一般感觉良好，人就精力充沛，活动愉快。如果对运动不感兴趣，不想锻炼，有可能是受某种情绪影响或因疲劳、运动过度。在运动后出现肌肉酸痛及四肢无力等现象,经过适当休息,这些现象就会消失。但是如果伴有头痛、头晕、恶心、心前区和上腹部疼痛等感觉,则表示运动量过大和健康状况不良,有必要去医院检查。经常运动的人睡眠是良好的,表现为入睡快,睡得熟,早晨精力充沛,食欲良好。反之,运动量不当的人,会出现失眠、多梦、食欲减退或厌食。

2. 客观检查

客观检查也是自我监督的方法之一,这里介绍用脉搏来检验的方法。

在早晨起床前测量一下自己的脉搏(方法前面已经介绍过),所测量的脉搏跳动次数和前日相比较,是减少了或是未改变,且脉搏跳动有力、有节奏,说明机体反应良好。如果跳动次数增加,搏动无力,节律不齐,这就要进行分析。一般脉搏每10秒增加1次,有20%的人感觉不好;每10秒增加2次,有40%的人感觉不好;每10秒增加3次,有60%的人感觉不好。脉搏是反映机能状况的灵敏指标之一,如早晨脉搏持续增高3天以上,而又没有生病或缺乏睡眠等因素,应考虑运动量安排不当,负担过大了,要调整运动量。调整后上述现象如不消失,就要请医生诊断,找出原因及时治疗(表3-1、表3-2)。

表3-1 自我监督表

内　　容	身 体 活 动 量	
	合　　适	过　　量
心身感觉	好,满意	变　坏
睡　　眠	正　常	变　坏
食　　欲	正常(有所增加)	变　坏
身体虚弱	不　明　显	明　显
疾病(头部和内脏)	无明显症状	症状明显
脉搏(锻炼10分钟后)	<90次/分	>90次/分

表3-2 疲劳程度的评定标志

内　容	轻度疲劳	中度疲劳	非常疲劳
自我感觉	无任何不舒服	疲乏,腿痛,心悸	除疲乏、腿痛、心悸外,尚有头痛、胸痛、恶心、呕吐等征象,而且持续时间长
面　色	微红	潮红	明显潮红或苍白,有时呈紫绀色,尤以躯干部分为甚
排汗量	不多	甚多,特别是肩带部分	非常多,尤其是整个躯干部分在颞部以及汗衫、衬衣上可出现白盐迹
呼　吸	轻微加快	显著加快	显著加快,并且表浅,呼吸节奏紊乱
动　作	步态轻稳	步伐摇摆不稳	摇摆现象显著,出现不协调的动作
注意力	比较好,能正确执行指示	执行口令不准确,改变方向时发生错误	执行口令缓慢,只有大声口令才能接受

女同学在青春发育期以后，就开始有月经来潮了，月经期应参加适当的体育活动。患有月经过多、月经过频（月经周期少于 20 天）或痛经的人，月经期间不宜参加运动训练和比赛。经常参加体育锻炼的人，应加强自我监督。

三、急救措施

急救是对意外或突然发生的伤害事故作初步、临时性的处理，目的在于保护受伤人员的生命安全，减轻疼痛，为进一步彻底治疗创造条件。体育运动中的伤害事故时有出现，如果处理不当或不及时，也会死人的，实践中也曾出现过这类情况。所以，同学们需要掌握一些急救的处理方法，当遇到自己身旁有人出现伤害事故时，能进行正确的处理。

1. 观察、检查的顺序

（1）检查有无意识。你可以在伤者耳旁呼唤他的名字，如果有反应的话，再用"握住我的手"等容易了解、简易的动作指令作试验。如果伤者对此没有反应，那就是很危险了。此时，必须马上要做的事是保证伤者的呼吸道畅通，即把伤者的头放在向后仰的位置。

（2）检查有无呼吸。伤者呼吸微弱，用肉眼难以观察时，可以把手放在伤者的胸或腹部检查。正常人呼吸次数大约 20 次/分。假如有呼吸，但出现呼吸次数增多、呼吸困难或鼾声，便是危险的信号。如果呼吸确实停止了，则应立即采用口对口人工呼吸法抢救。

（3）检查有无脉搏。检查伤者腕部的桡动脉，颈部的颈动脉或腹股沟的股动脉。一般正常人的脉搏次数每分钟 60—80 次，如果发现脉搏慢到 50 次/分以下或快到 120 次/分以上，或者不规则，这时就要注意了。摸不到脉搏时，一般认为心脏停止了跳动，如果心跳确实停止了，就必须马上进行心脏按压。

（4）检查出血部位和出血量。检查出血时不要强行移动伤者身体。危险的喷射状出血，用一般方法止不住的出血，当出血量达全身的 1/4 时有生命危险。而用止血带可以止住的出血，就不必惊慌。

头部、胸部、腹部遭到外力打击时引起的内出血，在外表上是难以判断其出血程度的，可视以下情况处理：脑内出血，如果伤者丧失意识，要考虑是重症。要立即注意保证呼吸道畅通；胸、腹部的内出血，如果发生休克症状（面色苍白、出冷汗、脉弱），应尽快在伤者膝下填放垫物，使大腿和腹部成 90°角，把脚尽量抬高，同时用衣服等物保温。

2. 急救方法

在一些国家，应急处理提倡 ABC 三步法。A 是指保持呼吸道畅通；B 是指人工呼吸；C 是指心脏按压。下面分别叙述。

（1）保持呼吸道畅通法。在伤者丧失意识而有呼吸时，可让伤者俯卧位，头向后仰。意识和呼吸都消失时，让伤者仰卧把手放在伤者颈后，另一手按着颈部尽量后扳，使头向后仰。伤者嘴里有呕吐物时，立即用布包着手指清除干净，使之不至于阻塞呼吸道。

（2）人工呼吸法。人停止呼吸 2—4 分钟便会发生死亡，这里介绍一种口对口人工呼吸法。

假若确定伤者呼吸完全停止,应按以下顺序进行人工呼吸(伤者仰卧、头向后仰、保持呼吸道畅通)。

● 捏住伤者的鼻子,用自己的嘴对准伤者的嘴,用劲猛吹(应当完全堵住伤者的嘴),如果让空气从口周围漏掉,人工呼吸就会失败。

● 吹气要快而有力,此时要密切注意伤者的胸部。

● 伤者胸部有活动后,立即停止吹气,没有必要一直吹下去,将伤者头部偏向一侧,让其呼出空气。

● 在人工呼吸过程中,如伤者呕吐的话,则将伤者脸偏向一侧,用手指伸到其嘴中将呕吐物清除。

● 伤者呼吸恢复之初,要继续进行人工呼吸(按伤者的呼吸节律)帮助其呼吸,直到伤者呼吸次数恢复正常为止。

(3)心脏按压法。如反复进行人工呼吸仍无效,可同时进行心脏按压。

● 首先摸摸伤者腕部或颈部动脉,确定心脏跳动是否完全停止。如果在心脏还没有停止跳动时进行心脏按压,会引起心律紊乱,反而会威胁生命。

● 心脏按压是用两手压迫伤者胸骨、压迫位于胸骨和胸后壁之间的心脏,迫使血液流出,人工促使血液循环,复苏生命。所以必须将伤者躺在硬板床或台子上。

● 进行心脏按压时,一只手放在伤者胸骨中央下 1/3 处,另一只手放在它的上边加强力量。手腕挺直、慢慢地把体重加上,压迫胸骨使之下沉 3—4 厘米,然后减压。压迫心脏时,不管遇到什么情况,都必须用力压而不能松手。减压时也要做到完全彻底,但手仍不离开胸壁。

● 压迫心脏的频率是每秒 1 次,每分钟 60 次,可以一边嘴里大声数:"1、2、3……",一边作心脏按压。

3. 止血法

(1)局部压迫止血法。当发生出血后,首先用身边伸手就能拿到的东西如手帕、纱布、毛巾等直接敷在伤口上用力压住,稍微稳定后,再用绷带裹紧,把患部放在比心脏高的位置。上绷带后,若手、足端发冷、肿胀,说明绷带过紧,应稍微放松一下。

(2)止血带止血法。四肢大血管出血或伤口有玻璃碎片时,可以用止血带或代用品(橡皮管、毛巾、皮带、围巾、宽布带等)绑扎于伤口的近心端(大腿或上臂上 1/3 处)压迫动脉,中断血流,达到止血目的。使用止血带,关键是要用力,使伤口以下的肢体有丢失感最好。仅仅打个结绑住是不够的,马上会松开。最好在结扣中插上木棒,旋转而进一步固定。上好止血带后千万不要忘记写上结扎止血带的时间,挂在伤者身上。因为,上止血带超过两个小时,会引起远端坏死。在用此法止血后,应尽快去医院作进一步处理。

(3)冷敷止血法。冷敷止血法是一种借低温作用,使血管收缩,以达到止血目的的方法。在闭合性损伤组织内出血时,此法可与压迫止血法配合使用。用冰袋、冷水袋、冷湿毛巾直接放于伤处。如鼻出血时,要坐下来,略微低头,捏着鼻子用嘴呼吸,同时在鼻根部冷敷(冷水毛巾亦可)。止不住出血时,用消毒纱布塞鼻,同时在鼻外加压,就会止住。

4. 常见运动损伤与处理

（1）抽筋。

● 手指抽筋：将手握成拳头，然后用力张开，这样迅速交替做几次，直到缓解为止。

● 一个手掌抽筋：用另一个手掌猛力压抽筋手掌，并做震颤动作。

● 上臂抽筋：握拳，并尽量屈肘，然后用力伸直，反复几次。

● 小腿或脚趾抽筋：由抽筋肢体对侧的手握抽筋的脚趾，并用力向身体方向拉，另一手压在抽筋肢体的膝盖上，帮助膝关节伸直，就可以缓解。

● 大腿抽筋：弯曲抽筋的大腿，并弯曲膝关节，然后用两手抱着小腿用力使它贴在大腿上，并做震颤动作，最后用力向前伸直。

● 胃部抽筋：迅速弯曲大腿并靠近腹部，用手稍抱膝，随即向前伸直，动作不要太用力，要自然。

（2）擦伤。表皮组织受到的损伤叫擦伤。擦伤后最好用生理盐水冲洗，较小擦伤可用红汞或紫汞涂抹，不需包扎。面部擦伤最好不用紫汞涂抹，以免影响美观。

（3）挫伤。由钝器引起的闭合性损伤称为挫伤。轻者仅皮下组织损伤，重者使肌肉、血管、神经组织甚至内脏器官（肝、脾、脑等）发生损伤。挫伤一般都有疼痛（持续 24 小时）、肿胀及出血等症状。伤后要将患肢抬高，并用冷敷、加压包扎，以减少出血。24 小时后进行热疗，以加强局部血液循环，促进淤血的吸收。

（4）骨折。骨折的急救处理主要是抗休克、临时固定和安全搬运。如有出血，首先要止血，用干净的布块覆盖后再固定。固定伤肢可用夹板、纸板、木棍、树枝等，夹板要夹在伤肢侧面。搬运时，以硬板担架置于病人身旁，由两人轻轻将病人推滚到木板上，取仰卧姿势。禁忌拖肩抬腿或背送。

（5）肌肉损伤。在直接或间接外力作用下，使肌肉发生扭伤、撕裂、断裂等都叫肌肉损伤。

● 肌肉或韧带扭伤：有时在运动的一瞬间发生腰扭伤、踝关节扭伤。腰扭伤后要静养 1—2 天。在静养的同时，局部冷敷，尽量采取舒适的体位或侧卧，或者平卧屈膝下垫毛毯之类。踝关节扭伤应立即冷敷，用凉水浸泡伤部，然后加压包扎。过 6—12 小时后，可敷上消肿止痛药，2 天后可以适当按摩和热敷。

● 肌肉撕裂：肌肉撕裂时，会使人突然感到下肢不听使唤而跌倒，腿痛不能再跑。应急处理方法是立即用冷水或冰袋进行冷敷，抬高受伤的肢体，并打上弹性绷带固定，如 2—3 天后疼痛减轻的话，就可以换作热敷。一周后，渐渐可以运动。

（6）晕厥和重力休克。晕厥是由于脑中突然缺血而引起的一种暂时失去知觉的现象。

重力休克是在田径运动中运动员紧张奔跑后发生的一种特殊疾患。

发生晕厥和重力休克时，患者往往失去知觉，突然昏倒，昏倒前患者感到全身软弱、头昏、耳鸣等，晕厥或休克时面色苍白，手足发凉，心跳慢而弱，呼吸慢，瞳孔缩小。

急救处理方法是：当患者有晕厥或休克前征象出现时应立即平卧，避免晕厥和休克出现。如已出现晕厥和休克，应使患者平卧于地面，头部放低，足部抬高，并松解衣领，注意保暖，用热毛巾擦脸，自小腿向大腿按摩。如还不苏醒，可指掐人中穴。醒后可给热茶，但在知觉恢复前，不能给予任何饮料。若有呕吐，应将其头转向一侧。

现将因运动引起的损伤护理方法列表介绍给大家（表 3 - 3）。

表 3-3 护理运动损伤须知

分 类	护理方法	注意事项
运动员不省人事	把伤者安置成卧式。取出伤者口腔内异物如假牙、断齿等,以免窒息	切勿让不省人事的伤者俯卧,压着面部
骨骼损伤	用垫子、夹板或绷带固定伤处	切勿自行为伤者接驳断骨或接回脱臼的关节
面部损伤	如果伤者眼圈周围的软组织渗血,引致眼圈瘀黑,可扶伤者直身坐下,用冷敷布敷眼 如有污垢或灰泥进入眼睛,可掬取清水冲洗眼睛 如流鼻血,可用拇指和食指捏住鼻翼15分钟,其间改用口呼吸	勿浪费金钱及时间在眼圈上敷其他药品 切勿在冲洗眼睛的水中加入消毒剂 如鼻流血超过40分钟,不要再用此方法,而应立即去医院治疗
割伤和擦伤	皮肤遭粗硬的平面(如地面)擦伤,应该彻底清洗和消毒 清洗后伤口内仍有尘垢,就应去医院。伤口洗得不干净,愈后可能留下难看的疤痕,面部受伤时更要小心	切勿忽略普通擦伤也可能引致破伤风,受伤后需接受破伤风防疫注射 切勿在伤口上涂过期的软膏或粗劣的消毒剂,否则会使伤口感染或组织损坏
足部护理	运动后立即洗脚,然后彻底擦干,以免患上脚癣。脚癣是因皮肤多汗而致的真菌感染	不要把脚泡在热水内
肌肉僵硬	赶快用温水淋浴,随后再做一次冷水浴。做一些轻松的运动也有帮助	剧烈运动后不要泡在热水里 不要立刻坐下来休息

第二节 传统养生

历史上,以武术、按摩、饮食为主的养生保健方法,曾为中华民族的繁衍昌盛做出过突出的贡献,在今天数字化时代,这些传统养生方法仍在为人类的健康服务。

一、传统养生的特点

"养生"一词,是指护养、保养生命,以达到健康长寿的意思。经历代医学家的长期实践与理论研究,我国传统养生形成了以下特点:

1. 保养精神

我国养生家历来十分重视精神的保养,认为"形神合一"是健康长寿的保证。传统养生观点认为,保养精神要注意两个方面,其一,要涵养精神,安神益志;其二,要心情愉快,坦荡无忧。《医钞类编》指出:"养生在凝神,神凝则气聚,气聚则形全,若日逐攘忧烦,神不守舍,则易于衰老。"为此,养生要把保养精神放在首位。

2. 适应四时

自西周以来,人们就已认识到自然环境因素与人类健康的关系,认为养生应当注意自然环境和气候的变化,以及昼夜的更替等。一年四季气候的变化对人体会产生相应的影响。《黄帝内经》中所说的"法则天地,像似日月,辨别星辰,逆从阴阳,分别四时"以及"和于阴阳,调于四时",就是适应气候变化的养生原则。昼夜的更替对疾病也有一定的影响。实践表明,许多疾病往往在清晨较轻,午后逐渐加重。《黄帝内经》中指出:"夫百病者,多以旦慧昼安,夕加夜甚。朝则人气始衰,邪气始生,故慧;夜半人气入脏,邪气独居于身,故甚也。"说明在晨、午、黄昏、夜半的过程中,由于人体中的阳气存在着生、长、收、藏的规律,因此,病情亦会发生慧、安、加、甚的变化。这种观点与现代"生物钟"的理论是基本一致的。

3. 动静结合

人体的动、静,关系着精、气、神的衰旺存亡。我国自古以来在养生方面就存在着静派和动派两种观点。老子在《道德经》中指出"归根曰静,是曰复命"。认为安静自然,可以加强内气运行,从而能够祛病延年。庄周也主张养生要做到清静无为,这种以静养生的思想对后世养生家有很大的影响。而《吕氏春秋》则主张以动养生,东汉的华佗及唐代的孙思邈均进一步发展了以动养生的思想,认为适度的运动可以健身强体,延年益寿。动静结合,适度的运动,可把人的精神、形体、气息三者能动地结合起来,对机体施加整体性的影响,能够改善消化系统、呼吸系统、心血管系统和神经系统的功能,从而达到健康长寿的目的。

4. 护肾保精

在传统养生中,护肾保精是一条重要原则。传统养生认为,肾为先天之本,精不仅是繁衍人类的生命之源,而且是人体生命活动的物质基础,肾精之盈亏,影响着人的生长、发育、衰老乃至死亡的全过程,故历来强调要节色欲以养精。《黄帝内经》中就有"醉以入房,以欲竭其精……故半百而衰也"等记载;张景岳在《类经》中对节欲保精的问题说得更为具体,他说:欲不可纵,纵则精竭;精不可竭,竭则真散。益精能生气,气能生神。营卫一身,莫大乎此。善养生者,必保其精,精盈则气盛,气盛则神全,神全则身健,身健则病少。神气坚强,老当益壮,皆本精也。传统养生认为,精为生命之根本,纵欲耗精,会导致肾气亏损,使人未老先衰,甚至早夭。所以主张要节制房事,以免阴精妄耗,并提倡以晚婚、节欲、调七情、省操劳等措施来护肾保精。

5. 补脾益胃

祖国医学认为,元气(元气:亦称原气、真气,是人体最基本最重要的气,是推动人体生命活动的原动力)是健康之本,而脾胃则是元气之本。人体元气的产生全在脾胃,只有胃气充足,才能滋养先天。五脏六腑皆受气于胃,胃气充足才能润肌肤,养血脉,壮筋骨。所以金代名医李杲在《脾胃论》中说:"脾全借胃土平和,则有所受而生荣,周身四肢皆旺……外邪不能侮也。"为此,传统养生把调护脾胃列为养生的重要法则,主张不论补虚泻实,皆应以护脾为先。护脾的方法是益脾气,养胃阴。所以,在养生保健过程中,用滋补勿过腻,寒勿过凉,热勿过燥,以免伤胃。同时,还要注意节饮食以和胃化食,防劳累以养脾气,立足于补脾益胃。

二、传统养生方法

关于传统养生的方法,在我国古代医学典籍中有大量的论述。例如,在《黄帝内经》

中就有关于饮食、起居、劳作、房事、情志的调息；呼吸、导引、按摩等的锻炼，以及药物、针灸的使用等记载。下面把我国传统养生的主要方法作简要的介绍。

1. 太极拳养生

明末，河南温县陈家沟拳师陈王廷，既精通内外家拳法，又通晓我国传统养生理论，他之所以把他创编的拳术取名为太极拳，是借用了宋代关于无极生太极，太极生两仪，阴阳相生而有天地的太极哲理。阴阳是矛盾的，但又是统一的。太极拳是把动与静的矛盾、养神与练形的矛盾统一起来。

太极拳之所以成为我国传统养生法，还因为它综合和融会贯通了我国源远流长的拳术、养生法、呼吸法、经络学说和古典唯物哲学等优秀成果。在锻炼形式上，太极拳巧妙地将"拳术"（手法、眼法、身法、步法的协调动作）、"吐纳法"（吐故纳新的腹式深呼吸运动）和"导引术"（俯仰屈伸、运动肢体）三者有机地结合起来，并加以创新。

练习太极拳时，要求头脑安静，排除一切杂念，专注于身体的活动，使养神与练形在一套动作中完成。如果能长期坚持锻炼太极拳，则可达到强身健体、祛病延年的目的。

现在我国广泛开展的简化太极拳，其架式是采用民间流传最广的杨澄甫太极拳的大架式，从原来 34 个不同姿势中选用了 20 个姿势，删去了繁难和重复的动作创编而成。整套动作由简到繁，由易到难，循序渐进，使人们易学、易练、易记，因此，在国内和海外深受人们的喜爱。

2. 按摩养生

保健按摩在我国有悠久的历史。由于保健按摩既经济方便，又安全可靠，无副作用，因此，长期以来一直在我国民间广泛流传。

祖国医学的经络学说认为，人体的经络遍布全身，内连脏腑，外络肢节，沟通和联络人体所有的脏腑器官、孔窍以及皮毛、筋肉、骨骼等组织。人体的气血在经络内运行，形成一个有机的整体联系。按摩时作用于体表局部或穴位，可以通经络，活气血，濡筋骨，消肿胀，从而起到健身祛病的功效。

现代医学认为，按摩手法的物理刺激，可使被按摩的部位引起生物物理和生物化学变化，并引起有机体一系列生理、病理过程的改变，从而达到健身祛病的目的。

对于局部组织来说，保健按摩可以消除衰老死亡的上皮细胞，有利于汗腺和皮质腺的分泌，增强皮肤的光泽和弹性，促使毛细血管扩张，增加局部皮肤肌肉的营养供应，从而使萎缩的肌肉得到改善，损伤的组织得到恢复。保健按摩能够加速血液循环和淋巴循环，促使机体对水肿和病变产物的吸收，消除肿胀。能解除软组织痉挛、挛缩、粘连、嵌顿和错位等。

保健按摩能够调整神经系统的兴奋与抑制，使神经系统的兴奋与抑制处于相对平衡状态。如在头部施以轻柔而有节奏的手法刺激，则对神经系统有镇静和抑制作用；施以较重的手法刺激，则对神经系统有兴奋作用。

此外，保健按摩还能有效地增强机体的免疫能力。

现将古代养生家总结的一套自我按摩的方法介绍给大家。

（1）预备式。一般采用坐式或站式，舌抵上腭，鼻吸口呼，腹式呼吸（腹式呼吸一般有两种，一种是吸气时腹部凹下，同时胸部外鼓，这叫逆式腹呼吸；另一种是吸气时腹部凸出，同时胸部内缩，呼气时则腹部内收，这叫做自然的腹式呼吸。这两种腹式呼吸都可以用,但开始时最好用自然的腹式呼吸),或鼻吸鼻呼,自然呼吸;两手自然下垂,放松肌肉,安定情绪,集中思想,意守丹田(即只想着脐下小腹部位)。片刻后做下列动作。

(2)叩齿。上下齿轻轻相叩。门牙上下相叩叫作"鸣法鼓",左齿上下相叩叫作"鸣天钟",右齿上下相叩叫作"击天磬"。一般先叩左右齿各 24 次,再叩门牙 24 次。可以帮助入静,并有坚齿益精作用。

(3)搅海。用舌头在牙齿的外上、外下、里上、里下,依次轻轻搅动各 9 次,先左后右,不要勉强用力。此法常与咽津同用。

(4)咽津。舌抵上腭,注意舌下部位,待唾液增多,鼓漱 10 余下,分一口或数口咽下,并以意念引入腹部丹田。能滋阴降火,润泽肢体,祛病延年。

(5)揉头皮。手指成爪状,以指尖轻轻抓揉头皮,如洗头状,抓揉 20—30 次,能疏风散火,减轻头痛头昏。

(6)轻捶印堂。两手半握拳,拇指与食指伸直,两手虎口肌肉自然突起,以此处轻捶两眉之间的印堂穴(图 3-1),左右手各 5 次,适用于头部胀痛、眉间沉重、鼻梁上端酸痛。

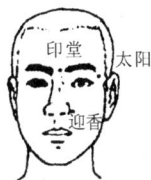

(7)按摩太阳。太阳穴在眉梢与目外眦之间向后约 1 横指的凹陷处,左右各一穴,按摩时可用拇指、食指或中指的指腹,以点按法或指揉法按摩 10—20 次。对头痛、眼病有效。

图 3-1

(8)鸣天鼓。两手掌心紧按两耳孔,两手中间三指轻击后枕骨 24 次;然后掌心掩按耳孔,手指紧按后头枕骨部不动,再骤然抬离,这样连接开闭放响 9 次;最后,两中指或食指插入耳孔内转动三次,再骤然拔开,这样算做一次,共进行 9 次。能防治头晕、耳鸣、健忘。

(9)擦风池。风池穴(图 3-2)在颈后枕骨下,大筋外侧两凹陷处。用两手的食、中、无名指,同时自上而下轻擦该穴。能预防感冒,舒松脊骨。

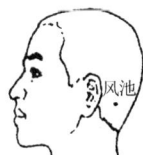

(10)摩耳轮。用两手拇、食指同时提拉,摩擦两耳廓,做 24 次,能改善听觉、补益肾气。

图 3-2

(11)浴面。搓热双手,以中指沿鼻部两侧自下而上,带动其他手指,擦到额部向两侧分开,经两颊而下,做 18 次。可使面部气血流畅,容光焕发,防止感冒。

(12)揉眼角。双手轻握拳,拇指尖握在食指内侧,用拇指节骨按在左右眼内角,轻轻揉摩 5 次,然后擦过上眼眶至外眼角,轻轻揉摩 5 次,再擦过下眼眶回至原眼内角,如此反复 5 次,能改善视力。

(13)擦鼻。双手食指均叠在中指上,用中指分别从鼻孔两侧上下擦动,做 10 次,然后以大拇指背节骨,在鼻尖两侧的迎香穴处摩擦 20 次,能预防感冒,畅通鼻腔。

(14)擦臂。左臂向前伸平,手背朝上,以右手掌从腕到肩,由肩到腕来回摩擦 36 次;随即换右臂,用左手摩擦,方法相同。

(15)按摩曲池。左手曲在胸前,以右手大拇指面按揉左手肘横纹外端凹陷中的曲池穴(图 3-3),做 30 次,然后换右手,亦做 30 次。能改善关节疼痛。

(16)按摩神门。仰掌用另一手大拇指面按揉腕横纹尺侧端,尺侧腕屈肌腱桡侧凹陷处的神门穴(图3-4),左右各30次。能改善心悸、失眠。

(17) 按摩内关。仰掌,用另一手大拇指面按揉腕横纹上约两横指处,两筋之间的内关穴,左右各30次,能治心悸不宁,止恶心呕吐。

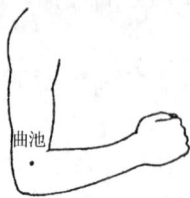  

图3-3   图3-4   图3-5

(18) 捏合谷。一手的拇、食两指张开,以另一手的拇指关节横纹放在此手的虎口上,拇指尖尽处即是合谷穴(图3-5)。用拇指及食指上下同时捏该处,左右交换,各30次,能防治头痛、齿痛。

(19) 揉肩。以左手掌揉右肩18次,再以右手掌揉左肩18次,能促进肩部血液循环,治疗和预防肩关节炎和肩周炎。

(20) 摩胸呵气。两手搓热相叠于胸部,由右转向左,以顺时针方向作轻轻地旋转按摩20—30次,然后鼻吸口呼,张口呵气5口,有助于解除胸闷隐痛。

(21) 摩肋嘘气。两手掌分别按在两侧胸肋部,手指向前,轻轻旋转按摩5次;然后双手掌推向前,同时口中嘘气,如此可做3遍。能改善胸肋闷胀隐痛。

(22) 摩腹。两手搓热,相叠(一般以右手覆在左手背上),用掌心在脐的周围作旋转按摩,从右边上来,向左边下去,分小圈、中圈、大圈,各12次。能调节肠胃功能,强身延年作用十分明显(一般认为顺时针方向旋转能通便,逆时针方向旋转能止泻)。

(23) 擦腰。搓热两手,从上到下擦腰部,左右各擦36次。能防治腰背酸痛,改善性功能。

(24) 按压长强穴。上身略向前倾,用左手食指轻轻按压位于尾骨尖端与肛门之间的中点即长强穴(图3-6),左右手交替,各24次。对泌尿系统疾病与消化系统疾病有治疗作用。

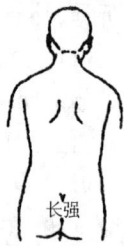

图3-6

(25) 浴腿。两手先紧抱一侧大腿根,用力向下擦到足踝,然后擦回大腿根,如此上下来回擦18次,另侧同。也可大腿、小腿分开来擦。可使关节灵活,腿肌有力,有助于防治腿疾,增强步行能力。

(26) 摩膝。平坐,搓热两手掌心,覆盖在两膝上,先自外转向里,再自里转向外,各摩24次。对于改善膝关节酸痛有一定的作用。

(27) 摩委中。平坐,伸出左脚,以右手食指与中指按在左腿膝盖后面的横纹中央的委中穴(图3-7),揉摩50次,再换右腿的委中穴。能改善腰背痛、坐骨神经痛。

(28) 按摩足三里。平坐,用左右手拇指面同时按摩同侧外膝眼下三横指的足三里穴(图3-8),各48次。能增强肠胃消化吸收功能,强壮作用明显。

(29) 按摩三阴交。平坐,用左右手大拇指面按摩同侧脚踝内侧上三横指处的三阴交穴(图3-9),各48次,能改善睡眠,调理月经。

（30）擦涌泉。平坐，右脚搁在左脚膝盖上，用右手扳住右足趾，突出前脚心。以左手掌心的劳宫穴，擦脚底前 1/3 处的涌泉穴（图 3 - 10），一般做 50—100 次，然后换擦左脚涌泉穴，动作要缓慢有力，注意力要集中，能增进睡眠，预防感冒，对老人夜尿频多尤有疗效。可在临睡前热水泡脚后做。

  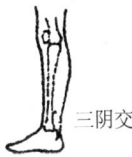 

图 3 - 7　　　　图 3 - 8　　　　图 3 - 9　　　　图 3 - 10

3. 饮食养生

在我国，利用饮食调养作为一种养生的手段，已有悠久的历史。在周代就设有"食医"的官职，专门负责用饮食来养生治病。魏晋时期的《食经》是我国最早的一部系统论述食物养生功能的经典。之后，有关饮食养生的专著如雨后春笋，层出不穷，使饮食养生的理论和方法日臻完善。

饮食调养包括食物的选择、食物的制作、进食的方法、食后的休整以及病人的饮食等几个方面。食物的选择，首先要注意食物的搭配和因人制宜。食物搭配不当或偏食都会影响健康。其次，要注意饮食中五味调和，寒热相宜。《黄帝内经》中就已提出"五味入五脏"的理论，认为酸入肝，苦入心，甘入脾，辛入肺，咸入肾，这样就可以运用五味来滋补五脏。不过，如果五味偏嗜，也会产生反作用，从而破坏体内阴阳的相对平衡。食物中除了五味的差别之外，还有寒、热、温、凉的不同性质，其中寒凉属阴，温热属阳。我国古代养生家通过实践，总结出：苦辛化阳，酸甘化阴，苦咸化泻，甘淡缓中等饮食养生经验，并制定了多种多样的饮食养生方剂，极大地丰富了饮食养生的内容和方法。

食物的制作要注意保护食物的营养成分，而且要符合口味，在烹调方面要讲究食物的色、香、味俱佳。

进食的方法应注意以下几点：其一，饮食有时，形成规律；其二，食宜温暖，应避生冷；其三，食宜细缓，不可粗速；其四，食宜安静，专心致志；其五，饮食有节，切忌过饱。至于病人的饮食调养，主要应注意两个方面：一是要注意饮食宜忌；二是要针对病情妥善地安排饮食。《黄帝内经》中就有"病热少愈，食肉则复，多食则遗，此其禁也"等记载。孙思邈在《千金翼方》中也指出："凡诸恶疮愈后，皆百日慎口，不尔，即疮发也。"总之，凡病人均须戒烟，忌生冷，节制饮酒，忌不易消化的食物（如肥腻、粘滑、腥臊、煎炸等）。此外，如果发热应忌辛辣，水肿应忌盐，消渴应忌糖，失眠应忌浓茶等等。

4. 药物补益养生

借助药物来调节滋补身体，也是我国传统养生中一种行之有效的健身益寿的方法。祖国医学认为，人有虚实寒热，药有四气五味，如果能针对人体的体质和健康状况等，选择有针对性的药物来调理，对于维持人体阴阳平衡，加强脏腑的气血功能，都是颇有裨益的。尤其对病体弱者来说，由于其体内神气精血较衰弱，药物的补益功效将会更好。但是进行药物补益时，一定要按照祖国医学辩证论治的基本原则加以灵活掌握，方能收到良好的效果。

在养生时,常用的健身延年的中草药有:人参,可大补元气,固脱生津,益寿安神;何首乌,可补肝益肾,养血祛风;冬虫夏草,可补虚益精,止咳化痰;黄芪,可补气固表,脱毒生肌;枸杞,可滋骨润肺,补肝明目;熟地,可滋阴补血,益精填髓;女贞子,可补肾强腰,除热养精;刺五加,可补肾健脾,坚筋强骨,等等。此外,孙思邈的《千金要方》、王怀隐的《太平圣惠方》,以及《寿世保元》、《寿亲养老新书》等医学、养生学著作中都配有药物养生方剂,这里就不一一介绍了。

在药物补益的传统养生方法中,古代有的养生家还把药物与食物配合,制成具有各种养生功效的药膳,用以补养身体和防治疾病。如药物与粳米、糯米同煮可制成药粥,其中有补肝明目的枸杞粥,养心益智的龙眼粥,滋肾养阴的胡桃粥等,均具有健身强体、延年益寿的作用。以药物酿酒,或以酒浸泡药物,可以制成药酒,提高药物的功效,如人参酒、白术酒、苍术酒、菖蒲酒、菊花酒、山药酒等,都是我国民间常用的养生益寿的保健饮料。

【复习思考题】

■ 为什么要重视早餐? 你重视早餐吗?

■ 请你说一说从哪几个方面来对自己身体状况进行监督。

■ 具体说一说急救方法的 ABC 三步法。

■ 我国传统养生方法主要有哪几种?

■ 你是否掌握了一套自我按摩的方法?

第四章　体育竞赛的组织与欣赏

第一节　体育竞赛的组织与编排

一、组织委员会和办事机构职责

各种大、中型的体育竞赛都需要建立相应的组织和机构。这些组织和机构一般有：

1. 大会的组织委员会

一般由下列人员组成：

（1）单位党政负责人。

（2）承办单位负责人。

（3）有关办事机构负责人。

（4）各参赛队领队。

（5）大会总裁判长。

2. 大会办事机构

大会工作人员（不含裁判员、司机和场馆服务人员）的人数，不要超过运动员人数的1/10。大会办事机构一般可设：

（1）办公室或秘书组。

● 主要做好大会宣传工作。

● 制定大会工作日程，包括比赛、休息、会议、文娱活动等。

● 安排好大会工作人员和运动员的生活、交通、医疗及会务等工作。

（2）竞赛组。无论竞赛活动规模大小都要成立这个组，其职责如下：

● 制定竞赛规程。

● 召开参加单位领队会议。

● 组织裁判队伍。

● 编印秩序册。秩序册主要内容有：组织委员会名单、大会办事机构人员名单、仲裁委员会成员名单、大会活动日程表、各代表队名单、比赛日程表、成绩记录表以及比赛场地平面图等。

● 检查场地、器材和设备的准备情况。

● 与秘书处联合召开领队、教练员会议，讨论研究有关问题。

（3）保卫组。主要任务是维护比赛场地的秩序和做好安全工作，确保大会工作顺利进行,与有关部门配合处理赛区发生的安全事故。

二、竞赛规程的内容

竞赛规程是比赛的法规性文件,是竞赛工作进行的依据。竞赛规程要提前发给有关单位,以便各单位做好比赛前的准备工作。

规程的内容包括:竞赛名称、竞赛日期和地点、主办单位、竞赛项目、参加单位、各单位参赛人数、运动员资格、报名及报到日期、竞赛办法、竞赛规则、录取名次和奖励办法等。

如果比赛需要采用自行制定的特殊规则,应在规程中作具体规定。制定规程时要考虑经费、场地、食宿、交通条件等实际情况,规程的文字应明确易懂,便于执行,前后要保持一致。规程一经制定,应保持其严肃性,不宜轻易变动。

三、体育竞赛的编排原则

(1) 编排工作由竞赛组具体负责,重大问题请示大会组委会决定。编排工作要按规程和规则的有关规定进行,在运动员分组、场次的安排等问题上要本着公正的原则,尽量做到机会均等。

(2) 通常采用的比赛制度有淘汰制、循环制。选择和确定比赛制度时,应考虑举办比赛的目的任务、比赛的期限、参加队数的多少以及场地和运动员的学习、工作等情况。

四、球类竞赛的编排方法

1. 淘汰法

淘汰法一般是在参加队数或人数较多,而举行比赛期限较短时所采用的比赛方法。其优点是节省时间,其不足是比赛机会较少,不能合理地确定各队(人)的实际水平、名次。

淘汰法有单淘汰和双淘汰两种。单淘汰就是在比赛中失败一次即被淘汰;双淘汰就是比赛失败两次即被淘汰,获胜者继续比赛,直到最后决出冠亚军为止。

(1) 单淘汰。在编排单淘汰比赛时,要经过以下几个步骤:

● 计算比赛场数。单淘汰比赛总场数等于参加队(人)数减1,例如有8个队(人)参加比赛,比赛场数是:8-1=7场。

● 计算比赛轮数。如果参加的队(人)数是2的乘方数,则比赛轮次正好是以2为底的幂的指数。例如参加的8个队(人)是2^3,即比赛为3轮。如果参加的队(人)数不是2的乘方数,则略大于队数的2的乘方数,即为比赛轮数。

● 计算第一轮比赛的队(人)数。如果参加比赛的队(人)数是2的乘方数(如4,8,16,32,64……),则第一轮都参加比赛。如果参加的队(人)数不是2的乘方数(如5,7,9,13……),则第一轮就有轮空队(人)。

计算第一轮比赛轮空的队(人)数的公式是略大于队(人)数的2的乘方数减去队(人)数。如13个队参加比赛,略大于13的乘方是2^4即16,用16-13=3,可得出第一轮有3个队(人)轮空,再根据轮空位置表查出轮空位置号码(见表4-1)。

表 4-1　轮空位置表

2	255	130	127	66	191	194	63
34	223	162	95	98	159	226	31
18	239	146	111	82	175	210	47
50	207	178	79	114	143	242	15
10	247	138	119	74	183	202	55
42	215	170	87	106	151	234	23
26	231	154	103	90	167	218	39
58	199	186	71	122	135	250	7
6	251	134	123	70	187	198	59
38	219	166	91	102	155	230	27
22	235	150	107	86	171	214	43
54	203	182	75	118	139	246	11
14	243	142	115	78	179	206	51
46	211	174	83	110	147	238	19
30	227	158	99	94	163	222	35
62	195	190	67	126	131	254	3

● 查表方法。按轮空数目依次(逐行由左向右)摘出小于比赛号码位置数的号码即为轮空位置号码。例如 13 人参加比赛,应选用 16 个号码的位置数,有 3 个轮空,依次摘出小于 16 的 3 个号码 2、15、10 即为轮空位置号码(图 4-1)。

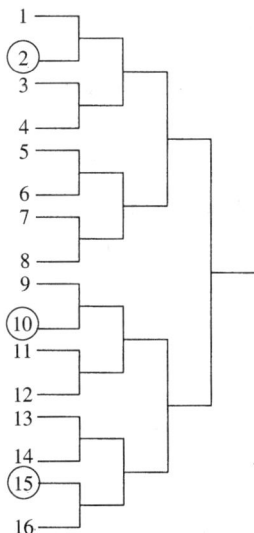

图 4-1

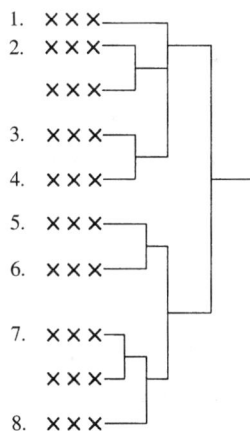

图 4-2

如果参加比赛的队(人)数稍大于 2 的某个乘方数,采用以上办法就会带来很大麻烦。例如 10 个队(人)参加比赛,使用 $2^4 = 16$,用 16 个号码位置,就要安排 6 个队(人)轮空。在这种情况下,可采取一种抢号的办法,就是选用最接近的、较小的 2 的乘方数作为号码位置数,这样就可用 8 个号码位置数来查最前面的两个轮空位置 2,7,这两个位置就是应安排的 2 个"抢号"位置。比赛的排法见图 4-2。

● 确定种子。为了避免强手之间过早相遇而被淘汰,可把一些强队或强手确定为种子,抽签时将它们合理分开,使他们最后相遇,从而产生较合理的名次。确定种子的原则是根据运动员实际技术水平而定,并应参考他们在近期内参加各种比赛的成绩。每次竞赛种子数目的多少主要是根据参加比赛队(人)数的多少来确定,单淘汰赛如果不到 25 名运动员,应不少于 2 名种子;25—48 名运动员,不少于 4 名种子;49—96 名运动员,不少于 8 名种子;96 名运动员以上,不少于 16 名种子,种子的数目应为 2 的乘方数。

种子的位置,在单淘汰赛中,种子应均匀地分布在根据比赛所用号码位置而划分成若干相等的区内。如设 4 名种子,每个种子应分别进入不同的 1/4 区;设 8 名种子,每个种子应分别进入不同的 1/8 区……

种子的位置号码应根据比赛所选用的号码位置数和设立的种子数查种子位置表(表 4 - 2)。

表 4 - 2 种子位置表

1	256	129	128	65	192	193	64
33	224	161	96	97	160	225	32
17	240	145	112	81	176	209	48
49	208	177	80	113	144	241	16
9	248	137	120	73	184	201	56
41	216	169	88	105	152	233	24
25	232	153	104	89	168	217	40
57	200	185	72	121	136	249	8

查表方法同查轮空位置表,以 32 人参加比赛为例,应用 32 个号码位置,如设 4 名种子,位置号码应是 1,32,17,16,则第 1 号种子固定在上半区的顶部,即 1 号位置,第 2 号种子固定在下半区的底部,即 32 号位置,第 3 号、4 号种子如用"跟种子法"则分别安排在下半区顶部和上半区底部,如用"分批抽签法"则抽签决定谁在 17 号、16 号位置。

单淘汰附加赛:单淘汰赛只能确定冠亚军,用附加赛则可以进一步排出前几名顺序,如要确定前 8 名名次,则可以在单淘汰还有 8 名选手时进行附加赛,即每轮胜者对胜者,负者对负者,前 8 名即可决出(图 4 - 3)。

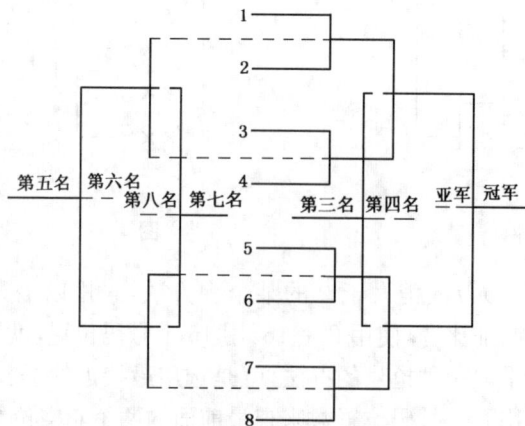

图 4 - 3 单淘汰附加赛编排法

（2）双淘汰。双淘汰就是在比赛中失败两次才被淘汰。它可以弥补单淘汰的不足，给初次失败者增加一次比赛机会。

● 计算比赛场数。比赛场数＝（参加比赛队或人数－1）＋（参加比赛队或人数－2）。例如8个队参加比赛，代入公式（8－1）＋（8－2）＝13（场）。

● 计算比赛轮数。比赛轮数＝参加比赛队（人）数的2的乘方数×2＋1。例如8（2^3）个队参加双淘汰赛则为3×2＋1＝7（轮）。

● 编排比赛秩序的方法。如果参加的队（人）数是2的乘方数，每两队（人）编排一组逐步进行双淘汰即可。例如8个队参加双淘汰赛，其比赛秩序编排如图4-4所示。

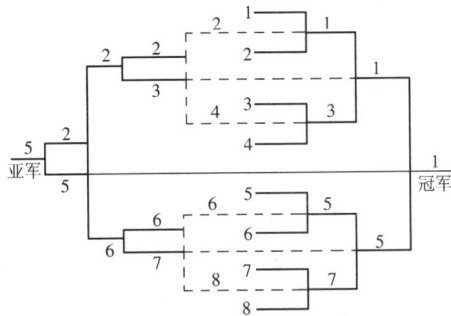

图4-4　双淘汰编排法

如果参加比赛的队（人）数不是2的乘方数，首先计算轮空数，然后从轮空位置表中，查出轮空的位置号码来，即可排出比赛秩序表。例如7个队参加双淘汰赛，有一个队轮空（即2号位置轮空），其比赛秩序编排如图4-5所示。

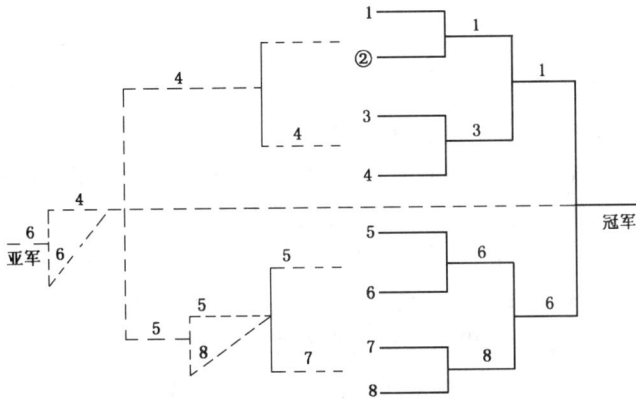

图4-5　7个队比赛双淘汰编排法

2. 循环法

循环法就是在一次竞赛过程中，参加比赛的队（人）互相都进行比赛的方法，比赛中相遇一次是单循环，相遇两次是双循环。这种方法使各队（人）都能有互相比赛的机会，能较好地反映实力水平，其缺点是占用时间较长。这种方法在球类和棋类比赛中采用较多。

循环法分为单循环、双循环和分组循环三种。

(1) 单循环。

● 计算比赛的场数,其公式是:

$$比赛场数=\frac{队(人)数\times[队(人)数-1]}{2}$$

例如 8 个队参加比赛,比赛场数是:

$$\frac{8\times(8-1)}{2}=\frac{8\times7}{2}=28(场)$$

● 计算比赛的轮数。如参加比赛的队(人)是单数,比赛队(人)数即为轮数。如 9 个队比赛,就要进行 9 轮比赛。如果参加比赛的队(人)是双数,比赛队(人)数减去 1 即为轮数,如 8 个队比赛 8-1=7(轮)。

● 编排比赛表。首先要把参加比赛的队(人)用阿拉伯数字排出秩序。这个排列,可以按照上届比赛的名次或报名序列的顺序,也可以通过抽签排出顺序。如队(人)数是双数,即可用双轮转法编排,如是单数则需要在最后一个号数后面加零,在轮转编排时如遇到零的号数即为轮空。

具体排表时,是将比赛队(人)平均分为左右两半,前一半号数由 1 号开始自上而下写在左边,后一半号数自下而上写在右边。然后用横线把相对的号数连起来,这就是第一轮的比赛。从第二轮起把 1 号位置固定不动,其余号数按逆时针方向移动一个位置,再用横线把相对号数连起来,这就是第二轮的比赛。以此类推,排出其余者轮次比赛表。

例如:6 个队参加比赛,其循环方法如表 4-3。

表 4-3 "中式"循环编排法

轮 次	第一轮	第二轮	第三轮	第四轮	第五轮
	1—6	1—5	1—4	1—3	1—2
比赛队	2—5	6—4	5—3	4—2	3—6
	3—4	2—3	6—2	5—6	4—5

如是单数则需要在最后一个号数后面加零,在轮转编排时如遇到零的号数即为轮空。以上是"中国式"编排方法,但有它的不足之处,现在一般采用"贝格尔式"编排方法,使各队更能在同等条件下进行比赛。其编排方法如下:

编排方法第一轮"贝式"和"中式"一样不变,从第二轮开始就有了变化,中式是以 1 固定不变,而"贝式"是以最后一个签号相对固定,其余各队随其变化。

"贝式"最后一个签号每逢单轮其位置在右上角,每逢双轮其位置在左上角。

每轮比赛队"中式"和"贝式"都是按逆时针方向旋转移动。中式转一个位置,而贝式转的位置(W)要根据参赛队数来确定。公式为 W=队数÷2-1。如 6 个队,则 W=6÷2-1=2,即每轮每个队转动两个位置。

队数为奇数时,可用加"零"成偶数队的方法来计算。例如 6 个队单循环用"贝式"编排(表 4-4)。

排出轮次表后,将顺序号代表的各队名称填入轮次表,就可排出比赛日程表。

表 4-4　"贝式"循环编排法

轮　次	第一轮	第二轮	第三轮	第四轮	第五轮
比 赛 队	1—6	6—4	2—6	6—5	3—6
	2—5	5—3	3—1	1—4	4—2
	3—4	1—2	4—5	2—3	5—1

● 单循环赛确定名次的办法。单循环比赛，一个队（人）的名次不仅取决于该队（人）与其他队（人）的比赛结果，而且还要受其他队（人）互相间比赛结果的影响。因此名次确定较为复杂，在实践中，各种球类项目的计算方法亦不同，现分别介绍如下。

A. 足球确定名次的办法。循环赛以积分多少来决定名次，胜一场得 2 分，平一场得 1 分，负一场得 0 分，积分多者名次列前。如果每场球必须决出胜负，可以胜一场得 2 分，负一场得 0 分，积分多者名次列前。如两队或两队以上积分相等，按全部比赛的净胜球（进球数减失球数，每场只计算 90 分钟内的进球）多少决定名次。如净胜球总和仍相等，则按全部比赛的进球总和（每场只计 90 分钟内的进球）多少决定名次，如进球总和仍相等，则可以采用加赛或抽签的方法决定名次。

B. 篮球确定名次的办法。循环赛确定名次时，按照积分多少来计算，即胜一场得 2 分，负一场得 1 分，弃权得 0 分。积分多者名次列前，如两队积分相等，则以两队之间的比赛胜负确定名次，胜者名次列前。如两个以上的队积分相等，则以这几个积分相等队之间的比赛成绩排列名次。如仍相等，则按它们之间比赛时的得失分率（总得分/总失分）排列名次，得分率高者名次列前。如仍相等，则按它们在全组内所有比赛的得失分率排列名次。

C. 排球比赛确定名次的办法。循环赛确定名次时，按照积分多少来计算，胜一场得 2 分，负一场得 1 分，弃权得 0 分，积分多者名次列前。如两队或两队以上积分相等，则采用下列办法决定名次：$\dfrac{A（胜局总数）}{B（负局总数）}=C$，$C$ 值高者名次列前，如 C 值仍相等则采用：$\dfrac{X（总得分数）}{Y（总失分数）}=Z$，$Z$ 值高者名次列前。

（2）双循环。如时间充裕，参加比赛的队（人）又较少，可采用双循环法进行比赛，它比单循环增加一倍的比赛机会，双循环比赛秩序的编排与单循环相同，在编排第二循环时，可将第一循环秩序重复比赛一遍，或重新抽签编排。

（3）分组循环。参加比赛队（人）较多而竞赛时间较短时，为了较合理地确定各队（人）名次，可采用分组循环的比赛方法，把参加的队（人）平均分成若干小组，在各组内进行单循环比赛，为了较合理地确定各队（人）的名次，避免较强的队（人）集中在一个小组，可根据分组情况，选出相应的几个种子队（种子选手），然后可再用抽签的办法确定其他各队（人）所在组的位置，种子队（种子选手）每个小组设 1 至 2 个（名）为宜。

分组循环的编排，一般有两个阶段，第一阶段是所分的小组分别进行单循环比赛，决定每组名次。第二阶段有以下几种比赛方法：

第一种，将预赛的各小组同名次的队（人）划为一组，进行决赛。例如第一阶段分四组，将预赛各小组第一名划为一组，决定 1 至 4 名；将预赛各小组第二名划为一组，决定 5 至 8 名；将预赛各小组第三名划为一组，决定 9 至 12 名；将预赛各小组第四名划为一组，决定 13 至 16 名。

第二种,如预赛分四组,将预赛各小组第一、二名划为一组,决定1至8名,将预赛各小组第三、四名划为一组,决定9至16名。或者只进行1至8名的决赛,其他各队不再继续比赛。

第三种,采用交叉法,如12个队参加比赛,第一阶段分为两个小组,每组6个队采用单循环法,第二阶段则采用交叉法。即将第一组的第1名与第二组的第2名,第一组的第2名与第二组的第1名进行比赛,然后两个胜队进行比赛决定第1、第2名,两个负队进行比赛,决定第3、第4名,两组的第3、第4和第5、第6名分别采用同样的方法决定第5至第8名和第9至第12名。

第二节 体育竞赛的欣赏

随着体育成为人们生活中的必需,越来越多的人喜欢亲临体育竞赛场或通过电视直播来欣赏体育竞赛。为了帮助大家更好地欣赏体育竞赛,现将欣赏体育竞赛的意义与内容作一简要的介绍。

一、体育竞赛欣赏的意义

1. 享受生活乐趣

在人类进入到现代文明的背景下,体育文化本身也发生了一种质的变化,体育逐渐从一种实用功利的状态变成一种非功利的状态,体育已经成为生活的一部分。在生活余暇观赏体育竞赛或表演,除可以欣赏享受各种运动美感外,还常被那绚丽多姿的文化氛围和社交环境所感染。例如,奥运会前的火炬传递、奥运会上点燃圣火、交接会旗等一系列具有浓厚文化色彩的仪式,构成了一幕幕最庄严、最激动人心的场景;当你欣赏的运动队或运动员获胜时,会给你带来无比快乐。你会为运动员的飞旋、优美、惊险的造型所陶醉;你会为某项运动所表现出的伦理、道德、传统与习俗等文化理念所折服,这一切都给你带来了乐趣。4年1届的世界杯足球赛为什么能够吸引亿万球迷?除了关心本国的球队外,更多的是人们在欣赏比赛时享受着生活的乐趣:人们因期盼的心理状态与运动场上发生的一切而快乐;因兴奋的情绪得到的精神满足而快乐。

2. 品尝体育文化

具有千姿百态的体育竞赛发展至今,都有极其深远的历史背景。不同地域的体育竞赛有着不同的风格,若就文化内涵而言,它们作为人类智慧的结晶,又集中反映了不同国家、民族的风俗民情和意识观念。例如,在现代足球发展中,南美人讲究细腻的脚法、熟练的配合与张扬的个性融合为一体;欧洲人则讲究整体的配合、务实的打法与强悍的作风结合在一起。实际上,这是两种风格迥异的体育文化形式,是由它们不同的文化理念、不同的运动价值观念形成的。体育文化的外在表现,则反映在围绕体育竞赛而进行的诸多文化艺术活动中,它包括竞赛期间的文艺演出、绘画展览、火炬接力、新闻报道、电视转播,发行邮票、纪念币等内容。由于这些活动的开展,使色彩各异的体育文化形式得以在全世界传播。因此,通过观赏体育比赛,人们可以真正品尝风采各异的体育文化。

3. 陶冶道德情操

良好道德情操的形成,受内在和外部两方面影响。作为外部影响因素,体育竞赛所创造的文化环境是以其特有的价值观念、道德意识和审美情趣,在健康、进取、意志、信念等方面,对人的行为施加影响,并为协调人际关系和化解社会矛盾创造有利条件。因此,人们通过观赏体育竞赛,不仅可以体验奥林匹克原则,包括懂得持何种态度与方式去为比赛优胜者喝彩,给落后者加油,以及遵守比赛场区的要求与规定,使自己的行为与社会保持一致性,而且还能从运动员遵循竞赛法则、恪守运动道德、服从裁判、公平竞赛等行为表现中,接受道德情操的教育,为树立良好的社会风尚奠定思想基础。从内在因素来看,欣赏者通过对比赛的理解来约束自己的行为:对对方失败者的尊重,对自己拥护者失败的承受,从而不断提高自己的道德水准,陶冶道德情操。

图 4 - 6

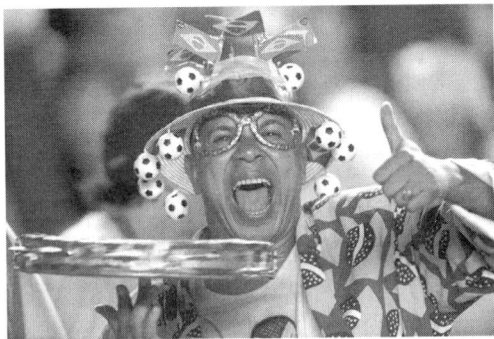

图 4 - 7

4. 领悟人生真谛

在体育竞赛中,运动员往往以失败而告终,但这条通往失败之途奠定的却是运动员不断超越自我、战胜自我、战胜自然的一个个里程碑。在激烈的竞争中表现的坚定不移、临危不惧和顽强拼搏等优秀品质,正是在逆境中不断感悟出来的。尤其是残疾人在运动场上震撼人心的表演,是他们用心灵对生活的体会之表现。感悟体育,领悟人生真谛,是我们欣赏体育竞赛的又一重要意义。

5. 振奋民族精神

凡重大国际比赛,为了表达对优胜者的崇敬,均有升国旗、奏国歌、颁奖杯、授奖牌等仪式。即使以个人名义参加的大型比赛,运动员也总是代表自己的国家。这表明,尽管世界各国的政治制度和生活方式不同,但凡世界性的体育竞赛都关系到国家和民族的尊严与荣誉,它必然会对观众的思想、情感、精神和意志产生巨大的影响,并从本国运动员的胜利中,使民族的自尊心得到满足,自信心不断增强,爱国主义情感更加浓厚。但体育竞赛场上的胜负,毕竟不能等同于国家的盛衰,如果过于宣传狭隘的民族主义精神就容易使观众不能正确认识胜负的意义,造成行为上的越轨。因此,我们对振奋民族精神的认识,是要从体育竞赛的精神内涵中寻求动力,而绝不能单纯以胜负论英雄。

二、体育竞赛欣赏的内容

1. 身体美的欣赏

欣赏竞赛,首先映入眼帘的是运动员的身体形态。通过对身体美的欣赏,可使人产生一种特殊的美感,同时会产生一种生机勃勃的感受。古希腊的"维纳斯"和"掷铁饼的人"的雕塑形象之所以历经几千年而不衰,除其造型艺术价值外,正是身体形态给人以美的享受。

(1)身体美。身体美的内容是十分丰富的。它不仅包含着人体的强壮美、体态美、体型美这些外形的美,同时还包含着一些潜在美的因素,如素质美、风度美等。

(2)强壮美。表现为肌肉发达、身体魁伟、强壮,给人以力量、充满生命的活力的感觉。

(3)体态美。是指人的形体和姿势,表现在身体比例匀称、和谐、线条美等方面,体现人体姿态端庄、高雅。

(4)体型美。篮球运动员的体型是身材高大,躯干健壮,四肢较长,匀称协调,而游泳运动员的体型则是肌肉丰满,肩宽臂长,胸厚臀薄。匀称的体型和发达的肌肉有助于形成曲线美。

(5)素质美。力量美多体现在高强度的运动竞赛中,如凶猛的拳击比赛,勇猛的冰球比赛等,都显示了男性阳刚之美的力量。速度美表现出惊人的速度,如自行车在赛场上飞驰的团体追逐赛,田径场上的短跑比赛等,都会赋予人们昂扬、振奋和激励的感受。耐力美表现在长时间的运动过程中,如在长跑比赛中,运动员动作轻快,重心平稳,往往给观众留下轻快、飘逸和潇洒的优美感受。

(6)风度美。是指有高尚气质和美的举止。一些运动员不仅表现出运动技术高超,而且仪表端正,风度翩翩,往往给人以高尚、典雅的感觉。

我们由欣赏某一运动员的运动技能而扩展到其他方面,如他(她)们的性格、爱好、外貌、风度、衣着打扮等能引起人们的兴趣以至着迷。这种把某个运动员当作自己心中的偶像来欣赏、崇拜的现象很普遍。

此外,运动员的皮肤色泽、发型和服装都是构成身体美的因素。白里透红或黑里透红的皮肤,美丽相称的运动发型,漂亮、适体、新潮的运动服装,都会使身体美锦上添花。

图4-8

图4-9

2. 运动美的欣赏

在体育竞赛中,对运动美的欣赏,是整个欣赏过程的核心。运动美一般包括动作美、技术美、战术美等因素。

(1)动作美的欣赏。在运动过程中,人的形体或部位的造型所展现的美,称动作美。

在体育竞赛中,运动员的动作都是在"动"中进行的,所以我们在欣赏时,应把动作美放在首要地位。但是,任何运动都是动与静的对立统一,这就要求我们在欣赏中,对具体的动作做动与静的考察。

在体育竞赛中,任何动作的动、静态是相互交替、相互转化的,构成了生动、鲜明、起伏跌宕、引人入胜的场面。

对任何一项运动的动作评价,也是在动和静的比较中进行的。譬如说,在欣赏竞技体操的跳马时,运动员由站立预备姿势、助跑、起跑、推撑、空中翻滚、落地等几个阶段来完成动作,要求运动员稳健自信、从容,助跑轻盈、快速,踏跳充分有力,第一腾空飘逸、潇洒,推撑准确强劲,第二腾空协调舒展惊险,落地如楔,稳如泰山。整个过程是由静到动,由动到静。再如,中华武术动作动与静的安排,更是丰富多彩,人们描述为:动如涛、静如岳、起如猿、落如鹊、立如鸡、站如松、转如轮、折如弓、轻如叶、缓如鹰、快如风。真是节奏分明,变化万千。

(2)技术美的欣赏。运动员的技术动作是经过长期科学、艰苦训练和多次临场比赛磨炼而形成的,有的已达到超人预料或接近了尽善尽美的程度。

当你看到优美的高、难、美、新的运动技术时,会获得赏心悦目的美感和精神享受。例如,三次获奥运会跳水金牌的伏明霞、郭晶晶在10米跳台上的跳水技术,轻盈地一跳,空中造型、翻腾、旋转,从容干净利落地压花入水,使人眼花缭乱;李宁在自由体操中高而飘的跟头,鞍马上轻松自如的"托马斯"全旋;童非在单杠上刚健有力的单臂大回环;吴佳妮在高低杠上高而准的"佳妮腾越";江嘉良的乒乓球发球抢攻;郎平的3号位超手重扣;郝致华刚柔相济的八卦掌;29届奥运会冠军何文娜在蹦床上变化莫测的翻腾,等等,无不给人以美的享受和振奋。

对技术美的欣赏往往是和动作美的欣赏联系在一起的,即不仅欣赏运动技术的高、难、美、新,还应结合技术动作的平衡性、协调性和节奏感等方面来观赏。平衡能给观众以稳定、安全、庄严之感,协调而有节奏能给观众以融洽、合理、圆满、明快之感。

(3)战术美的欣赏。战术美,是在复杂多变的体育竞赛中,充分发挥运动员的素质和技术特点,在争取胜利中体现出来的一种美。

战术在体育竞赛的激烈对抗中,被称之为发挥技术的先导,驾驭比赛的灵魂,是夺取胜利的法宝,也是反映运动员的知识、技术和心理、智力因素的综合指标。因此,我们在观赏体育竞赛的过程中,要注意运动员如何根据各自的情况,正确地调配力量,扬己之长,克敌制胜。譬如,在观看篮球比赛时,一方是人高马大,而另一方是个小灵活。一般来说,高大队员一方多采用稳扎稳打、以高制胜的战术,而个小一方则多采用快速灵活的方针,以小制大,夺取胜利。我们知道,在体育比赛中有个人战术、全队战术等,协调一致的战术配合是运动员经过一定时间的共同训练和比赛逐渐形成的。在高水平的比赛中,有些战术配合达到了珠联璧合、天衣无缝的娴熟程度,观后令人拍案叫绝,赞叹不已。

3. 风格美的欣赏

风格美,一般包括两个方面的内容,即思想风格美和技术风格美。

(1)思想风格美。是指运动员在体育竞赛中所体现的思想品质、道德修养、行为作风等综合的社会意识美。人们在观赏体育竞赛时,看到运动员良好的思想风格,也是一种美的享受。例如,中国女子排球队在一次世界排球锦标赛的关键性比赛中,出现了这样一个局面：场上比分13平，这时中国队掌握发球权。对方接发球后组织进攻，扣球不死，中国队接球一传到位，二传3号位直线扣杀，球压线开花，本应得分，但裁判员误判为球出界，换发球，全场一片愕然。重放电视录像，仍证实球压线。这时，只见女排队长孙晋芳举手示意，很有礼貌地向裁判员提出申诉，裁判员却固执己见，维持原判。此时，孙晋芳不急不躁，却是微然一笑，全场观众随之报以热烈掌声，全队情绪不但未受影响，反而得到莫大鼓舞，再接再厉，取得了这场比赛的胜利。孙晋芳这一稳健的举止，落落大方的行为，给人们以高尚思想风格美的享受。

体育竞赛，实质上是一种复杂的社会活动。因此，在体育竞赛中所表现出的各种思想、道德、行为都不是虚构的，而是一种真实的社会行为表现。在体育竞赛中，常常也看到一些畏强欺弱、投机取巧、蛮横粗野等拙劣行为，这与思想风格美形成了鲜明的对照，使人们更加厌弃它。

图 4-10

图 4-11

（2）技术风格美。包括运动员在技术、战术上所表现出的特长与特点之美，亦即技术、战术风貌和格调上的个性之美。每个运动员根据各自的特点和条件，创造出与众不同的风格，构成了自己独特的技术风格之美。例如，我国乒乓球运动员自20世纪50年代初开始步入世界乒坛以来，逐步形成了直拍握法"快、准、狠、多变"的技术风格；我国篮球运动员则根据我国运动员身体较为矮小，但具有灵活性的特点，逐步形成了"快速灵活、以小制大"的技术风格；我国体操运动员在自由体操的编排上，吸取了武术运动的精华，形成了我国体操的独特技术风格，从而呈现了五彩缤纷的运动技术风格美。

4. 不同类别体育项目的欣赏

据资料统计，目前世界上竞技运动、娱乐体育、民间体育、游戏等共有2万多项。其中列入奥林匹克冬、夏两季运动会比赛的共有31个大的运动项目，近260个小项。要对这些运动项目作全面介绍是很难做到的，这里仅对主要运动项目竞赛的欣赏作些一般性介绍。

（1）测速和测距类是奥运会比赛中金牌最多的运动项目。欣赏这类运动项目的比赛，主要是看运动员的运动能力发挥得如何。以田径项目为例，欣赏的内容有：看运动员的速度、力量和耐力等身体素质是否水平很高；看运动员的动作是否有节奏，技术是否合理，是否符合生物力学原理；看运动员的动作是否具有美的韵味和风格；看运动员的意志品质是否坚强。

（2）欣赏举重比赛。内容有：看运动员如何根据自身的实力举起最大重量；看运动员的动作是否连贯、协调；看运动员用怎样的顽强毅力获得成功。

欣赏射击和射箭这两项比赛，主要看运动员是否能在复杂的条件下沉着、镇静，是否具有能承受和抵抗各种干扰的心理素质。

（3）欣赏球类项目比赛。内容有：看运动员之间或运动员自身是否能巧妙地组织配合；看全队或运动员自身的整场战术思想；看运动员个人的精湛技艺和战术意识；看运动队或运动员自身的赛风是否具有胜不骄败不馁的风格；看运动队中"灵魂"组织者（即控球的后卫）的作用；看球星的"绝招"，他们在极其复杂的对抗中，会表现出高超的技艺，显示超群的能力；看球员们在场上是如何体现团队精神的。

图 4 - 12

图 4 - 13

5. 对运动员运动行为、心理素质的欣赏

高水平的体育比赛，不仅仅体现在运动员的精湛技艺上，而且更重要的是体现在运动员良好的体育道德行为和心理素质上。主要表现在尊重裁判、尊重对方、尊重观众、胜不骄、败不馁等方面。运动员良好的心理素质是技战术的发挥和取得比赛胜利的重要保证。越是高水平、对抗激烈的比赛，对运动员的心理素质要求越高。这种良好的心理素质主要体现在能否承受得住赛场内外各种因素的干扰，与比赛胜负考验的沉着、镇静和稳定的情绪，能否表现出团结协作、顽强拼搏的精神等。优秀运动员所表现的文明向上的竞争，正是良好心理素质和运动行为的综合体现。

6. 对体育场馆建筑艺术及运动着装的欣赏

现代大型体育运动场馆的整体造型，设计奇异、千姿百态、各具特色。这些场馆都是根据经济实用、美观的原则和当地的气候、地理环境条件而设计建造的，有着很高的使用和观赏价值。例如29届奥运主会场"鸟巢"现已成为北京的著名地标之一。

不同比赛项目的运动服装，除了具有运动的实用性特点外，还能使运动员身体美、动作美得到充分的展现。近年来运动服装的推陈出新，不仅给体育比赛的观赏带来新的视觉享受和艺术启迪，同时也推动了体育竞赛水平的提高。各种款式新颖的运动服装，引起了人们对展示自己形体美和精神美的追求，已逐步成为人们现代生活中的一种时尚。

【复习思考题】

■ 请画出6个队参加比赛的淘汰表和循环表。

■ 你怎样欣赏体育竞赛？谈谈欣赏体育竞赛的体验。

第五章　奥林匹克运动

第一节　奥林匹克运动

一、国际奥林匹克委员会

国际奥林匹克委员会是世界上最有影响的国际体育组织。近代体育的兴起,促使希腊人产生了恢复古代奥林匹克运动会的念头和行动。1859—1889 年希腊人曾举行过 4 届奥运会。德国一批学者对古代奥林匹克的遗址进行了发掘,对古代奥运会有了更多的了解,从而更加激起了人们恢复奥运会的愿望。1894 年 6 月,由法国 P. de 顾拜旦发起,在巴黎成立了国际奥林匹克委员会。参加成立大会的国家有:英国、美国、瑞典、西班牙、意大利、比利时、俄国和希腊。按照国际法,国际奥委会是一个具有法律地位和永久继承权的法人团体,总部设在瑞士洛桑,顾拜旦担任秘书长。

国际奥委会对奥林匹克运动拥有一切权力,只有国际奥委会有权选择和决定举办奥运会的城市。国际奥委会管辖奥林匹克运动。奥林匹克的宗旨是:在奥林匹克理想指导下,鼓励组织和发展体育运动、体育竞赛;促进和加强各国运动员之间的友谊;保证按期举办奥运会。

国际奥委会挑选它认为有资格的人为委员。委员须懂英语或法语,其居住国应有被国际奥委会承认的国家奥委会,委员应是该国公民。国际奥委会委员是国际奥委会在委员所在国家的代表,而不是这些国家派往国际奥委会的代表。委员不得接受居住所在国政府或任何组织的指示和影响。国际奥委会现行章程规定,1965 年以后当选的委员年满72 岁时须退休。中国现有 11 名委员,他们是中国奥委会何振梁、吕圣荣、于再清、杨扬、邓亚萍、魏纪中、屠铭德、高殿民、吴倬天,中国香港奥委会霍震霆,中国台北奥委会吴经国。

国际奥委会与各国国家奥委会间仅有相互承认的关系。只有获得国际奥委会承认的国家奥委会才有权派队参加冬季和夏季奥运会的比赛。中国奥林匹克委员会是国际奥委会承认的国家奥委会。

二、古代奥林匹克运动会

古代奥林匹克运动会是希腊人民的伟大创举,也是人类文明与进步的巨大文化源泉。尽管古代奥运会可以追溯到公元前 11 世纪,但直到公元前 775 年才有正式记载。据历史记载,古希腊各城邦的平民多信奉万神之首宙斯,因城邦之间经常发生战争,使民间的各种祭祀活动时断时续。公元前 776 年,在人民渴望和平、自由生活的要求下,古希腊伊利斯国王、斯巴达国王和比萨国王在"神"的旨意下,签订了"神圣休战"的协定,并决定在奥林匹亚"宙斯神"庙前举办祭祀活动和举行第 1 届古代奥运会,以后每 4 年举行 1 次。

古代每届奥运会均在能容纳 5 万观众的奥林匹亚运动场上举行。比赛场均为 200×30 米,也有专门供运动员居住和训练的地方。最初只有短跑(192.27 米)一项比赛,后来逐渐增加了长跑、跳远、标枪、铁饼、角力、5 项全能(跑、跳远、铁饼、标枪、摔跤)、拳击、赛马和赛车等 24 个项目。

古代奥运会不准妇女参加,连观看比赛也不行,违者判处死刑。也不允许奴隶参加,只有自由的希腊人才能参加运动会。参赛的各城邦选手,至少提前 1 个月到伊利斯向裁判报到,在裁判的监督下训练。古代奥运会最初只开 1 天,后来延长到 5 天。竞技会由伊利斯人中选出的裁判主持。古代奥运会冠军可获得一项橄榄枝桂冠,连续 3 次夺冠者可在宙斯庙塑像前留念,并取得终身免税权,国家发给供养费,观看戏剧可坐贵宾席,回到家乡会受到隆重的欢迎。

古希腊人原有一个好传统,就是把刻有奥林匹克优胜者姓名的大理石圆柱沿阿尔甫斯河放置,所以直到现在人们还知道第 1 届古代奥林匹克运动会的日期和第一个优胜者的名字。古希腊人珍视比赛冠军们的强壮身体、力量、灵敏、耐力,赞美运动员那完善的身体和他们具有的高尚品质。只有身心的合理发展才被认为是真正的运动员特征。古代奥运会给人们带来了绚丽优美的形象,至今这种形象被人们认为是力量与精神和谐统一的化身。

在举行古代奥运会期间,不仅进行运动员之间的比赛,而且还为学者、诗人、音乐家和艺术家举小文艺会演。所以,古代奥运会有力地促进了体育、艺术的交流与发展。然而,公元前 146 年,罗马帝国入侵吞并了希腊,使人民完全失去了自由。同时在公元 294 年,罗马皇帝狄奥多西一世敬奉上帝立基督教为国教,视祭祀宙斯神的奥运会为异教活动而下令废止。30 年后,罗马皇帝狄奥多西二世又以基督教的名义,下令放火焚毁了残存的奥林匹亚大部分建筑与设施。接着奥林匹亚遭到特大洪水淹没,百年后又连遭两次强烈的地震,奥林匹亚和古代奥运会就完全被毁灭了。这样,具有 1000 多年历史的古代西方体育文明,就被凶残的人祸和无情的天灾彻底地埋葬了。

三、现代奥林匹克运动会

现代奥林匹克运动会是世界竞技体育运动最主要的表现形式,它代表和集中了现代竞技技术的主要和大部分项目。奥运会分为夏季和冬季奥运会,最早的夏季奥运会产生于 19 世纪末。基于 19 世纪古代奥运会考古发掘的成果,人们提出了恢复奥运会比赛和成立国际奥林匹克委员会。1894 年以"公平、友谊、进步"的奥林匹克精神为宗旨的国际奥委会在法国历史学家、教育家 P. de 顾拜旦(1863—1937)的倡议下成立,并由顾拜旦担任秘书长。

顾拜旦在制定现代奥林匹克原则和章程时写道:"奥林匹克的宗旨是各国人民的友谊、合作与和平。奥运会的宗旨是发展良好的身体素质和道德品质……对各个国家和个人不允许有任何种族、宗教或政治动机的歧视。"在奥运会上确定的运动员的誓词为:"我用全体运动员的名义承诺,我们参加奥林匹克运动会是为体育道德、体育荣誉和团体名声,要按比赛规则参加奥林匹克运动会。"在每届奥运会开幕式上都组织各国最优秀的运动员宣读誓词。奥林匹克运动会的会徽由五个环圈组成:天蓝色、黄色、黑色、绿色、红色,五个圆环编在一起的含义是象征五大洲的团结以及全世界运动员以公正的比赛和友好精神在奥运会上相见。升会旗,演奏会歌,放飞白鸽,为获得冠军者的国家演奏国歌、升国旗都成为奥运会的传统仪式并沿袭至今。奥林匹克的格言是"更快、更高、更强"。1896 年,在古代奥林匹克运动会的诞生地——希腊雅典举行了第 1 届现代奥林匹克运动会。从那时起就开始了奥林匹克运动会的新纪元。百年之后,使每 4 年举行 1 次的夏季奥运会成为全世界最高级别的竞技体育比赛盛会。现代奥运会到目前为止,在世界各地一共举行了 31 届,中间因战争原因有 3 届未举办,即 1916 年第 6 届和 1940 年、1944 年的第 12、13 届。在举办过的 28 届奥运会中有 16 次在欧洲举行,5 次在北美举行,2 次在大洋洲举行,2 次在拉美举行,3 次在亚洲举行。显而易见,奥运会还是较多地集中在欧美发达国家举行(表 5-1)。

表 5-1　历届奥运会一览表

届次	年份	举办地点	国家及地区数	运动员数		金牌最多国家	
1	1896	雅典(希腊)	13	311		美国	11
2	1900	巴黎(法国)	21	1330	女 11	法国	26
3	1904	圣路易斯(美国)	12	625	女 8	美国	70
4	1908	伦敦(英国)	22	2034	女 36	英国	56
5	1912	斯德哥尔摩(瑞典)	28	2547	女 57	瑞典	24
6	1916	柏林(德国)	第一次世界大战中断				
7	1920	安特卫普(比利时)	29	2607	女 64	美国	41
8	1924	巴黎(法国)	44	3092	女 136	美国	45
9	1928	阿姆斯特丹(荷兰)	46	3014	女 290	美国	22
10	1932	洛杉矶(美国)	37	1048	女 127	美国	41
11	1936	柏林(德国)	49	4066	女 328	德国	33
12	1940	东京(日本)赫尔辛基(芬兰)	第二次世界大战中断				
13	1944	伦敦(英国)	第二次世界大战中断				
14	1948	伦敦(英国)	59	4009	女 385	美国	38
15	1952	赫尔辛基(芬兰)	69	4925	女 518	美国	40
16	1956	墨尔本(澳大利亚)	67	3184	女 371	苏联	37
17	1960	罗马(意大利)	84	5348	女 610	苏联	43
18	1964	东京(日本)	94	5140	女 683	美国	36
19	1968	墨西哥城(墨西哥)	112	5531	女 781	美国	45
20	1972	慕尼黑(西德)	122	7147	女 1070	苏联	50

届次	年份	举办地点	国家及地区数	运动员数	金牌最多国家
21	1976	蒙特利尔（加拿大）	88	6189　女 1274	苏　联　49
22	1980	莫斯科（苏联）	81	5872　女 1247	苏　联　80
23	1984	洛杉矶（美国）	140	7616　女 1719	美　国　83
24	1988	汉城（韩国）	160	9581　女 2476	苏　联　55
25	1992	巴塞罗那（西班牙）	169	9364　女 2705	独联体　45
26	1996	亚特兰大（美国）	197	11000　女 4400	美　国　44
27	2000	悉尼（澳大利亚）	199	11147	美　国　39
28	2004	雅典（希腊）	202	10864	美　国　35
29	2008	北京（中国）	204	11020	中　国　51
30	2012	伦敦（英国）	205	10568	美　国　46
31	2016	里约热内卢（巴西）	207	10500	美　国　46

现代奥运会已有百年历史，中间也经历了风风雨雨。例如，直到 1924 年才正式决定允许妇女参加奥运会。同年在法国举行首届冬季奥运会。至此，从 1896 年的第 1 届至第 8 届，历经长达 28 年，才使现代奥运会的形式臻于完善，并沿袭至今。由此"更快、更高、更强"的奥林匹克格言成为百年来人们为之奋斗的共同目标，能够成为奥运会冠军是竞技运动员们梦寐以求的愿望。现代奥林匹克运动会成为在和平条件下世界各国人民比试体能，显示国力，塑造民族形象，增进友谊，促进和平的重要舞台。

第二节　奥林匹克精神象征

一、奥林匹克运动会宗旨与原则

1. 奥林匹克运动会的宗旨

（1）以竞技运动为基础，促进人类身心的健全发展。

（2）通过运动竞赛方式教育青年，建立彼此的友谊和了解，藉以创造更幸福与和平的世界。

（3）在世界各地推广奥林匹克原则，以增进国际间的友谊。

（4）集合全世界的运动员，参加 4 年 1 届的奥林匹克运动会。

2. 基本原则

（1）届次及会期。每 4 年举行 1 次，自 1896 年首次在雅典举行第 1 届开始计算，如不能如期举办，届次照算，并不得延至另一年计算，这也是为了纪念古代奥运会遵守规律的循环及传统。

（2）公平竞争。奥运会的竞赛应公正与平等，更不容许因种族、宗教或政治等因素而对任何国家奥委会或个人有所歧视。

（3）个人的竞赛。奥运会是个人及团队间的运动竞赛，而不是国家与国家间的竞赛，故国际奥委会仅公布运动员个人的名次及成绩，并不承认各国奥委会所得的团体积分或奖牌的累计等统计数字。

(4) 凡因举办奥运会所得的任何盈余,均应使用于提倡奥林匹克活动或发展体育。

(5) 国际奥委会对于优胜运动员,着重于荣誉的表扬及精神鼓励,颁发前 3 名个人的金、银、铜奖牌,不再发给任何物质的奖励,以符合奥林匹克精神。

二、奥林匹克精神象征

为了表达奥运会崇高的原则及理想,近代奥运会创始者顾拜旦爵士亲自设计了许多仪式及规章,并把它在奥林匹克运动会会场上具体化地表现出来,这些象征着奥林匹克精神的会旗、会歌、会徽、格言等,均具有深刻的教育意义,再由人们通过视听的感受,从肃穆的气氛中去领会、体味。

顾拜旦曾一再地强调奥林匹克仪式的重要性,他说:"在奥林匹亚,人们聚集着,瞻仰过去并寄望未来,因此古代奥运的仪式亦适用于复兴中的近代奥运会,这种仪式是由飞逝的时光,将过去和未来联系在一起。同时这个盛会是由青春、美丽和力量三者所结合而成的……"

奥林匹克的主要仪式可分为三个部分:开幕典礼、颁奖仪式、闭幕典礼。另外,还有宣誓仪式包括运动员、裁判员及国际奥委会新任委员的宣誓。

1. 奥林匹克旗、会徽

奥林匹克旗是白底无边,中央绘有五色(蓝、黄、黑、绿、红)相交连环圈,蓝色位近旗杆左上方。会徽的图案设计乃遵照顾拜旦于 1941 年在巴黎献赠时的原来式样,五环为奥林匹克会徽。

原始的五环旗于 1913 年由顾拜旦设计,长 3 米,宽 2 米,制作于顾拜旦出生地的一家商店,现悬挂于瑞士洛桑的国际奥委会总部大厅中。当时顾拜旦说明设计的用意:五色的环圈,蓝、黄、黑、绿、红,代表全世界的五大洲,现在已连结在一起,属于奥林匹克活动的部分,共同为接受运动竞赛良好的结果继续努力,它代表着奥林匹克友谊的精神及全世界运动员之间的平等。六种颜色(包括白底),则代表着当时全世界各国国旗的颜色,如瑞典的蓝色、黄色,希腊的蓝色、白色,法国、英国、美国、德国、比利时、意大利及匈牙利的三色旗,西班牙的黄色、红色,可说是一个真正的国际性的颜色与标志。

会旗是 1914 年国际奥委会庆祝成立 20 周年纪念、第 16 届年会在巴黎召开时,由顾拜旦献赠并通过采用的。1920 年第 7 届奥运会在比利时的安特卫普举行时,会旗正式出现在奥运会大会场中并使用至今。

奥林匹克宪章规定:奥林匹克旗、徽章及格言为国际奥委会单独特有资产,严禁使用于任何商业行为。国家奥委会必须竭其全力,采取必要的措施,使其国家参加保护奥林匹克标志的条约,如各国通过立法给予商标注册等方式。各国奥委会非经国际奥委会批准,不得使用此项权利。

2. 奥林匹克圣歌

奥林匹克圣歌《撒马拉斯颂歌》是一首优美、庄严的古曲。1896 年第 1 届近代奥运会前,由希腊人萨姆拉斯作曲,其友派勒玛斯作词。

自第 1 届使用圣歌后,许多人认为它并不理想,因为奥运会的圣歌需要和五环旗、和平鸽、圣火互相配合,而且要能足以激励全世界的运动员,为此曾一度争论不休,前后亦有多次被提出来予以革新。然而虽经尝试,但均不如原有这首美好。直至 1958 年,国际奥委会终于正式采纳了这首圣歌为国际奥委会会歌而沿用至今。

奥林匹克圣歌的歌词原文为拉丁文,曾被翻译成法文、英文、中文,其主要的意义是从奥林匹克活动中去追求人生真、善、美的永恒精神。

3. 奥林匹克格言

奥林匹克格言"更快、更高、更强",是鼓励运动员要继续不断地参加运动,努力追求进步和实现自我的突破。原文为古拉丁语,由顾拜旦的好友、巴黎阿尔古依学院(Arcueil College)教师迪登(Henri Didon)于 1890 年前后首先使用。为使全班学生第一次到室外运动场上去参加运动,当时他以这种口号来鼓励学生。这三个词给了顾拜旦极深的印象及体会,决定为国际奥委会所采用,遂于 1920 年第 7 届奥运会在安特卫普举行时与五环旗同时正式出现在奥运会中。

4. 信念

另一个奥林匹克格言"重要的不是胜利,而是参加",也有人称之为信仰或信念,有一个产生的过程。第 4 届奥运会(1908 年)在伦敦举行期间,于 7 月 9 日在伦敦圣保罗大教堂举行奥运会的宗教仪式时,由美国宾夕法尼亚州大主教主持讲道,他使用了一段话:"奥林匹克运动会的要义,并不必太注重胜利,而是要参加。"这句名言使当时在座的顾拜旦非常感动与欣赏。几天后,顾拜旦在一次演讲中引用这位大主教的这句话,此后经过重新组合,演变成现在的格言,并开始在奥林匹克活动中流行。1948 年第 14 届奥运会在伦敦举行时,这句格言首次在大会场记录牌上出现。此后每届奥运会在开幕典礼、闭幕典礼及许多公众场合中,均出现在电动记分牌上及各种文宣书刊中:

奥林匹克运动会最主要的意义是重在参加,而非获胜。正如人生的真谛,不在于征服,而在于自我的努力及奋斗有方。

5. 誓词

在奥林匹克活动中,顾拜旦循着古代奥运会的传统,采用了宣誓仪式,例如开幕典礼中的运动员、裁判员,以及新当选的国际奥委会委员等,都必须遵从这个传统。

近代奥运会的宣誓,是于 1920 年在第 7 届安特卫普奥运会上,由比利时击剑选手柏英代表运动员宣誓的。宣誓誓词如下:

"我代表全体运动员宣誓,为了体育的光荣和本运动队的荣誉,我们将以真正的体育精神参加本届奥林匹克运动会的比赛,并尊重和遵守各项规则。"

裁判员、职员宣誓,由主办国裁判员一人登台,代表全体裁判员与职员宣誓,誓词如下:

"我代表全体裁判员和职员宣誓,在本届奥林匹克运动会上,我们将尊重和遵守奥林匹克运动会的一切规则,公正无私地执行大会所交付的任务。"

国际奥委会新当选的委员,必须在全体委员年会上举行宣誓仪式,他们左手执奥林匹克会旗边缘,右手举起宣誓:

"我深感荣幸,被国际奥林匹克委员会选任为委员,并派驻在我的国家(国家名称)。我深切体会所负的责任,谨愿竭尽所能为奥林匹克活动服务,保证遵守奥林匹克宪章中所述各项原则与国际奥委会的决定,并永不提出上诉。我本身超然于任何政治、商业、种族和宗教的影响与考虑。"

6. 火炬、圣火

在奥运会上,点燃圣火的仪式,已成为开幕典礼的高潮。历届的奥运会、冬奥会筹备委员会均刻意注重奥林匹克圣火点燃仪式及奥运火炬传递接力活动并不断地翻新花样。同时,通过传播媒体告诉世人,奥运会即将到来。

当火炬自古奥林匹亚传递到开幕式的大会场上,在圣火台上点燃火焰时,全场观众在欢呼声与掌声中伴着兴奋而激动的情绪,揭开了奥运会的序幕。

古代奥林匹克运动会点燃圣火的仪式,起源于古希腊人自上天盗取火种的神话。在奥林匹亚宙斯神前,按宗教的仪式在祭坛上点燃火种,然后持火炬跑遍各城邦,传达奥运会即将开始的讯息。各城邦必须休战,忘掉仇恨与战争,积极准备参加奥运会的竞技比赛。因此火炬象征着和平、光明、团结与友谊。

1912 年,顾拜旦首次提出点燃圣火的建议。但因第一次世界大战爆发,奥运会未能如期举行,顾拜旦的建议也未能实现。战后的 1920 年举办了第 7 届安特卫普奥运会,在大会场上燃起了火焰,以悼念在大战中阵亡的奥运选手以及协约国的将士们。同时这也象征着和平的来临,光明普照大地。

在 1928 年举办阿姆斯特丹奥运会时,曾在希腊的古奥林匹亚以凸透镜借助太阳光引燃火种,然后经过希腊、南斯拉夫、奥地利、德国至荷兰,第一次在大会上点燃了圣火。

1936 年,柏林奥运筹备委员会总干事卡·丁姆,他也是国际奥林匹克学院创始人之一,正式向国际奥委会倡议,将近代奥运会的火炬接力跑及点燃、熄灭圣火列入开幕典礼、闭幕典礼的仪式中。依照古代奥运会的仪式,取自由上天所传的火种,以火炬接力跑的方式,将古希腊的传统与精神沟通、传承至现代奥运中。

国际奥委会通过了卡·丁姆的建议,自 1936 年起将圣火传递的节目正式列为奥运会的重要仪式。1936 年 7 月 20 日,第一次圣火点燃仪式在古奥林匹亚举行,已经退休的国际奥委会终身荣誉主席顾拜旦已 73 岁高龄,他不顾年老与病痛,自瑞士洛桑专程赶赴希腊,亲自参加了这次历史的盛会。

依据奥运会的传统,火炬应于开幕前一天抵达主办城市,于开幕式当天点燃圣火。火炬在旅途中,或是抵达主办城市的各项庆祝活动地点时,必须遵守奥林匹克的礼制仪式,不得被用来作广告宣传之用。各主办国常在最后一段路程中,安排具有代表性的人物或有特色的人物,如为国争光的奥运金牌选手等,在狂热的观众前高举火炬,绕场一周后,跑上圣火台点燃圣火。如 1964 年的东京奥运会,即以原子弹投掷广岛当日出生的人点燃圣火,以祈求世界和平。

4 年后的 1968 年墨西哥奥运会首次由女性运动员点燃圣火,以象征女子得以自由进入奥林匹克殿堂。1992 年巴塞罗那奥运会,则以射箭选手以射箭方式点燃圣火。各届奥运会表达方式虽然不同,但不可否认,奥林匹克圣火代表了神圣、纯洁及完美,是不容置疑的。

圣火必须位于大会场的明显位置,并应具有良好的视野,最好在大会场外也能看到圣火。在奥运会期间,圣火不可熄灭,当圣火熄灭时,奥运会即告结束。

火炬作为正式的一种奥林匹克仪式,象征着奥林匹克精神的神圣。它除了传达体育上的信息、表达艺术上的意念外,更具有历史性的意义。1996 年第 26 届亚特兰大奥运会的标志即为百年火炬,此标志是代表世代相传的奥林匹克精神的最高象征。现在看来,这百年火炬,更显得具有特殊涵义。

第三节　中国与奥林匹克运动

一、中国早期的奥林匹克组织

1. 中国早期的竞赛活动

中国人最初是通过奥运会来认识奥林匹克运动的。1904 年中国许多报刊报道了第 3 届奥运会在美国圣路易斯举行的消息，但当时并未能在社会上引起反响。1907 年以后，一些基督教青年会和教会学校人士开始在社会上宣传奥林匹克运动。1907 年 10 月 24 日，著名的教育家、体育家张伯苓先生在天津青年会第 5 届学校运动会的演说中提出：虽然许多欧洲国家获奖机会甚微，但仍然派出选手参加奥运会。他建议中国加紧准备，争取早日参加奥运会。

1908 年，《天津青年》在一篇题为"竞技运动"的文章里提出了争取在中国举办奥运会的建议。在"争取早日参加奥运会"和"争取在中国举办奥运会"的口号鼓舞下，1910 年 10 月 18—22 日在南京举行了"全国学校区分队第一次体育同盟会"，即第 1 届全国运动会。

1913 年开始举办的远东运动会（最初名为"远东奥林匹克运动会"），是奥林匹克运动在亚洲的先驱，中国是发起国之一。

从此，以举办全运会、参加远东运动会和奥运会为中心的竞赛制度逐步确立，现代体育加速从学校走向社会。这是奥林匹克运动在中国结出的第一个硕果。

2. 中国早期的奥林匹克组织

（1）中国基督教青年会：在全国性奥林匹克组织出现前，中国的体育运动竞赛主要由该组织发起与组织。其中贡献最大的是第一位来华的美国体育干事埃克斯纳。

（2）中华全国体育协进会：1924 年 8 月成立。该会的成立，标志着中国体育的发展和中国奥林匹克运动的开展，都已进入一个新的阶段，基本结束了由外国人在中国办体育的局面。

二、中国与国际奥委会

1. 中国应邀参加国际奥委会

在中华体育协进会成立前，由于中国积极筹办和参加远东运动会，从而与国际奥委会发生了联系。1915 年国际奥委会曾致电邀请中国参加第 6 届奥运会和奥委会会议，但由于第一次世界大战而未能实现。1922 年王正延担任国际奥委会委员后，中国便与国际奥委会建立了直接的联系。

2. 中国参加奥运会

1928 年中国获准可派代表团参加在荷兰阿姆斯特丹举行的第 9 届奥运会，但由于准备不足，只派了宋如海一人作为观察员出席而未参加比赛。1932 年，国际奥委会正式承认"中华全国体育协进会"为中国的奥委会后，中国参加了第 10 届、第 11 届和第 14 届奥运会。

第 10 届奥运会,1932 年在美国洛杉矶举行。在张学良将军的热心资助下,派出了一个 3 人代表团:代表沈嗣良,选手刘长春,教练宋君复。这是中国运动员第一次正式进入奥运会赛场。

第 11 届奥运会,1936 年在德国柏林举行。中国参加了田径、篮球、足球、游泳、举重、拳击、自行车比赛以及武术表演。除符保卢撑竿跳高进入复赛外,其他各项在初赛中即被淘汰。但武术表演却引起了各国体育界人士的极大兴趣。

第 14 届奥运会,1948 年在英国伦敦举行。中国参加了田径、足球、篮球、游泳、自行车等项比赛。各项均未进入决赛。

3. 中国退出奥委会

1952 年,中华全国体育总会(中国奥委会)宣布中国将派运动员参加第 15 届奥运会。然而,当时国际奥委会中的一些人却违背《奥林匹克宪章》的规定,拒不邀请我国参加。经过斗争虽得到邀请,但国际奥委会同时也邀请了台湾的体育组织参加。在此后的几次国际奥委会上,都对中国奥委会代表权问题进行了激烈的讨论。1954 年 5 月,在雅典举行的国际奥委会第 49 次会议上,终于以 23 票对 21 票通过决议,承认中华全国体育总会为中国国家奥委会。但是,国际奥委会主席布伦戴奇却将中国台湾的体育组织以"中华民国"的名义列入国际奥委会名单中,制造"两个中国"。在这种情况下,1958 年 8 月,我国宣布中断与国际奥委会以及有关的 9 个国际单项协会的联系。

4. 中国重返奥运会

1979 年 4 月,在国际奥委会全会上,中国奥委会代表何振梁明确表示:根据《奥林匹克宪章》,只应承认一个中国奥委会,即设在北京的中国奥委会;考虑到让台湾的运动员亦应有参加国际比赛的机会,可允许台湾的体育组织作为一个地方机构,以中国台北奥委会的名义留在奥林匹克运动内,但它的旗、歌和章程等应作相应的变动。1979 年 11 月,中国的意见获得了国际奥委会全体委员以通讯表决方式通过,中国在国际奥委会的合法席位最终得到了恢复,促进了国际奥林匹克运动的健康发展。

1984 年 7 月 29 日,在美国洛杉矶举行的第 23 届奥运会的第一天,中国射击运动员许海峰为中国取得了第一枚金牌,打破了中国在奥运奖牌史上"零"的纪录,掀开了中国体育史上的崭新一页。这届奥运会中国共取得 15 块金牌。

1988 年,在参加韩国汉城举行的第 24 届奥运会上,中国获得 5 块金牌。

1992 年,在西班牙巴塞罗那举行的第 25 届奥运会上,中国获得 16 块金牌。

1996 年,在美国亚特兰大举行的第 26 届奥运会上,中国获得 16 块金牌。

2000 年,在澳大利亚悉尼举行的第 27 届奥运会上,中国获得 28 块金牌。

2004 年,在希腊雅典举行的第 28 届奥运会上,中国获得 32 块金牌。

2008 年,在中国北京举行的第 29 届奥运会上,中国获得 48 块金牌。

2012 年,在英国伦敦举行的第 30 届奥运会上,中国获得 38 块金牌。

2016 年,在巴西里约热内卢举行的第 31 届奥运会上,中国获得 26 块金牌。

5. 中国申办奥运会

中国人早就有申办奥运会的想法,但在相当长的时间内,中国都不具备举办奥运会的能力和条件。改革开放以来,由于我国经济持续发展,政治和社会稳定,人民生活水平不断改善提高,我国体育事业的巨大发展以及北京亚运会的成功,大大地提高了我国在国际上的地位和在国际奥林匹克运动中的影响。中国已具备了承办重大国际比赛和奥运会的能力。1991年2月26日,中国奥委会和北京市决定向国际奥委会申请在北京举办2000年第27届奥林匹克运动会,并于同年12月4日递交了承办申请书。1993年9月在决定承办城市的奥委会投票中,中国以43:45两票之差输给了澳大利亚悉尼。1999年我国再次申办2008年第29届奥运会,2001年7月13日,在莫斯科召开的国际奥委会第112次全会上,中国北京以56票赢得了2008年第29届奥运会的主办权。全国13亿人民欢欣鼓舞,全世界华人一片欢腾。2001—2008年的7年中,北京城建总投资约2800亿元人民币,主要用于城市基础设施、能源交通、水资源和城市环境建设;奥运会运行资金投入20多亿美元;奥运场馆建设投入约130亿元人民币(图5-1)。2008年的北京为全世界各地的运动员创造了一流的比赛环境和条件,为世界各国和地区的朋友们提供了最好的设施和服务,使第29届奥运会成为"真正的无与伦比的奥运会"。

图5-1

6. 第29届奥运会会徽——"中国印·舞动的北京"

2002年7月2日,北京奥委会正式向全球1500多名专业设计师抛出绣球,征集北京奥运会会徽设计。

最后,中外专家经反复比较、认真筛选,获得第1名的作品是第1498号作品"中国印"。

"中国印"作为第29届奥运会的会徽包括三个部分:一是印形部分,二是"Beijing 2008"字样,三是奥林匹克五环。因为印形极富中国文化特色,"Beijing 2008"字样也与之相配,特别是采用了中国书法艺术、汉字竹简文字的笔意,风格独特(图5-2)。

据北京奥组委介绍,"中国印·舞动的北京"有4项含义。

其一,中国特点、北京特点与奥林匹克运动元素的巧妙结合。以印章为主体表现形式,将中国传统的印章和书法等艺术形式手法夸张变形,巧妙地幻化成一个向前奔跑、舞动着迎接胜利的运动人形。人的造形同时形似现代"京"字的神韵,蕴含浓重的中国韵味。

主体图案基准颜色选择红色,具有代表国家、喜庆、文化传统的特点。印章早在四五千年就已在中国出现,至今仍是一种广泛使用的社会诚信表现形式,寓意北京将实现"举办历史上最出色的一届奥运会"的庄严承诺。这个标志生动地表达出北京张开双臂、欢迎八方宾客的热情与真诚,传递着奥林匹克的热情与精神。印章中的运动人形刚柔相济,形象友善,

图5-2

061

充满了动感,体现了"更快、更高、更强"的奥林匹克精神,以及以运动员为核心的奥林匹克运动原则。

其二,城市加年份的标准字体设计别出心裁、独树一帜。"中国印·舞动的北京"字体部分采用了汉字竹简文字的风格,将这一字体的笔画和韵味有机地融入"Beijing 2008"字体之中,自然、简洁、流畅,与会徽图形和奥运五环浑然一体。

其三,总体结构与独立结构比例协调。"中国印·舞动的北京"中的中国印、Beijing 2008 和奥运五环三部分之间在布局及比例关系方面近乎完美。每一部分独立使用时比例合理,不失调。

其四,有利于形象景观应用与市场开发。国际奥委会知识产权注册机构认为,"中国印·舞动的北京"之主体图案具有作为独立商标注册的条件,在城市景观布置、场馆环境布置等方面蕴含着巨大的潜力。

7. 第 29 届奥运会吉祥物——福娃

福娃贝贝 Beibei 福娃晶晶 Jingjing 福娃欢欢 Huanhuan 福娃迎迎 Yingying 福娃妮妮 Nini

图 5-3

福娃是北京 2008 年第 29 届奥运会吉祥物(图 5-3),其色彩与灵感来源于奥林匹克五环、来源于中国辽阔的山川大地、江河湖海和人们喜爱的动物形象。福娃向世界各地的孩子们传递友谊、和平、积极进取的精神和人与自然和谐相处的美好愿望。

福娃是五个可爱的亲密小伙伴,它们的造型融入了鱼、大熊猫、藏羚羊、燕子以及奥林匹克圣火的形象。

每个娃娃都有一个琅琅上口的名字:"贝贝"、"晶晶"、"欢欢"、"迎迎"和"妮妮",在中国,叠音名字是对孩子表达喜爱的一种传统方式。当把五个娃娃的名字连在一起,你会读出北京对世界的盛情邀请"北京欢迎你"。

8. 第 29 届奥运会开幕式

2008 年 8 月 8 日晚 8 时,举世瞩目的北京第 29 届奥运会开幕式在国家体育场(图 5-4)隆重举行。国家主席胡锦涛出席开幕式并宣布本届奥运会开幕。具有两千多年历史的奥林匹克运动与具有五千多年传承的灿烂中华文化交相辉映,共同谱写了人类文明气势恢弘的新篇章。

随着一道耀眼的光环、一声声强劲有力的击打,2008 名演员击缶而歌,吟诵着"有朋自远方来,不亦乐乎",表达了对世界各地奥运健儿和嘉宾的欢迎;象征第 29 届奥运会的 29 个巨大的脚印在天空绽放;巨幅图轴缓缓展开,以"美丽的奥林匹克"为主题的大型文艺表演拉开了帷幕……艺术家们历经 3 年多精心准备的这台演出,以新颖的创意、浓郁的中国风情、富有感染力的表现手法,向世界奉献了一部奥林匹克与中华文明交融交汇的华丽乐章。

　　0 时 04 分,在空中奔跑的李宁点燃了巨大的火炬,熊熊燃烧的圣火,辉映成七色彩虹,人们的欢呼声震耳欲聋。

图 5 - 4

　　欢歌劲舞庆盛事,火树银花不夜天。这是 13 亿中国人民永难忘怀的时刻,这是现代奥林匹克运动又一辉煌的瞬间! 国际奥委会主席罗格感叹地说:"这是一届真正的无与伦比的奥运会!"

【复习思考题】

■ 请说出奥林匹克精神、格言和名言。

■ 想一想中国为什么能成功地获得 2008 年的奥运会主办权? 这对中国有何意义?

■ 说一说第 29 届奥运会会徽的含义。

第六章 篮球**运动**

第一节 篮球运动概述

一、篮球运动发展概况

篮球运动 1891 年由美国马萨诸塞州斯普林菲尔德(旧译"春田")市基督教青年会训练学校体育教师詹姆斯·奈·史密斯(Jallies Naismith)博士为了解决学生们在寒冷的冬季上体育课的难题而发明的室内集体游戏活动项目,后逐渐发展完善,成为世界上影响最大的运动项目之一,深受人们的喜爱。由于主要设备是挂在墙上 10 英尺(约 305 厘米)高的篮子(Basket)和需要投中篮子的球(Ball),所以命名为"篮球"(Basketball)。当时是用足球作比赛工具,将足球投向篮子,投球进篮得 1 分,按得分多少决定胜负。每次投球进篮后,要爬梯子将球取出再重新开始比赛。以后逐步将竹篮改为活底的铁篮,再改为铁圈下面挂网。1892 年,奈·史密斯制定了 13 条比赛规则,到 1893 年,近似现代的篮板、篮圈和篮网已形成,并规定为每队上场为 5 人。1904 年在第 3 届奥林匹克运动会上第一次进行了篮球表演赛。1908 年美国制定了全国统一的篮球规则,发行于全世界。从此,篮球运动逐渐在美洲、欧洲和亚洲发展起来,成为世界性的运动项目。1936 年第 11 届奥林匹克运动会将男子篮球列为正式比赛项目,并统一了篮球竞赛规则。女子篮球是 1976 年第 21 届奥运会上被正式列为比赛项目的。

篮球运动在 1895 年 9 月传入中国天津。1896 年 1 月 11 日,天津中华基督教青年会举行了中国篮球运动史上较为正式的篮球表演。1914 年 5 月旧中国第 2 届运动会把篮球列为比赛项目。1921 年第 5 届东亚运动会上,中国男子篮球队夺得冠军,这是中国近代史上第一个国际比赛冠军。1949 年后,中国篮球运动技术水平不断向高水平方向发展,女篮在第 25 届奥运会和第 12 届世界锦标赛上荣获亚军,男篮在第 12 届世界男篮锦标赛、1996 年亚特兰大奥运会、2004 年雅典奥运会、2008 年北京奥运会上皆获得第 8 名。

二、街头篮球简介

"街头篮球"最初起源于 20 世纪初的美国首都华盛顿和纽约市贫民区街边的篮球场,并因此而得名。由于早期参与"街头篮球"的都是黑人,所以"街头篮球"又被称作"黑人篮球"。街头篮球与正规篮球比赛有着非常多的不同,街头篮球里面有很多动作在正规篮球比赛中都视为犯规。街头篮球强调张扬、潇洒、挑衅,有很多动作像是带着球舞蹈,多有音乐伴奏,是从黑人的 hiphop 文化传过来的。在规则方面最大的不同是,街头篮球有些明显的走步和两次运球都可以不算,只要你能够发挥个性,作出花哨的动作,有时甚至用脚故意触球也是允许的。街头篮球也不太重视相互配合,只要你的球技精湛,能耍过你的对手,动作飘逸、精准,那就是街头篮球的魅力。最早把街头篮球的风格带入 NBA 的人是阿伦·艾弗森。

我国引进街头三人篮球运动是从 20 世纪 90 年代后期开始的,广州、北京、南京等地先开展起来,然后迅速在神州大地上开花结果。全国三人篮球比赛越办越多,观看场面也越来越火爆。2000 年 8 月,教育部大学生体协首次在北京举办了全国三人篮球总决赛,推动了三人篮球运动在高校的发展。

第二节　篮球基本技术

篮球技术是进行篮球比赛所必需的专门动作的总称。分为进攻与防守两大部分,包括移动、运球、传球、接球、投篮、突破、防守对手、抢篮板球等。

一、移动

移动是篮球运动中队员为了改变位置、方向、速度和争取空间所采用的各种脚步动作方法的总称。其目的是达到进攻时摆脱防守,防守时防住对手,争取攻守主动。

1. 进攻移动

(1) 起动。基本站立姿势,先向起动方向移动重心,上体迅速转向移动方向,异侧脚用力蹬地,另一脚迅速向前跨出。要求:移重心、猛蹬地、快跨步、快频率。

(2) 变向跑(以从右到左为例)。变向跑时,落地最后一步用右脚的前脚掌内侧用力蹬地,脚尖转向左前方,同时腰部随之左转,快速移动重心,转腰,左脚向左前方跨步,接着右脚蹬地向左前方跨出,加速跑动。要求:蹬地移动重心,转肩跨步要快。

(3) 变速跑。加速时,上体前倾,蹬地短促有力,频率加快,用力摆臂;减速时,步幅适当增大,身体直起,降低跑速。跑动中,要侧身护球,观察全场情况,以便随机应变。

(4) 侧身跑。跑动时,头部和上体转向侧面或有球的一侧,脚尖向着前进方向,双手自然放在腰侧,要密切观察场上情况,随时准备接球。

(5) 急停。急停分为跨步急停和跳步急停。跨步急停:在快速跑动中,第一步身体后仰降重心,第二步脚用力抵地,踝关节内扣,身体内转。跳步急停:在跑动中,一脚起跳,双脚同时落地,屈膝降重心,保持身体平衡。

(6) 转身。转身可分为前转身和后转身两种。

前转身。移动脚绕中枢脚脚尖方向转动为前转身。转身时,重心落在中枢脚,以肩带动腰转。转身过程中,身体重心要在一个水平面上,不能上下起伏。

后转身。移动脚绕中枢脚脚跟方向转动为后转身。中枢脚用力蹍地,移动脚蹬地,同时转胯转肩,转身要快。

（7）跨步。跨步是突破中为了超越防守突然起步的一种步法，也是原地做的一种假动作，以引诱防守者错位或失去重心。

（8）跳。跳是在快速移动相对抗中进行的，要求跳得高、远、快、及时。跳分为双脚起跳和单脚起跳。双脚起跳多在原地进行，起跳时用力蹬地，向上伸臂、提腰，以增加跳的高度。落地时，前脚掌先触地，屈膝缓冲，保持身体平衡，以便做下一个动作。单脚起跳多用于移动中，起跳时起跳腿迅速屈膝，脚跟先落地并迅速过渡到前脚掌用力蹬地，同时提腰摆臂，另一条腿用力向上摆起到最高点，摆动腿自然伸直，双脚同时落地，屈膝缓冲，保持身体平衡。

2. 防守移动

（1）滑步。滑步是防守移动的一种主要方法，常用来阻截对方的移动路线，调整自己的防守位置。滑步分为侧滑步、前滑步、后滑步三种。

侧滑步。两脚平行站立，两膝较深弯曲，上体略前倾，两臂侧伸，向左滑步时，左脚向左迈出的同时，右脚蹬地滑动，向左脚靠近，两脚保持一定距离；向右滑步时动作相反。滑步时要保持屈膝低重心的姿势，身体不要上下起伏，两脚不要交叉，重心保持在两脚之间，抬头注视对手。

前滑步。两脚前后站立，前脚向前迈出一步，着地的同时，后脚紧随着向前滑动，保持前后开立姿势，注意屈膝降低重心。

后滑步。后滑步动作方法与前滑步相同，只是向后滑动。

（2）后撤步。后撤步是变前脚为后脚的一种防守移动方法。当进攻队员从自己前脚外侧持球突破或摆脱时，为了保持有利的防守位置，常用后撤步，并与滑步、跑等结合运用。后撤步时，用前脚掌内侧蹬地，腰部用力向后转动，同时后脚的前脚掌蹳地，后撤前脚，紧接滑步，保持防守姿势和位置，后撤角度不宜过大，动作要迅速，身体不要起伏。

（3）绕步。绕步是用以抢占有利防守位置、阻挠、紧盯对手，破坏中锋接球的一种防守移动方法。绕步分为绕前步和绕后步两种。

绕前步（以从右侧绕前防守为例）。右脚向右斜前方跨出半步，左脚迅速蹬地绕过对手向左跨出或跃出，两臂要根据防守的需要做相应的动作（阻挠、伸展、挥摆）。

绕后步。绕后步多用于恢复、调整防守位置时。绕后步的动作方法与绕前步相同，只是向后方跨步绕过。

二、传、接球

1. 双手胸前传球

双手传接球是一种最基本、最常用的传球方法。具有准确性高、容易控制、便于变化的优点。

动作方法：双手持球于胸腹之间，两肘自然下垂靠近体侧，身体成基本站立姿势，眼平视传球目标。传球时后脚蹬地发力，身体重心前移，两臂前伸，两手腕随之旋内，用食、中指拨球，将球传出。球出手后，两手心向下，略向外翻（图 6 - 1）。一般中、近距离传球靠翻抖手腕将球传出，远距离传球时，需加大蹬地、跨步、伸臂的力量。

图 6－1

2. 反弹传球

反弹传球是最常用的一种近距离隐蔽传球方法,是小个队员对付高大防守者的有效传球手段。可用单、双手胸前、单手体侧、单手背后等方法反弹传球给同伴。反弹传球时,球的击地点,一般应在传球者距接球者 2/3 的地方。球弹起的高度一般在接球人的腹部为宜。

3. 单手肩上传球

单手肩上传球是一种常用于中远距离的传球方法。传球时用力大,球飞行速度快,一般在抢到后场篮板球发动长传快攻时运用。传球时(以右手传球为例),左脚向传球方向迈出半步,同时将球引至右肩上方,肘外展,大臂与躯干、小臂与大臂的夹角大于90°。右手托球,手腕后仰,左肩侧对传球方向,重心落在右脚上,右脚蹬地,转体,前臂迅速向前挥摆,手腕前屈,通过食指、小指拨球将球传出(图 6－2)。

图 6－2

三、投篮

投篮是篮球运动的进攻技术之一,是唯一的得分手段。竞赛中,进攻队运用各种技术、战术都是围绕创造机会投篮得分,而防守队的积极防御也是为了阻挠和破坏进攻队的投篮。

1. 原地单手肩上投篮

原地单手肩上投篮是各种投篮的基础技术,它具有出手点高、便于结合和转换其他攻击动作、在不同距离和位置上均可应用的优点。

动作方法(以右手投篮为例):右手五指自然分开,掌心空出,用指根以上的部位持球,大拇指与小拇指控制球体,左手扶球的左侧,右臂屈肘,肘关节自然下垂,置球于右肩前上方。两脚左右或前后开立,两膝微屈,重心落在两脚之间。投篮时,下肢蹬地发力,右臂向前上方伸直,手腕前屈,食、中指用力拨球,通过指端将球投出。球出手的同时,身体随投篮动作向上伸展,脚跟微提起(图 6－3)。

图 6 - 3

2. 行进间单手高手投篮

行进间单手高手投篮是在快速跑动中超越对手或强行突破时使用的一种投篮方法。

动作方法:以右手投篮为例,跑动中向前跨右脚的同时接球,接着左脚跨出一步,向前上方起跳,右手将球引至右肩的侧前上方,持球手五指自然分开,手心朝上,托球的下部。投篮时,借助身体上升的惯性,手臂向前上方伸展,用屈腕、挑指的动作,使球由食、中指端向前柔和地投出(图 6 - 4)。

图 6 - 4

3. 跳起单手肩上投篮

动作方法:起跳时,迅速屈膝,脚掌用力蹬地向上起跳,双手举球至肩上,右手持球,左手扶球的左侧,当身体接近最高点时,左手离球,右臂向前上方伸直,屈腕,食、中指拨球,通过指端将球投出。落地时,屈膝缓冲,准备做下一个动作。

四、运球

运球不仅是进攻队员摆脱防守创造传球、突破、投篮得分的桥梁,也是进攻队员发动快攻、组织与调整战术配合,瓦解防守阵形的重要手段。现代篮球运球技术的最大特点是低重心、侧身护球、手臂大范围机动的攻击性运球。运球的方法很多,有高运球、低运球、体侧运球、运球急停急起、体前换手变向运球、体前不换手变向运球、背后运球、运球转身、胯下运球等。

1. 高运球

进攻队员在远离防守,观察场上情况力求寻找进攻机会,调整战术配合方位以及后场向前场运球推进时,常采用高运球技术。其特点是按拍球的力量大,反弹高度高,便于控制,行进间速度快。

动作方法:两脚前后开立,两膝微屈,运球的手臂自然弯曲,以肘关节为轴,随球上下摆动,上体稍前倾,目视前方,手按拍球的上方,使球落于身体的侧前方。行进间高运球时,手腕后屈按拍球的后上方,加上跑的速度,使球向前推进(图 6 - 5)。

图 6-5

2. 低运球

进攻队员为了避开防守队员抢球,常采用低运球以保护球或摆脱防守。

动作方法:两腿深屈,降低重心,上体前倾,用上体和腿保护球,以肩为轴同时用手短促地按拍球,球的反弹高度在膝关节以下,以便控制球和摆脱防守继续运球。行进间低运球时,手应按拍在球的后上方或后侧方(图 6-6)。

图 6-6

3. 体前换手变向运球

当对手堵截运球前进路线时,常用突然向左或向右改变运球方向,来摆脱防守。

动作方法:运球队员从对手右侧突破时,先向对手左侧运球,当对手向左侧移动时,运球队员突然向右侧变向,用右手按拍球的右侧上方,同时,右脚向左前方跨出,用肩挡住对手,接着迅速换左手按拍球的后上方,从对方的右侧运球超越对手。换手时,球要低,动作要快(图 6-7)。

图 6 - 7

4. 体前不换手变向运球

运球队员与防守队员接近时,为了摆脱和突破对手,可运用虚晃动作不换手变向运球突破。

动作方法:将球从身体的右侧拨到体前中间的位置,当防守队员重心向右侧移动时,突然将球拨回右侧,左脚向右侧跨出,借以摆脱防守,继续运球前进。运球时,身体重心转移要迅速,按拍球部位要正确、熟练。

五、突破

突破是控球队员用脚步动作与运球技术相结合以达到超越对手为目的的进攻技术。突破技术不仅是个人的战术行动,而且还是整体战术配合的基础。

突破可分为交叉步突破、同侧步突破、后转身突破、前转身突破。

1. 交叉步突破

以右脚做中枢脚为例:突破时,左脚向左前方跨出,做向左突破的假动作,当对手失去重心时,左脚前脚掌内侧迅速蹬地,向对手左侧跨出一大步,同时上体右转探肩,贴近对手;球移至右手,推动球加速超越对手。假动作要逼真,蹬跨有力,起动要迅速突然,动作连贯(图 6 - 8)。

图 6 - 8

2. 同侧步突破

以左脚做中枢脚为例：突破时，左脚内侧蹬地，右脚迅速向前方跨出一大步，同时向同侧转体探肩，重心前移；球移至右手、推运，左脚迅速蹬地超越对手。起动要突然、跨步加速要连贯，中枢脚离地前球要离手(图6－9)。

图6－9

3. 后转身突破

以左脚做中枢脚为例：背向球篮站立，两脚平行开立，两膝弯曲，重心降低，两手持球于腹前。突破时右脚向右侧后方跨步，上体后转，脚尖指向侧后方，右手向右脚的方向放球，左脚前掌内侧迅速蹬地，向球篮方向跨出，运球突破防守。转身时要控制重心平稳，右脚向右侧后方跨出时的脚尖方向要正确，左脚前掌内侧蹬地积极有力(图6－10)。

图6－10

4. 前转身突破

以左脚做中枢脚为例：突破前的准备动作与后转身准备动作相同。突破时重心移至左脚上，右脚前掌内侧蹬地，左脚为轴，右脚随着前转身而向球篮方向跨出，左肩向球篮方向压，右手运球后左脚蹬地，向前跨出，突破对手(图6－11)。

图6－11

第三节　篮球基本战术

篮球战术是指导篮球运动员参加比赛的行动指南,这里介绍篮球运动中的几种基本战术。

一、进攻战术基础配合

进攻战术基础配合指在篮球竞赛中,队员两三人之间所组成的简单配合方法。它是组成全队进攻战术的基础,任何一种整体进攻战术都离不开基础配合。因此,熟练掌握与运用基础配合,对提高队员的整体进攻战术配合能力和战术意识有重要的作用。战术基础配合主要有传切、突分、掩护、策应等配合。

1. 传切配合

传切配合是队员之间利用传球和切入技术所组成的简单配合,它包括一传一切和空切两种。

(1)一传一切配合。图6-12中队员④将球传给⑤后,立即摆脱④的防守向篮下切入,接⑤的回传球投篮。

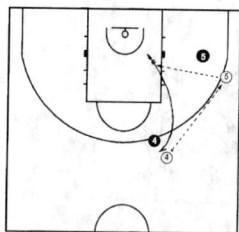  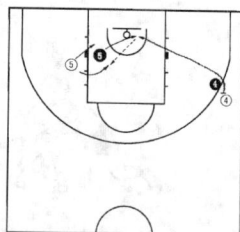

图6-12　　　　　　　图6-13　　　　　　　图6-14

(2)空切配合。图6-13中无球队员⑥掌握时机,摆脱对手❻,切入篮下接⑤的传球投篮。

2. 突分配合

突分配合是指持球队员突破对手之后,遇到对方补防时,及时将球传给进攻时机最好的同伴进行攻击的一种配合方法。如图6-14中④突破❹后,遇到❺补防时,④及时传球给斜插篮下的⑤投篮。

3. 掩护配合

掩护配合是进攻队员采取合理的身体动作,用自己的身体挡住同伴防守者的移动路线,使同伴得以摆脱防守,创造接球投篮或进攻机会的一种配合方法。掩护配合包括:前掩护、侧掩护、后掩护。

(1)前掩护。掩护者跑到同伴的防守者身前,掩护同伴中、远距离投篮。

(2)侧掩护。掩护者站在同伴的防守者的侧方(略靠后),用身体挡住该防守者的移动路线,使同伴摆脱防守获得进攻机会的一种配合方法。图6-15中④持球进攻,⑤跑到防守者❹的侧面,用身体挡住防守者❹的移动路线,使④摆脱防守运球上篮。

（3）后掩护。掩护者移动到同伴的防守者的身后（略靠一侧）做掩护的一种配合方法。这种配合不易被防守者发现，配合容易成功。图6-16中⑤传球给④时，⑥跑到⑤的身体后（侧）方给⑤做掩护，⑤传球后前压贴近对手，当⑥掩护到位时突然向右侧切入篮下接④的传球投篮。

图6-15　　　　　图6-16　　　　　图6-17

4. 策应配合

策应配合是指以处在内线的队员背对或侧对球篮接球后为枢纽，通过多种传球方式与其他队员的空切、绕切相结合摆脱防守，创造各种进攻机会的一种配合方法。图6-17中⑥在④传球给⑤的同时向底线做压切动作，然后突然移动到罚球线右侧接⑤的传球做策应。⑤传球后摆脱❺向⑥的身前绕切，接⑥的传球跳投或突破，此时④应同时做反切摆脱❹准备接⑥的球投篮。⑥策应后转身跟进抢篮板球。

二、进攻区域联防

进攻区域联防是针对区域联防阵形和变化特点所采用的进攻战术。常用的落位阵形有"1-2-2"阵形（图6-18）、"1-3-1"阵形（图6-19）、"2-1-2"阵形（图6-20）、"2-3"阵形（图6-21）。

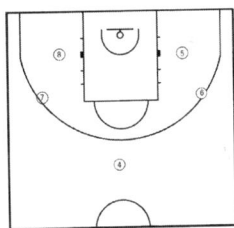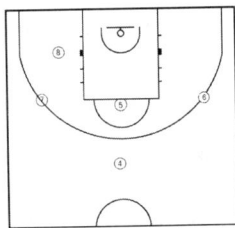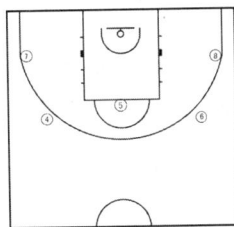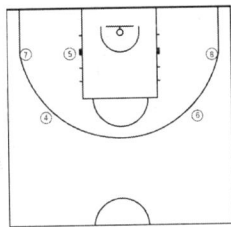

图6-18　　　　图6-19　　　　图6-20　　　　图6-21

1. "1-2-2"落位进攻"2-3"区域联防

图6-22中，⑥⑧互相传球吸引❻❼上来防守，⑤插至罚球线准备接球，防守❽也跟上防守，底线拉空，⑥突然将球传给⑦，这时有3个攻击点，第一个是⑦本身投篮，若❹上防⑦，④就是空当，⑦可传给④投篮，同时，⑧从背后插入罚球区，形成⑦④⑧进攻❹❽的以多打少的有利局面，⑦可根据情况决定自己投篮或是传球给④或⑧投篮。

2. "2-2-1"阵形落位进攻"3-2"区域联防

图6-23中，⑧⑥⑦相互传球吸引防守。当⑧持球时，⑤溜底移动到场左侧接⑧的球，⑤接球后做投篮动作，吸引❹上来防守，然后从底线运球突破投篮，❺上来补位封投篮，同时，④向底线移动，⑦从中间切入篮下，⑤根据防守情况将球传给④或⑦投篮。

073

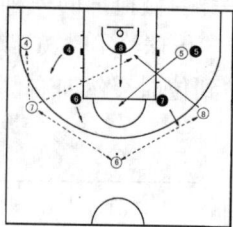
图 6 - 22

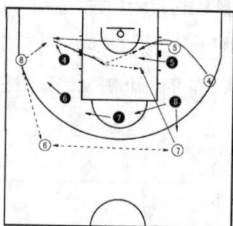
图 6 - 23

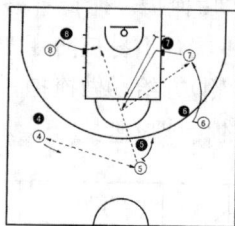
图 6 - 24

三、进攻半场人盯人防守

进攻半场人盯人防守战术，是根据半场人盯人防守战术的特点，综合运用传切、突分、掩护、策应等基础配合所组成的全队进攻战术。它是进攻战术系统中主要组成部分，比赛中经常被采用。

选用阵形要从本队实际出发，扬己之长，攻彼之短。常用的进攻阵形有"2 - 3"阵形、"2 - 1 - 2"阵形、"2 - 2 - 1"阵形、"1 - 3 - 1"阵形、"1 - 2 - 2"阵形。

图 6 - 24 "1 - 2 - 2"进攻阵形中，④⑤外围传球，当④回传给⑤时，中锋⑦做压切后提到罚球线接⑤的传球进攻。⑦如不能进攻，应及时传给底线切入的⑧或下底角的⑥投篮。

四、快攻

快攻是当前国内外篮球队普遍采用的进攻战术，它是由防守转入进攻时，乘对方未站稳阵脚之前，以最快的速度，在最短的时间内，造成人数上和区域上的优势，果断而合理地进行攻击的一种进攻战术。快攻的核心是争取时间，创造战机，速战速决。

发动快攻的时机：抢获后场篮板球时；抢、断球和打球获球时；开场跳球时；对方投中篮后，掷端线界外球时。抢获后场篮板球和抢断得球之后发动快攻是最有利的时机，前者发动快攻机会最多，后者发动快攻成功率最高。

1. 抢篮板球后长传快攻

图 6 - 25 中，⑦抢获后场篮板球后，④⑤弧形侧身快下，⑦长传球给⑤或④上篮。

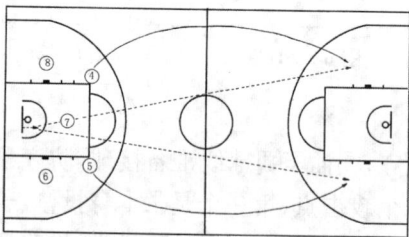
图 6 - 25

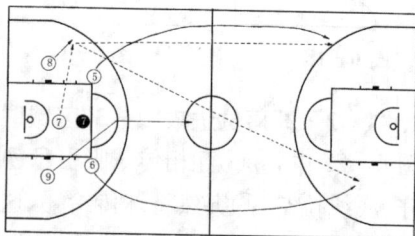
图 6 - 26

2. 抢篮板球后通过接应发动长传快攻

图 6 - 26 中，当⑦抢获篮板球后，⑤和⑥已起动快下，⑦因受封堵不能及时直接长传，⑦可立即传给接应者⑧，由⑧长传给快下队员⑤或⑥投篮。⑨插中跟进，⑧和⑦随后跟进。

第四节 篮球竞赛主要规则

一、场地和器材

1. 场地

比赛场地应是一块平坦、坚实且无障碍物的地面(图 6-27)。其尺寸是长 28 米、宽 15 米,从界线的内沿丈量。场地上的所有线宽 5 厘米,罚球线距端线内沿 5.8 米,三分投篮线外沿距篮球圈中心垂直线与地面的交点 6.75 米,中圈和罚球区的半径是 1.8 米,无带球撞人半圆的半径为 1.25 米(量到圆弧内沿)的半圆。还有两条长 0.375 米垂直于端线的平行线。

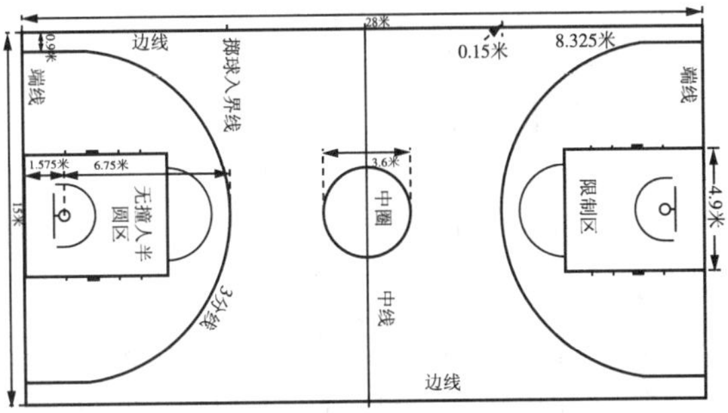

图 6-27

2. 器材

篮球的圆周为 75 厘米至 78 厘米,重量为 600 克至 650 克。球从 1.8 米的高处(从球的底部量起)落到地面上,反弹起来的高度不得低于 1.20 米,也不得高于 1.40 米(从球的顶部量起)。篮圈上沿距地面 3.05 米,篮板下沿距地面2.90 米。

二、比赛通则

1. 比赛时间

比赛应由 4 节组成,每节 10 分钟。在第 1 节和第 2 节(上半时)之间,第 3 节和第 4 节(下半时)之间以及每一决胜期之前应有 2 分钟的比赛休息期间。两个半时之间的比赛休息期间应为 15 分钟。如果在第 4 节比赛时间终了时比分相等,比赛有必要再继续一个或几个 5 分钟的决胜期来打破平局。

2. 交替拥有

交替拥有是以掷球入界而不是以跳球来使球成活球的一种方法,在所有跳球情况中,双方球队将交替拥有在最靠近发生跳球情况的地点掷球入界权。在第 1 节开始的跳球后,未在场上获得控制活球的队应拥有第一个交替拥有球权。

3. 暂停与替换

在上半时的任何时间内每队可准予 2 次暂停,在下半时的任何时间内可准予 3 次暂停,每一决胜期的任何时间上可准予 1 次暂停,未用过的暂停不得留给下一个半时或决胜期。在第 4 节的最后 2 分钟或每一决胜期的最后 2 分钟内,在一次投篮成功后比赛计时钟停止时,得分的队不应被准予一次暂停,除非裁判员已中断比赛。

下列情况可以替换:

● 球成死球,比赛计时钟停止,以及当裁判员已结束了与记录台的联系时。

● 在最后一次或仅有一次的罚球成功后,球成死球时,对于双方球队。

● 在第 4 节的最后 2 分钟或每一决胜期的最后 2 分钟内,投篮得分时,对于非得分队。

● 在第 4 节的最后 2 分钟或每一决胜期的最后 2 分钟内,在一次成功的投篮后比赛计时钟停止时,不允许得分队替换,除非裁判员已中断比赛。

4. 如何打球

在比赛中,球只能用手来打,并且球可向任何方向传、投、拍、滚或运,带球跑,故意踢或用腿的任何部分阻挡或用拳击球是违例。然而,球偶然地接触到腿的任何部分,或腿的任何部分偶然触及球,不是违例。

5. 比赛因弃权告负

如果球队:

● 在预定的开始时间后 15 分钟,球队不到场或不能使 5 名队员入场准备比赛。

● 它的行为阻碍比赛继续进行。

● 在主裁判员通知比赛后拒绝比赛。

判对方队获胜,且比分为 20∶0。此外,弃权的队在名次排列中应得 0 分。

三、违例

违例是违犯规则,罚则是将球判给对方队员在最靠近发生违例的地点掷球入界,正好在篮板后面的地点除外,除非规则另有规定。

1. 队员出界和球出界

当队员身体的任何部分接触界线上、界线上方或界线外除队员以外的地面或任何物体时,即是队员出界。

当球触及了下列物体是球出界:

● 在界外的队员和任何其他人员。

● 界线上、界线上方或界线外的地面或任何物体。

● 篮板支撑架、篮板背面或比赛场地上方的任何物体。

2. 带球走

(1)对在场上接住活球的队员确立中枢脚。

● 双脚站在地面上时。一脚抬起的瞬间,另一脚成为中枢脚。

● 移动时:

——如果一脚正触及地面,该脚成为中枢脚。

——如果双脚离地,该队员双脚同时落地,一脚抬起的瞬间,则另一脚成为中枢脚。

—— 如果双脚离地,该队员一脚落地,于是该脚成为中枢脚。如果队员跳起那只脚并同时落地停止,那么,哪只脚都不是中枢脚。

(2)对在场上控制了活球并已确立中枢脚的队员的带球行进。

● 双脚站在地面上时:

——开始运球,在球出手之前中枢脚不得抬起。

——传球或投篮,队员可跳起中枢脚,但在球出手之前任一脚不得落回地面。

● 移动时：

——传球或投篮，队员可跳起中枢脚并一脚或双脚同时落地。但一脚或双脚抬起后在球出手之前任一脚不得落回地面。

——开始运球，在球出手之前中枢脚不得抬起。

● 停止时哪只脚都不是中枢脚：

——开始运球，在球出手之前哪只脚都不得抬起。

——传球或投篮，一脚或双脚可提起，但在球出手前不得落回地面。

（3）队员跌倒、躺或坐在地面上。

● 当一名队员持球跌倒和滑行在地面上，或躺或坐在地面上获得控制球是合法的。

● 如果而后该队员在持球滚动或试图站起来是违例。

3. 时间规则

3秒钟。当某队在前场控制活球并且比赛计时钟正在运行时，该队的队员不得停留在对方队的限制区内超过持续的3秒钟。

5秒钟。被严密防守的队员（距离不超过1米）必须在5秒钟内传、投或运球。

8秒钟。一名队员在他的后场获得控制活球时必须在8秒钟内使球进入他的前场。

24秒钟。一名队员在场上获得控制活球时，这个球队必须在24秒装置的信号发出前投篮，而且球离开了队员的手后，球必须触及篮圈或进入球篮。

4. 球回后场

控制活球队的队员是在他的前场最后触及球，球触及后场后，该队员或同队队员在他的后场首先触及球。

四、犯规

犯规是对规则的违犯，含有与对方队员的非法身体接触或违反体育道德的举止。

1. 合法掩护和非法掩护

（1）合法掩护是指当正在掩护对手的队员：发生接触时已经是静止的（在他的圆柱体内）；发生接触时双脚着地。

（2）非法掩护是指当正在掩护对手的队员：发生接触时正在移动；发生接触时，是在静止对手的视野之外做掩护没有给出足够的距离；发生接触时，对移动中的对手没有重视时间和距离的因素。

2. 撞人

撞人是指有球或无球的队员推进或移动到对方队员躯干上的非法身体接触。

3. 阻挡

阻挡是指阻碍有球或无球对方队员行进的非法的身体接触。

（1）如果试图做掩护的队员在移动中与静止或后退的对方队员发生接触，则他发生了一起阻挡犯规。

（2）如果队员不顾球，面对着对方队员并随着对方队员的移动而移动他的位置，除非包含其他因素，他对所发生的任何接触负主要责任。

4. 背后非法防守

背后非法防守是指防守队员从对方队员的背后与其发生身体接触。防守队员正试图去抢球的事实,不证明从背后与对方队员发生接触是正当的。

5. 拉人

拉人是指干扰对方队员移动自由的非法身体接触。这种接触(拉人)能用身体的任何部分来发生。

6. 推人

推人是指队员用身体的任何部位强行移动或试图移动对方有球或无球队员时,发生的非法身体接触。

7. 违反体育道德的犯规

违反体育道德的犯规是指一名队员不是在规则的精神和意图的范围内合法地试图去直接抢球,而发生的严重接触犯规。

如果是对没有做投篮动作的队员发生犯规,应判给 2 次罚球。

如果是对正在做投篮动作的队员发生犯规,中篮应计得分并加判给 1 次罚球;投篮未中,应判给 2 次或 3 次罚球。

判罚后,由对方在记录台对面的中场延长部分掷球入界。

8. 技术犯规

技术犯规包含:行为性质的队员非接触犯规;教练员、助理教练员、替补队员或随队人员与裁判员、技术代表、记录台人员或对方队员交流中没有礼貌或触犯他们的犯规;或是一次程序上的或管理性质的违犯。

如是队员犯规,应给他登记一次技术犯规,并作为全队犯规计数。

如是教练员、助理教练员、替补队员、被逐出的队员或随队人员犯规,则给教练员登记一次技术犯规,并不计入全队犯规一次。

另判给对方队员 2 次罚球,以及随后在记录台对面的中线延长部分掷球入界。

五、其他规定

(1)队员 5 次犯规必须在 30 秒钟内被替换。

(2)全队犯规。在 1 节中某队已发生了 4 次全队犯规时,该队是处于全队犯规处罚状态,所有随后发生的对未做投篮动作的队员的侵入犯规都应被判 2 次罚球。如果控制活球队的队员或拥有球权队的队员发生了侵入犯规,这样的犯规应判对方队员掷球入界。

(3)罚球。

● 可用任何方式投篮,在此举中,球须从上方进入球篮或球触及篮圈。

● 罚球队员持球可处理后,在 5 秒内应将球出手。

● 罚球队员罚球时不应触及罚球线或进入限制区,直到球已进入球篮或已触及篮圈。

● 罚球队员罚球时不应做假动作罚球。

六、三人制篮球比赛规则

(1)运动员人数。比赛双方报名 4—5 人,上场队员为 3 人。

(2)比赛时间。初赛、复赛不分上下半时,全场比赛 10 分钟(组织者可据参赛队多少修定为 12 或 15 分钟），比赛进行到 5 分钟和 9 分钟时，记录员要宣布一次时间。如只有 10 分钟的比赛时间，则双方都不得暂停（遇到队员受伤，裁判员有权暂停比赛 1 分钟）。如比赛安排为 12 或 15 分钟，则分别允许请求 1 次或 2 次暂停，每次暂停时间为 30 秒。

（3）决赛分上下两个半时，每半时 8 分钟，上、下半时之间休息 3 分钟。比赛中除出现罚球、暂停、队员受伤以及比赛结束等情况才停计时表外，其他情况均不停表。

（4）比赛开始。双方以掷硬币的形式确定发球权，然后在发球区掷界外球开始比赛。决赛阶段，上半时获发球权的队，下半时则不再获发球权，由对方在发球区掷界外球开始比赛。

（5）发球区。中圈弧线内算作发球区，发球区的地面（包括线）属于界外。

（6）发球。在发球区掷界外球算作发球。

（7）攻守转换。每次投篮命中后，都由对方发球，如违例、界外球等或死球，则由对方在发球区掷界外球继续比赛。

（8）守方抢到篮板球或抢断球后，必须将球运到或传到 3 分线外（持球队员的双脚位于线外），方可组织进攻，否则判进攻违例。

（9）双方争球时，争球队员分别站在罚球线上跳球，任何一方得到球都必须将球运出或传出 3 分线外后，方可组织进攻，否则判进攻违例。跳球中的意外投中无效，重新跳球。

凡在攻守转换中出现的违例，裁判员的手势为：两手的臂交叉于脸前以示违例，交换发球权。

（10）24 秒钟违例的规则改为 20 秒。

（11）比赛中每个队员允许 3 次犯规，第 4 次犯规罚出场。

（12）任何队员被判夺权犯规，则取消该队的比赛资格。

（13）全队累计犯规已达 5 次，再次出现犯规则应被判罚 2 次罚球。前 5 次的犯规中，凡对投篮队员的犯规：投中，记录得分、对方个人和全队的犯规次数，不追加罚球，由守方发球；如投篮不中，则判给攻方被侵犯的队员 1 次罚球，罚中得 1 分，并由攻方掷界外球。如罚球不中，仍由攻方掷界外球。

（14）替换。只能在停止比赛计时的情况下进行替换，被替换下的队员不得更新替换上场（场上队员不足 3 人时除外）。

（15）得分相等和决胜期。比赛时间终了，以得分多者为胜方。

初赛、复赛阶段，比赛时间终了，如得分相等，执行一对一的依次罚球，只要出现某队领先 1 分时即为胜方，比赛结束。

在决赛阶段，比赛时间终了，双方比分相等，则增加 3 分钟的决胜期，发球权仍以掷硬币的形式决定。如果决胜期比分仍相等，则执行一对一的罚球，只要出现某队领先 1 分时即为胜方，比赛结束。

【复习思考题】

■ 什么是掩护配合？掩护配合包括哪几种？

■ 什么叫快攻？发动快攻的时机有哪些？

■ 篮球比赛中，有哪些时间规则？请分别介绍。

■ 篮球比赛中，罚球队员需要遵守哪些规定？

第七章　足球**运动**

第一节　足球运动概述

一、足球运动发展概况

1. 古代足球运动起源于中国

1980 年 4 月,国际足联主席布拉特在亚洲足联举办的各会员国协会和秘书长学习班上,所做《国际足球发展史》的报告中说,"足球发源于中国,由于战争而传入西方"。1985年 7 月 26 日,国际足联主席阿维兰热在北京举办的首届柯达杯 16 岁以下国际足联世界少年足球锦标赛开幕式讲话时说,"足球起源于中国"。

足球起源于中国是有根据的。根据史料记载,公元前 475—前 221 年的战国时代,我国就有了古代足球运动,当时被称为"蹴鞠"或"蹋鞠","蹴"和"蹋"都是踢的意思。"鞠"就是球,中间填满毛发一类有弹性的东西。各个历史朝代,"蹴鞠"还有其他一些名称。战国和两汉时期称"蹴鞠",唐宋时期称"蹴球""筑球""白打",明朝时期称为"蹴圆"。

足球运动是一项古老的体育运动,世界上不少民族都有用脚玩球进行身体活动的历史,都属于足球游戏的范畴。例如,在古希腊和古罗马流行的一种叫"哈巴斯托姆"的足球游戏。"哈巴斯托姆"比赛分上、下半时,双方的目的是要把球带过对方的底线。在法国,其比赛方式同"哈巴斯托姆",但场地非常大,可以有一条街长,或把临近的教堂或公共建筑物作为场地的两条底线。

2. 现代足球运动兴起于英国

1863 年 10 月 26 日,英国 11 个足球俱乐部的代表在伦敦举行会议,成立了第一个足球运动组织——英格兰足球协会,并且制定和通过了世界第一部较为统一的足球竞赛规则。因此,国际上都把这一天作为现代足球运动的诞生日,并且认为现代足球运动起源于英格兰。

1885 年英格兰首创了职业足球俱乐部,随后奥地利、西班牙、意大利、匈牙利、捷克斯洛伐克等国也先后成立了职业足球俱乐部。为了协调各国足球运动的开展,组织各国间足球竞赛活动,1904 年 5 月 21 日,法国、比利时、西班牙、荷兰、丹麦、瑞典、瑞士 7 国足球协会的代表在巴黎举行会议,成立了国际性的足球组织——国际足球协会联合会,简称国际足联(法文缩写 FIFA)。它还是国际奥林匹克委员会的一个单项体育组织。到 1905年,英格兰足球协会加入国际足联,随后,苏格兰、威尔士和北爱尔兰也相继加入,这使国际足联的社会地位和世界影响力得到了进一步增强。

目前,重要国际比赛有世界杯足球赛、奥运会足球赛、世界青年足球锦标赛、国际足联世界青年(17 岁以下)锦标赛、世界女子足球锦标赛、国际足联室内 5 人制足球世界锦标赛、世界俱乐部足球锦标赛。

二、现代足球运动的三种流派与发展趋势

1. 三种流派

足球运动在发展的过程中,形成了不同风格的流派。目前国际足坛公认的有欧洲派、南美派、欧洲拉丁派三种不同风格的流派。

欧洲派的特点:讲究全队整体配合,长传准确,推进速度快,打法硬朗、简练、实用,防守逼抢凶狠,盯人紧,队员身体素质好,身体高大壮实,力量强。该流派的代表是德国、英格兰等国。

南美派的特点:个人技术娴熟细腻,队员传、接、控技术,过人技巧,突破能力非常出色,短传渗透威胁大,随机应变能力强,即兴发挥令人防不胜防,队员的灵活性、柔韧性、协调性较好。该流派的代表是巴西、阿根廷等国。

欧洲拉丁派的特点:队员灵活,速度快,个人技术熟练、细腻,具有良好的身体素质,全队讲究整体配合,长短结合,防守坚实,善打快速反击。该流派的代表是法国、意大利等国。

目前,各种流派之间互相学习,取长补短,使各种流派之间的差异逐渐缩小,但仍保留了各自的鲜明特点。

2. 发展趋势

现代足球运动的发展趋势主要有以下几点:

(1) 足球的攻守矛盾促进足球竞技水平不断提高。

(2) 全攻全守型打法是现代足球发展的必然趋势。

(3) 各种流派相互学习、取长补短,不断地完善着自己。

(4) 队员的奔跑速度越来越快,体力越来越好,竞技的双方对抗越来越激烈。

第二节　足球基本技术

足球基本技术是指运动员在比赛中,采用身体合理部位和动作方法的总称。它包括运球、过人、踢球、接球、头顶球、掷界外球和守门员技术等。

一、运球

运球技术是指运球的方法,即运动员用身体的合理部位触球,使球随运球者一起向目标地移动。

一个运球动作过程,包含有多种触球的动作方法。但无论什么方法都必须经历支撑脚的踏地蹬送、运球脚的前摆触球和运球脚的踏地支撑三个阶段。在比赛过程中常用的

运球技术手段有脚背内侧运球、脚背正面运球、脚背外侧运球、拨球、拉球、挑球、颠球。

1. 脚内侧运球

脚内侧运球多用于运球寻找配合传球或有对方阻拦需用身体做掩护。要求在运球前进时支撑脚始终领先于球,位于球的侧前方,一侧肩部指向运球方向,支撑腿膝关节微屈,重心放在支撑腿上,另一条腿提起屈膝,用脚内侧推球前进,然后运球脚着地(图7-1)。

2. 脚背正面运球

脚背正面运球多用于运球前方一定距离内无对手阻拦。运球时身体持正常跑动姿势,上体稍前倾,步幅不宜过大,运球腿提起,膝关节稍屈,髋关节前送,提踵,脚尖下指,在着地前用脚背面部位触球后中部将球推送前进(图7-2)。

图7-1

图7-2

3. 脚背外侧运球

脚背外侧运球多用于运球脚一侧改变方向或掩护。运球时身体持正常跑动姿势,上体稍前倾,步幅不宜过大,运球腿提起,膝关节稍屈,髋关节前送,提踵,脚尖绕矢状轴向内旋转,使脚背外侧正对运球方向,在运球脚落地前用脚背外侧推拨球的后中部(图7-3)。

图7-3

图7-4

4. 脚背内侧运球

脚背内侧运球多用于向支撑脚一侧的转动变向运球。身体稍侧转并自然协调放松,步幅小,上体前倾,运球腿提起外展,膝微屈外转,提踵,脚尖外转,使脚背内侧正对运球方向,在运球脚落地前用脚背内侧推拨球,使球随身体前进(图7-4)。

5. 拨球

拨球是利用脚踝关节向侧的转动,以达到用脚背内侧或脚背外侧触球,将球拨向身体的侧前方、侧方、侧后方。在过人时使用拨球,还要在拨球后立即跟上推球,使球按预定方向运行。

6. 拉球

拉球是将前脚放在球的上部或侧上部,另一脚在球的侧后方支撑,然后触球脚向后下方或左右侧用力将球拉回。

回拉球一般都是躲开或引诱对方出脚抢球的瞬间拉回造成对方抢球落空,使其重心随抢球脚前移,乘对手难于返回的瞬间将球迅速推送出去越过防守者。

拉球时,除了往回拉以外,也经常用脚接触球的上部向左右侧拉球。

7. 扣球

扣球与拨球方法相同,不同的是它的用力是突然的并伴随着突然转身或急停,在对手在来不及调整重心的瞬间,突然从反方向推送球越过对手的防守。

8. 挑球

挑球是用脚背部位触球的下部突然向上方挑起,在对手来不及实施挡球动作时球已越过,运球者随球迅速跟进。注意球一般不要挑得太高。

9. 颠球

运球过程中,有时球在空中或地面上跳动,根据对手抢截时所处位置或实施抢截时间,用恰当的部位将球颠起,越过对手可达到过人的目的。

二、运球过人技术

运球过人技术是指在运控球的基础上,根据临场需要,准确判断和把握对手的防守站位和重心变化情况,利用速度、方向、动作变化,获得时间和空间上的优势,从而获得控制球和突破防守的技术手段。

运球过人从动作方法上可大致分为强行突破、假动作突破、变向突破和变速突破等几类。

1. 强行突破

强行突破是指利用速度优势,以突然快速的推拨球和爆发式的起球,加速超越防守队员的动作方法。实施强行突破时,通常要求防守队员身后有较大的纵深距离,从而使速度优势能够得到充分发挥。

2. 假动作突破

假动作突破是指运球队员利用各种虚晃动作迷惑对手,如假射、假传、假停等,使其不知所措或盲动失去重心,并趁机突破的动作方法。实施假动作突破时,要真真假假,真假结合,假动作要逼真,真动作要快捷,在控好球的同时,能够有效调动对手,利用其重心错位进行突破。

3. 变向突破

变向突破是指队员利用灵活的步法和娴熟的运球技术,不断改变球路,使对手防守重心出现错位,并利用出现的位置差趁机突破的动作方法。实施变向突破时,运球队员脚下控球要娴熟,步法要灵活,重心变化随心所欲,变向动作要突然,变向角度要合理。

4. 变速突破

变速突破是指队员通过速度的变化,打乱对手的速度节奏,并利用产生的时间差趁机突破的动作方法。实施变速突破时,节奏变化要鲜明,做到骤停疾起,要充分利用攻方的先决优势去支配和调动对方,真正做到你快我慢,你停我走,使对手无从适应。

三、踢球

踢球是指运动员有目的地用脚将球击向预定目标的动作方法。踢球是运动员进行比赛活动的主要技术手段,它在比赛中主要体现在传球和射门上。

踢球技术由助跑、支撑、摆腿、击球和随前动作五个环节构成。

助跑是运动员踢球前的几步跑动,它的作用一是使队员在踢球前获得一定的前移动量,二是调整人、球、目标三者的对应关系。通过步幅和角度的调整,保证支持脚能够进行合理的选位。

支撑动作贯穿整个踢球过程,它包含支撑脚的选位、落位方法、脚的指向和关节支撑等因素。支撑的主要作用是维持身体在踢球过程中的平衡,保证踢球腿充分的踢摆发力。

摆腿是指踢球退击球前的摆动过程,它是踢球的主要力量来源。摆腿按动作顺序可分为后摆与前摆两个阶段。后摆是为了增大前摆的幅度和速度创造条件;前摆则是将助跑和后摆所储蓄的能量以及自身的能量集中作用于球体,使球获得足够的力量。

击球是踢球的重要环节,是决定出球质量的关键要素,它包含击球部位、击球时间、击球动作等技术细节。足球比赛中常见的击球方法有摆击、弹击、抽击、推击和敲击等。

随前动作是踢球腿击球后的随球摆动过程。随前动作可以使球进一步加速,同时也有助于控制出球方向的稳定,脚与球分离顺势前摆着地。随前动作使落地的步幅加大,可以产生制动效果,并有缓冲前移冲力的作用。

常见的踢球动作按击球时脚的部位可分为脚内侧、脚背外侧、脚背内侧、脚背正面、脚尖和脚跟踢球几种方法。

1. 脚内侧踢球

脚内侧踢球的动作特点是触球面积大,可控性强,触球平稳准确,是短距离传球和射门常用的脚法。

(1)踢定位球。踢定位球时,要直线助跑,支撑脚踏在球侧约 15 厘米处,膝微屈,脚趾指向出球方向。踢球腿以髋关节为轴由后向前摆动,膝踝外展,脚尖稍翘,以脚内侧部位对准来球,当膝关节接近球体上方时,小腿加速前摆,击球刹那,脚跟前顶,脚型固定,用脚内侧部位击球的后中部(图 7-5)。

图 7-5

(2)踢地滚球。踢地滚球时,要根据来球的速度、方向以及摆腿的时间,确定支撑脚的选位,保证踢球脚能充分地摆踢发力。

（3）蹭踢球。蹭踢球时,小腿要略呈现弧线摆动,用脚内侧蹭踢球的侧面,使球侧旋运动。

（4）踢空中球。踢空中球时,大腿抬起,小腿拖后,利用小腿的加速前摆击球。抬腿的高度要与来球高度相适应,摆腿的时间应与来球速度相对应,并根据出球的目标调整击球的部位。

2.脚背正面踢球

脚背正面踢球的动作特点是踢摆幅度大,动作顺畅,便于发力。但出球路线及性能缺乏变化,适用于远距离的传球和大力射门。

（1）踢定位球。踢定位球时,要直线助跑,支撑脚踏在球侧约15厘米处,脚趾指向出球方向,膝微屈,眼睛注视球。在支撑前跨的同时,踢球腿大腿顺势后摆,小腿后屈。前摆时,大腿以髋关节为轴带动小腿前摆,当膝关节摆近球体上方时,小腿加速前摆,脚背绷直,脚趾扣紧,以脚背正面击球的后中部。击球后,踢球腿顺势前摆落地(图7-6)。

图7-6

（2）踢反弹球。踢反弹球时,要准确判断球的落点、反弹时间和角度,选好支撑脚的位置,在球落地的刹那,踢球腿小腿加速前摆击球,在球反弹离地时击球的后中部。

（3）踢地滚球。踢地滚球时,支撑脚应正确选位,踢两侧地滚来球时,脚趾应对准出球方向,击球部位要准确,以保证击球力度。对速度较快的来球,要通过加大摆踢力量和调整出球方向,消除其初速度对出球方向的影响。

（4）踢空中球。踢空中球时,支撑脚的选位要稍远,以踢球脚能顺利踢摆发力为原则,并可根据来球角度或击球目的选用抽击、弹击或摆击等方法。

3.脚背内侧踢球

脚背内侧踢球动作的特点是摆动顺畅,幅度大,脚触球面积大,出球平稳有力,且性能和线路富于变化,是中远距离射门和传球的重要方法。

（1）踢定位球。踢定位球时,要斜线助跑,助跑方向与出球方向约45°,支撑脚踏在球侧后方约25厘米处,膝微屈,脚趾指向出球方向,重心稍倾向支撑脚一侧。在支撑脚着地的同时,踢球脚以髋关节为轴,大腿带动小腿由外向前内略呈弧线摆动,膝踝关节稍外旋,当膝关节摆至接近球的内侧上方时,小腿加速前摆。击球时,膝向前顶送,脚背绷直,脚趾扣紧,以脚背内侧击球的后中下部,击球后踢球脚顺势前摆着地(图7-7)。

（2）踢地滚球。踢地滚球时,要注意调整身体与出球方向的角度关系,以便踢球脚摆踢发力。

（3）搓踢过顶。搓踢过顶球时,踢球脚背要略平,并插入球的底部做搓踢球动作,击球后脚不随球前摆。

图 7-7

（4）转身踢球。转身踢球时，助跑最后一步要略带跨跳动作，支撑脚的脚趾和膝关节尽可能转向出球方向，击球点应在球的侧前部，并利用腰的扭转协助完成摆踢动作。

（5）踢内弧线球。踢内弧线球时，击球点应在球的后外侧，击球刹那，踝关节内旋发力，脚趾勾翘，使球内旋并呈弧线运动。

4. 脚背外侧踢球

脚背外侧踢球的动作方法类似脚背正面踢球，只是摆踢时，脚面绷直，脚趾向内扣紧下指，用脚背外侧击球的后中部，击球后，踢球脚顺势前摆着地（图 7-8）。

图 7-8

（1）踢地滚球。踢踢球脚同侧的来球时，多用直线助跑，支撑脚在球侧后约 25 厘米处落位，踢异侧来球则多用斜线助跑，支撑脚一般距球约 10—15 厘米。其他动作类似踢定位球。

（2）踢外弧线球。踢外弧线球时，支撑脚踏在球侧后约 12—20 厘米处，踢球脚略呈弧形摆踢，作用力方向与出球方向约 45°，脚型同踢定位球，击球点在球的内侧后部。击球后，踢球脚向支撑脚侧斜摆，以加大球的外旋力量。

四、接球

接球是运动员获得球的主要手段，是运动员运用身体有效部位，将运行中的球，有目的地接控在所需位置上的动作方法。一个完整的接球动作可以由判断选位、选择接球部位及方式、改变来球力量和方向、接球后跟进四个部分组成。在比赛中常见的几种接球方式有头部接球、胸部接球、腿部接球、脚接球四种，在此主要对比较实用的胸部接球、大腿接球、脚内侧接球、脚背正面接球、脚掌接球做出技术分析。

1. 胸部接球

胸部接球技术的特点是触球点高、触球面积宽、接球稳定，适用于接胸部以上的高空球。

（1）挺胸式接球。挺胸式接球适用于接有一定弧度的高球。接球时，身体正对来球，两腿自然开立，膝微屈，两臂在体侧自然抬起，上体稍后仰与来球形成一定的角度。触球刹那，胸部主动接送，使球触胸后向前上方弹起落于体前（图7-9）。

（2）缩胸式接球。缩胸式接球适用于接齐胸的平直球。缩胸接球与挺胸接球的动作差异在于触球刹那，靠迅速收腹、缩胸，缓冲来球力量，使球直接落于体前。

图 7-9

胸部接球的触球点高，接球后球下落会反弹。因此，做完胸部动作后，需及时跟进将球控在脚下。如要将球接向两侧时，身体在触球的刹那要向出球方向转动，带动球的变向。

2. 大腿接球

大腿接球技术的特点是触球部位面积大，且肌肉丰厚有弹性，动作简便易做，适用于接有一定弧度的落降高球。大腿接球时，身体正对来球，选好支撑脚位置并稳固支撑，接球腿屈膝上抬，以大腿中前部对准来球。触球刹那，接球腿积极下放，接球部位的肌肉会呈功能性紧张，以对抗来球冲力，使球触腿后落于体前（图7-10）。接力量较小的来球，还可采用大腿垫接的方法，即接球腿屈膝上抬迎球接球，触球刹那，大腿相对稳定，接球部肌肉适度紧张，将球向上垫起。用这种方法接球，可在球落地前处理球，也可待球落地后将球控在脚下。

图 7-10

图 7-11

3. 脚内侧接球

脚内侧接球技术的特点是按球平稳，可靠性强，动作灵活多变，用途广泛。

（1）接地滚球。接地滚球时，身体要正对来球，并判断来球的速度和方向，选好支撑脚的位置，膝关节要微屈。接球脚根据来球的状态相应提起，膝、踝关节旋外，脚趾稍翘，用脚内侧对准来球。触球刹那，接球部位做相应的引撤或变向接球动作，将球控制在所需要的位置上（图7-11）。

（2）接反弹球。接反弹球时，接球腿应与地面形成一定的夹角，向下做压推动作时，膝要领先，小腿滞留在后面。

（3）接空中球。接空中来球时，接球腿要屈膝提起，可根据需要采用引撤或切挡动作，并在球落地时随即将球控制住。

4. 脚背正面接球

脚背正面接球技术的特点是迎撤动作自如，关节自由度大，接球稳定，但变化较少，适于接下落球。

脚背正面接球时,身体要正对来球,并判断来球路线和速度,支撑脚要稳固支撑,接球腿屈膝提起,以脚背正面迎球。触球刹那,接球脚引撤下放,膝、踝关节相应放松,以增强缓冲效果。

用脚背正面向体前或体侧前接球时,接球脚脚跟稍提,触球刹那踝关节适度紧张,通过触球面角度的调整,控制出球方向。欲将球接至身后时,接球脚脚尖要勾翘,踝关节适度紧张,控球刹那引撤速度要快,身体随之转动,用脚背顺势将球引至身后(图 7 - 12)。

图 7 - 12

5. 脚掌接球

脚掌接球技术的特点是动作简单,控球稳定可靠,适用于接迎面地滚球或反弹球。

脚掌接球时,要判断来球路线或落点,选好接球位置并稳固支撑,接球腿屈膝提起,脚尖微翘,使脚掌与地面形成一定的仰角,球临近或落地刹那,接球腿有控制地下放,用脚前掌部位触压球的后中部,将球控在脚下(图 7 - 13)。为便于完成下一动作,通常在脚掌触压球后连带一个拉引或推送动作,使球处在需要的位置上。若要将球接向身后,多采用拉引动作。欲将球控在体前或体侧则可用推送的方法,做这些动作时重心要随之移动。

图 7 - 13

6. 脚背外侧接球

脚背外侧接球技术的特点是动作幅度小,速度快,灵活机动,隐蔽性强,但动作难度较大。脚背外侧接球时常伴随假动作或转体动作,适用于接地滚球和反弹球。

(1)接地滚球。接球前要判断来球状况,选好支撑脚位置。接球时,接球腿屈膝提起,膝踝关节内翻,以脚背外侧部对准来球,用脚背外侧拨球的相应部位,将球控在所需位置上。

(2)接反弹球。接球前要判断好球的落点。接球时,接球腿小腿应与地面形成一定的夹角,以膝关节领先做扣压动作,防止球的反弹。

脚背外侧接球后的动作衔接速度相对较慢,因此,支撑脚与接球腿的蹬踏动作要协调连贯,保证接球后身体重心随球快速跟进,缩短动作衔接时间,加快后续动作速度。

五、头顶球

头顶球是指运动员有目的地用额头部位将球击向预定目标的动作方法。头顶球是一个自下而上全身协调发力的动作过程,完成这一动作过程包括判断选位、蹬地与身体的摆动、击球和击球后的身体控制四个环节。头顶球技术按顶球部位可分为前额正面顶球和前额侧面顶球两种。

1. 前额正面头顶球

前额正面头顶球技术的特点是触球部位平坦,动作发力顺畅,容易控制出球方向,出球平稳有力。

(1)原地顶球。身体正对来球,两腿自然开立,膝微屈,两眼注视来球。随球临近,上体稍后仰,展腹挺胸,两臂自然张开,下颌收紧,身体自下而上地蹬地、收腹、摆体、顶送发力,当头摆至身体垂直部位时,用前额正面顶击球的后中部(图7-14)。

图7-14

(2)转身顶球。身体稍侧对来球,出球方向一侧支撑脚靠前站立,以便转体发力。击球刹那,后脚用力向出球方向蹬转带动身体转动,当身体转向出球方向时加速摆体,用前额部顶击球。

(3)跳起顶球。要选好起跳位置,掌握好起跳时机,起跳脚积极蹬跳发力,手臂协调向上提摆,以加强起跳力量。起跳后,展腹挺胸,形成背弓,两眼始终注视来球。跳至最高点时,快速收腹摆体,下颌收紧,前额积极迎球顶送发力,顶球后屈膝缓冲落地。

(4)鱼跃顶球。要准确判断来球,掌握好起跳时机和击球点,利用积极后蹬使身体向前水平跃出,两臂微屈前伸,眼睛注视来球,利用身体的水平冲力将球顶出。击球后,两臂屈肘伸手撑地,随后胸部、腹部、大腿、小腿依次缓冲着地。

2. 前额侧面头顶球

前额侧面头顶球技术的特点是动作快捷、变向突然、出球线路难以预测,对球门的威胁性极大。但动作难度较大,侧摆发力不足,出球方向较难控制,适用于应急时破坏球和接传中球顶射。

(1)原地顶球。身体稍侧对来球,两脚前后开立,出球侧支撑腿在前,身体侧后微屈,重心落在后腿上,两臂自然张开,眼睛注视来球。顶球时,后脚向出球方向猛力蹬伸,身体随之向出球方向转动侧摆,同时颈部侧甩发力,用前额侧部将球击出(图7-15)。

图7-15

（2）跳起顶球。动作类似前额正面的跳顶，只是在起跳上升阶段，上体应向出球的相反方向回旋转体。当重心升至最高点时，上体向出球侧加速转动，摆体侧甩，可利用脚的侧下蹬加快侧摆速度，用额侧部将球顶出。

六、掷界外球

掷界外球由于不受越位的限制，所以界外球技术不仅仅用于恢复比赛，而有一部分发展为界外球战术。不论原地掷界外球还是助跑掷界外球，都要面对出球方向，出球瞬间两脚可以前后开立也可以左右开立，脚的一部分可以站在边线上也可以在边线外。膝关节弯曲，上体后仰成背弓，重心前移，两手自然张开，拇指相对，持球侧后部，屈肘将球置于头后。掷球时后脚用力蹬地，两腿伸直，双脚都不能离开地面，收腹屈体，两臂急速前摆，球经过头顶掷出（图7-16）。

七、抢、断球

抢、断球技术是指防守队员有目的地运用身体的某一部位，将对手控制下或传递中的球夺过来、踢出去、破坏掉的技术方法。抢、断球是运动员转守为攻的主要途径，也是个人防守能力的综合体现。

抢断球技术从动作过程分析，是由判断选位、上前抢断、衔接动作等环节构成。常见的抢断球技术有合理冲撞、正面抢断、同侧铲球（图7-17）和异侧铲球（图7-18）等。

图7-16　　　　　　　图7-17　　　　　　　图7-18

八、守门员技术

守门员技术属一种位置技术，是守门员位置各种技术的综合体，包含多种技术要素，就其防守行动过程可大致分为观察判断、移位选位、准备姿势、防守应答四个部分。

守门员准备姿势：两脚平行开立，上体略前倾，两腿自然屈蹲，脚跟稍提，重心落在前脚掌上，两臂在体前自然屈伸，掌心向下，手指张开，眼睛注视来球，注意力高度集中。

守门员的有球技术包括接球、扑球、拳击球、托球、发球等动作方法。

1. 接球

（1）下手接球。手指张开，掌心向上，小拇指靠拢。接球基本用跪式、俯背式和站立式3种。适用于接地滚球、低平球、低弧度的反弹球和高弧度的下降球（图7-19）。

（2）上手接球。上手接球的手型为双手成抱球状，掌心向前稍内倾，手指向上，拇指

图 7 - 19

靠拢成"八"字形(图 7 - 20)。基本姿势有原地站立式和单、双脚跳起接球。适用于接胸部以上的各种高球。

1　　　　2　　　　3　　　　4　　　　5

图 7 - 20

2. 扑球

扑球技术是守门员技术的难点,是在守门员重心无法移动到位的情况下,利用倒地加速重心向球侧移动的一种防守方法。扑球大致分为倒地侧扑球和跃起侧扑球两种(图 7 - 21)。

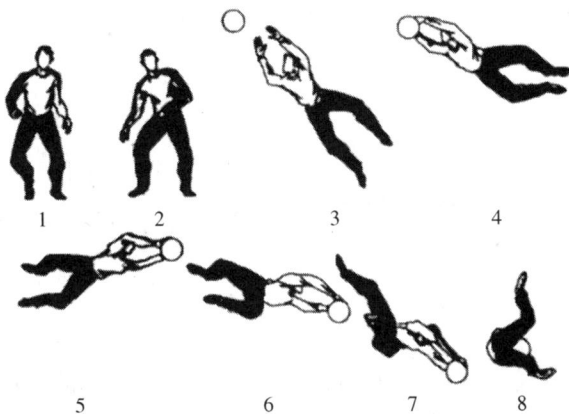

1　　　　2　　　　3　　　　4

5　　　　　　6　　　　7　　　　8

图 7 - 21

3. 拳击球

拳击球是守门员出击时的防守技术。在争抢高球无把握的形势下,守门员可利用单拳或双拳将球击出(图 7 - 22)。

4. 托球

托球一般用于临近球门的防守,对于那些射门力量大、角度刁、贴近球门横梁或立柱的球,守门员可采用托球。托球时,近球侧手臂伸出迎球。触球刹那,手腕后仰,用掌根顶部发力,将球向侧或向上托出(图7-23)。

图7-22　　　　　　图7-23

5. 发球

发球是守门员组织发动进攻的技术手段。它的原则是:能快则快,不能快则缓,以快为主,保证稳妥。守门员发球包括踢发球和抛掷发球(图7-24)两种。

图7-24

第三节　足球基本战术

足球战术就是比赛中为了战胜对手,根据主客观的实际所采取的个人和集体配合的方法。足球战术可分为进攻和防守战术两大系统,其中又分别包含着个人和集体战术两类。

一、阵型

比赛阵型是指比赛场上队员的位置排列、攻守力量搭配和职责分工形式。阵型序列一般是从后卫排向前锋。现代足球的总体要求是全守全攻,攻守平衡。但实际运用时,一般是稳定后防,在保证不失球的情况下再设法进球。这可以从历届各大赛事的进球数看出,如近几届世界杯平均每场进球数才2.1—2.7个。

比赛阵型繁多,但要依据本队队员的条件、特长和对手的特点来选用,切不可盲目追求阵型的形式或是追赶潮流。现阶段比较流行的阵型有"4-3-3"、"4-4-2"、"4-5-1"、"5-3-2"等。比赛阵型在比赛中不是一成不变的,随着进攻或是防守的侧重点不同,各个阵型在比赛中可以相互转化。

二、防守战术

1. 个人防守战术

个人防守战术是为了控制对手所采用的个人战术行动。它是整体战术的基础，个人战术包括了选位(图 7 - 25)、盯人、抢断球、封堵等。

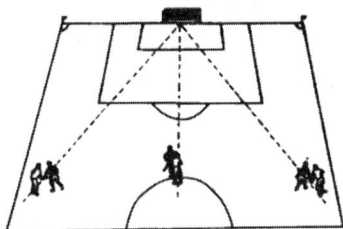

图 7 - 25　　　　　　　　　　　图 7 - 26

2. 局部防守战术

(1) 保护。在逼抢持球对手的同伴身后，选择适当位置协防并阻止对方突破的战术配合行动(图 7 - 26)。保护战术的要求：

● 保护队员与逼抢队员的距离，一般在后场 3—5 米，中场 4—8 米。

● 保护队员与逼抢队员的角度一般应选为 45°角，偏向球一侧。

● 保护队员选位要兼顾运球队员和接应的同伴。

● 保护队员要通过言语指挥同伴抢劫和选位，同时让同伴知道自己的保护位置。

(2) 补位。补位是指防守队员为弥补同伴在防守中出现的漏洞所采取的相互协助的战术配合(图 7 - 27)。补位的形式：

● 临近队员的补位。当前卫或后卫队员插上进攻退守不及时，临近队员应暂时弥补他的空位，以防对手利用这一空当快速反击。

● 相互补位。当同伴被突破后，保护队员要及时补位防守，将球夺回或阻断其进攻路线，而被突破的队员应立即后撤选择适当位置转化为保护队员。

● 后卫补位。守门员出击时，后卫队员要及时回撤到球门线附近补位。

图 7 - 27

3. 实用整体防守战术

(1) 中前场逼迫式。这种防守形式一般在势均力敌或实力高于对方时运用。本方在中前场一旦丢球，就应立刻组织防守，丢球者迅速堵截控球者，其他防守队员对前来接应的进攻队员实行紧逼盯人。此时三条线保持较短的纵深距离，压住对手，令其回传、横传球。

（2）逐步回撤防守。这种防守形式是在中前场由攻转守时运用。本方靠近对方控球者的队员及时上前封堵，不让他运球突破或向前传球，在封堵的过程中争取时间。其他队员迅速回撤，将防区由前场逐步撤到本方的中后场。这样，一方面占据了有利的防守位置，另一方面聚集较多的防守队员，以利稳固防守。

（3）快速回收密集防守。这种防守一般多用于敌强我弱，或以"稳固防守，快速反击"为指导思想的球队。这种防守在由攻转守时仅用一两名队员在中前场封堵控球者，其他队员快速回撤到本方的后场，不在中前场与对方周旋。这种打法的主要特点是将防守重点部署在禁区前沿，形成严密的防守网络。防守队员相互之间保持一定的距离，形成稳固的保护状态，给对方的进攻造成极大困难。

（4）局部区域围抢。一般由两名以上防守队员在边线或球门线附近地区对一名控球队员实施围抢。此时防守队员要从多个方向将持球者围逼在很小的范围内，使其既不能突破又无法传球。同时外围防守队员应前去接应其他进攻队员。

三、进攻战术

1. 个人进攻战术

个人进攻战术是指在比赛中，为了战胜对手采取的符合整体进攻目的的个人行动。它是构成局部和整体进攻战术的基础环节，个人进攻战术包括传球、射门、运球突破和摆脱跑位。

2. 局部进攻战术

（1）传切配合。传切配合包括斜传直插与直传斜插配合。

● 斜传直插配合：进攻队员作斜传，接球队员直接插到对方的身后空当接球，突破对方的防守（图7-28）。

● 直传斜插配合：进攻队员直线传球，接球队员从对方防守队员的内线空当斜线插入到他身后空当接球（图7-29）。

要求：控球队员用运球或其他动作诱使防守者上前阻截，这就为传球创造了条件。插入的队员突然快速起动接球。但要注意起动时间，避免越位。

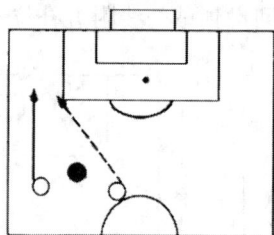
图7-28
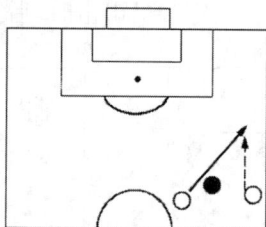
图7-29

（2）踢墙式"二过一"配合。"二过一"配合是在局部地域，两名进攻队员通过两次传球越过一名防守队员的战术手段。进行踢墙式"二过一"（图7-30）时，控球队员（接应队员）带球向前逼近后向另一队员（做墙队员）脚下传球，该队员接球后直接将球传至防守队员背后空当，接应队员快速切入接球。

对控球队员的要求：

● 带球逼近防守队员至2—4米处传球。

● 最好传地滚球,力量要适度,球要到位。

● 传球后立即快速切入,准备接球。

对做墙队员的要求:

● 控球同伴带球逼近防守队员时,做墙队员要突然向侧后方摆脱防守者,并侧对进攻方向,这样有利于传球,有利于观察和应变。

● 一次触球,力量适度,传球到位,尽量传地滚球。

● 传球后立即跑位,寻找再次进攻的有利位置。

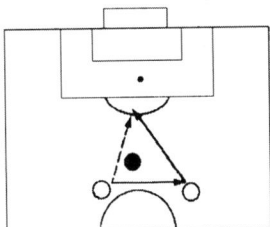 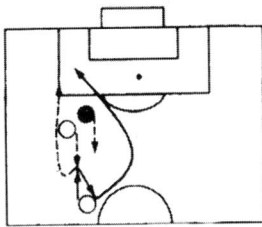 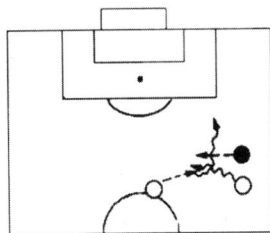

图 7 - 30　　　　　　　　图 7 - 31　　　　　　　　图 7 - 32

(3)回传反切配合。接应队员回撤,防守队员紧逼,接应(反切)队员接球在回传给控球队员后,立即返身切入防守队员身后空当接控球队员传来的球(图 7 - 31)。

要求:运用回传反切"二过一"战术时,传球要有一定的纵深距离,特别是在罚球区前中间地区,更要估计到守门员可能出来断截的情况。

对控球队员的要求:

● 运球距接球队员 8—10 米处传球。

● 向接球队员脚下传球,传球力量要稍大些。

● 接回传球后立即将球传到防守队员身后空当。

对反切队员的要求:

● 回撤接球要逼真,以引诱防守队员实施紧逼。

● 回传的球应向控球队员脚下传,传球力量要稍大些。

● 回传后迅速转身插向防守队员身后空当。

(4)交叉掩护战术。交叉掩护是两名进攻队员通过运球与身体的掩护越过一名防守队员的配合方法(图 7 - 32)。

对持球队员的要求:

● 用远离防守的脚带球,将身体置于球与对手之间,保护球。

● 与同体交接球时,可做假动作而不触球。

● 完成配合后,要继续跑位进攻。

四、实用整体战术

1. 边路进攻

边路进攻是一种比较简单实用的打法之一,是充分利用场地的宽度,拉开对方防线,在对方半场两侧地区发动进攻。一般情况下,边路队员较少,防守的纵深保护较差,可利用的空当也较大。边路进攻的方式有:边路突破下底传中、边路突破外围传中、边路突破内切射门。

2. 中路进攻

中路进攻是指在对方半场中部运用局部进攻战术渗透进攻的打法。中路进攻时人数多,层次深,配合点多,射门角度大,破门机会多,对球门的威胁最大。但是防守人员也相对密集,纵深保护有力,突破难度较大。

3. 转移进攻

转移进攻是指中路进攻受阻后转移到边路组织进攻,或边路进攻受阻后转移到中路或另一侧边路组织进攻。转移进攻可以充分利用场地的空间和足球比赛没有进攻时间和传球次数限制的规则,及时转移进攻点,迫使对方防线横向扯动,出现空当。

4. 快速反击

快速反击是指在本方后场获得球后,由于对方防线压制中场,后场有较大空间,快速将球传给插向前场空当的进攻队员,或在攻守频繁转换时在中、前场争夺到球后快速突破或传球,创造出射门机会的进攻。

5. 破密集防守

破密集防守的方法有外围射门、外围吊中、利用局部进攻战术、积极穿插跑位、快速准确传球等,以达到逐步渗透,获取得分机会。

五、定位球战术

定位球战术包括中圈开球、掷界外球、球门球、罚球点球、角球和任意球,特别是被世界足坛愈来愈重视的角球和罚球区附近的任意球战术。这是因为比赛的结果常常以一个定位球决定了关键性比赛的胜负。有人统计40%左右的进球源于定位球,因此必须重视定位球战术的训练。

1. 任意球攻守战术

一般说来战术配合简练,成功的可能性就会大些。能对对方构成较大威胁的是发生在罚球弧处的任意球,但是比赛的实际告诉我们这个地域的任意球机会较少,而罚球区两侧的任意球机会较多。

(1) 直接射门战术。比赛中,如果在场地中间或两侧获得任意球的机会,只要有可能,最好的办法就是直接射门。在守队排人墙防守的情况下,射手射门最好用踢弧线球的技术。攻队队员也常采用在对方人墙的两侧或中间"夹塞"的办法,或者在罚球点自行排成人墙,以此在射门前阻挡守门员的视线,使其看不清罚球队员动作,而在射门时这些队员迅速让出空当,使射出的球通过空当。

(2) 配合射门战术。在罚球区的侧角和两边,当不可能直接射门时,则应进行配合射门,经常采用的是短传配合和长传配合。配合时的传球次数宜少,传球和射门要配合默契,可用声东击西假动作分散对方注意力。

2. 角球攻守战术

(1) 角球的进攻战术。随着技术的提高和角球的战术的发展,使角球的威胁大增。角球进攻战术可分为短传角球和长传角球。

(2) 角球的防守战术。对方踢角球时,可由 10—11 人参加防守。由一队员站在离球8—9 米处,以封堵和限制对方角球踢出有效的落点。

3. 界外球攻守战术

足球比赛中掷界外球的次数很多,特别是在前场的界外球,它已接近了角球对双方所产生的影响和效果。

(1)掷界外球进攻战术。

● 直接回传。由接球者直接或间接回传给掷球者,由掷球者组织进攻。

● 摆脱接球。用突然的变速变向摆脱防守,接应或插入接球,展开进攻。

● 长传攻击。由擅长掷球的队员掷出长传球,由同伴在对方门前配合攻击是经常用的方法。如掷球给跑动中的同伴,接球后用头顶后蹭传球,另两名队员配合同时包抄抢点攻门。

(2)界外球防守战术。

● 在掷球区域要紧逼,特别是对有可能接球者,要死盯。

● 对比较危险的地域和有可能出现的空当要重点防守和保护。

● 对手在前场掷球时,应采取相应的防守对策,派人在掷球者前面影响掷球的远度和准确性,对重点对象要盯紧,选择防守的有利位置。

六、球门球战术

1. 进攻方法

(1)用长传和短传方式直接将球踢出,组织进攻。

(2)通过守门员和后卫的配合,由守门员再发球进攻。

2. 球门球的防守

(1)当对方大脚发球时,要严密控制球的落点地区和紧逼盯人,并做好人、球的保护。

(2)当本队进攻结束、对方踢球门球时,除前锋队员继续干扰对方配合、延缓其进攻速度外,其他队员应快速回防到位。

七、开球战术

1. 开球进攻战术

(1)组织推进。利用开球进行控制球、倒脚,以寻找进攻机会。

(2)长传突袭。当比赛刚开始对方思想不集中、站位不好,出现明显空当时,采用长传突袭,使对方措手不及。这种战术即使不能成功,也会给对方造成心理上的压力。

2. 开球防守战术

主要是全队思想要集中,选好位置,严防对方偷袭。当对方采用短传推进时,按防守原则行动,力争尽快夺得控球权。

八、罚球点球的攻守战术

1. 主罚队员

(1)以射准为主,以力射为辅,射球门的底角和上角最优,但要留有余地。

(2)心理要稳定,有必进的信心。

(3)先看守门员位置,再决定射门方向,不能轻易改变决定。

2. 守门员防守

（1）应有必胜的信心，心理要稳定，因为对方主罚队员更紧张，守门员守不住不会受到更多的指责。

（2）可以采用故意放大一侧的方法，或者用假动作迷惑干扰对手。

（3）掌握对手惯用的脚法和射门方位等特点，有针对性地防守。

（4）不论射向哪个方向，总是向某一底角扑出，因为单纯靠反应再扑救是来不及的。

第四节　足球竞赛主要规则

一、场地

球场必须是长方形，在长 90—120 米，宽 45—90 米范围内均可（图 7-33）。国际比赛的长度范围为长 100—110 米，宽 64—75 米。基层比赛场地可因地制宜，但边线必须长于球门线，场内各区域尺寸不变。国际足联曾规定世界杯决赛阶段比赛场地为长 105 米、宽 68 米，比赛不能在人造草皮上进行。场地各线宽度不超过 12 厘米（球门线的宽度必须与球门柱宽度相等），边线与球门线包括在场地面积之内，其他各线宽度亦应包括在该区域面积之内。

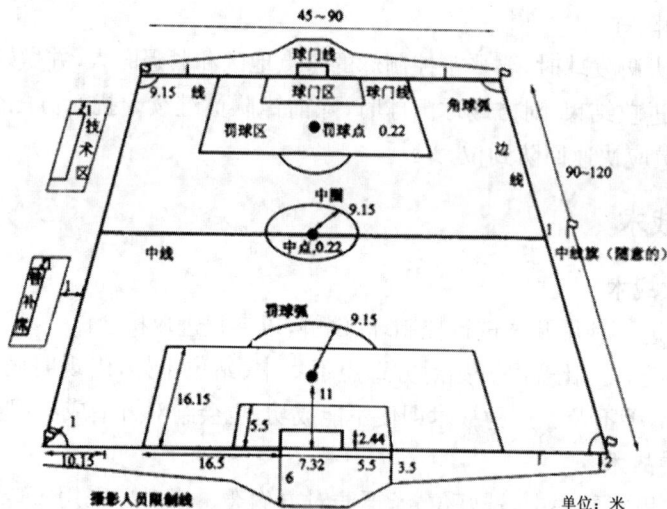

图 7-33

二、比赛时间

（1）比赛分为两个时间相等的半场，每半场 45 分钟。根据竞赛规程，经裁判员和双方队伍在比赛开始之前同意，比赛时间可以减少。

（2）队员有中场休息的权利，休息时间不得超过 15 分钟。竞赛规程必须注明中场休息的时间，只有经裁判员同意方可改变中场休息时间。

（3）在每半场比赛中损失的所有时间应由裁判员予以补足。

● 替换队员。

● 对受伤队员的伤势评估与移出场地。

● 浪费的时间。

● 纪律处罚。

● 竞赛规程允许的用于喝水或其他医疗原因的暂停时间。

● 任何其他原因，包括任何延迟比赛重新开始的重要事件（例如进球后的庆祝）。

第四官员在每半场最后一分钟结束前展示由裁判员决定的最少补时间。裁判员可以增加补时时间但不得减少补时时间。

裁判员不得因上半场计时出错而改变下半场的时间。

（4）如果执行或者重新执行罚球点球，每半场结束时间可延长至罚球点球结束。

（5）除竞赛规程或组织者另有规定外，中止的比赛应重新进行。

三、裁判员

（1）每场比赛由一名裁判员控制，他拥有全部权力去执行与比赛有关的竞赛规则。

（2）裁判员的判罚应在遵守竞赛规则和体育精神的准则下择优作出，裁判员可以在竞赛规则的框架下酌情予以判罚。

裁判员根据与比赛相关的事实所作出的决定是最终的决定（包括进球是否有效和比赛的结果）。

裁判员如果意识到其决定错误，或经其他比赛官员建议后，可以改变决定，但下列情况除外：

● 比赛重新开始。

● 裁判员吹响了比赛（上半场比赛、下半场比赛、加时赛）结束的哨声并离开赛场。

● 比赛终止。

（3）裁判员的权限和职责。

● 执行竞赛规则。

● 与其他比赛官员合作控制比赛。

● 记录比赛时间和比赛成绩，向相关机构提交比赛报告，报告内容包括赛前、赛中和赛后所有纪律处罚和其他事件的情况。

● 监督或示意重新开始比赛。

如果裁判员失去执法比赛能力，比赛可以在其他比赛官员的监督下继续进行直到比赛下一次停止。

当犯规或违例发生时，未犯规队伍根据"有利"条款能获利时，则允许比赛继续进行。如果预期的"有利"在那一时刻或随后的几秒钟内没有发生，则判罚最初的犯规或违例。

（4）裁判员的信号（图7-34）。

除了现行的双臂示意"有利"之外，出于简化裁判员跑动中挥臂动作难度考虑，类似的单臂动作也可用来示意"有利"。

间接任意球　　　直接任意球　　　有利(单臂)　　　有利(双臂)

球点球　　　出示红黄牌　　　角球　　　球门球

图 7 - 34

四、队员人数

（1）每队应为 7—11 人,其中 1 人 必须为守门员。

（2）正式比赛提名替补队员为 7 人,但最多可以替换 3 人,位置不限。被替换下场的队员不可在本场比赛中重新参赛。

（3）场上队员与守门员互换位置前要通知裁判员,在死球时互换,并且服装颜色必须符合规定。场下替补球员替换时,也应通知裁判员,在死球时从中线处先下后上进行替换。

（4）开赛前被罚令出场的队员可以由替补队员替补,并不算一次换人,但不得再增加替补队员名额。比赛开始后(包括死球时或中场休息)被罚令出场的队员,不得被替补。凡被提名的替换队员无论何时被罚令出场,均不得替换。

（5）踢球点球决胜负时,如守门员受伤可以由未换足的替补队员替补,除此之外,一律不得替换。

五、队员装备

（1）安全性。队员不得使用或佩戴可能危及自己及其他队员的装备或任何物件。

（2）必需的装备。运动上衣,短裤,护袜,护腿板,足球鞋。

（3）服装。上衣号码与短裤号码必须一致,队员之间不得重号;守门员服装颜色应区别于其他队员和裁判员、助理裁判员。队长须佩戴袖标。

（4）其他。被裁判员令其出场整理装备的队员,必须在死球时,经裁判员检查许可后方能入场。

六、犯规与不正当行为

只有在比赛进行中发生的犯规或违例行为,方可被判罚直接任意球和间接任意球和球点球。

1. 直接任意球的判罚

(1) 如果队员草率地、鲁莽地或使用过分的力量违反下列 7 种犯规中的任意一种,将判给对方踢直接任意球。

● 冲撞对方队员。

● 跳向对方队员。

● 踢或企图踢对方队员。

● 推对方队员。

● 打或企图打(包括用头撞人)对方队员。

● 抢截或争抢球时,于触球前触及对方队员。

● 绊摔或企图绊摔对方队员。

发生身体接触的犯规都将被判罚直接任意球或球点球。

"草率地"表示队员在争抢时没有什么预防措施,缺乏注意力或考虑。不必给予纪律处罚。

"鲁莽地"表示队员不顾及其行为可能对对方造成的危险或带来的后果。必须给予警告。

"使用过分的力量"表示队员使用超过其自身所需要的力量,并且使对方有受伤的危险。必须被罚令出场。

(2) 如果队员违反下列 4 种犯规中的一种,也判给对方踢直接任意球。

● 故意手球(守门员在本方罚球区内除外)。

● 拉扯对方队员。

● 通过身体接触阻挡对方队员。

● 向对方队员吐唾沫。

手球包含了队员一种故意用手或臂部与球接触的行为。必须考虑以下因素。

● 手向球的方向移动(不是球向手移动)。

● 对方和球之间的距离(意外的球)。

● 手的位置与构成犯规没有必然联系。

● 用手中的物品(衣物、护腿板等)触球是违例。

● 用手掷出的物品(球鞋、护腿板等)击球是违例。

在罚球区外,对手球的严格限制,使守门员同其他队员一样对待。在本方罚球区内,守门员不可能因手球犯规被判罚直接任意球或相关联的处罚,但会因手球犯规而被判罚间接任意球。

2. 间接任意球的判罚

(1) 队员在出现如下情况时,判给对方踢间接任意球。

● 以危险方式比赛。

● 无身体接触前提下阻碍对方队员行进。

● 阻挡对方守门员踢球或从其手中发球,当守门员从手中发球时踢或者企图踢球。

● 因违反上述规则未提及的任何其他犯规而停止比赛,被警告或罚令出场。

以危险方式比赛是指当试图争抢球时,其行为对其他队员构成伤害威胁(包括对自己的伤害),包括阻止附近的对手使其因顾虑受伤而不敢去处理球。如果队员的动作对对手不具有危险性,采用剪刀腿或倒钩踢球是允许的。

阻碍对方的行进是指当球不在某一方队员的争抢距离之内时,抢占对方合理路线去阻挡、妨碍、减速或者被迫改变方向。

所有的队员在场地内有选择自己位置的权利,身处对方的路线上与抢占对方的路线是不一样的。队员可以通过占据球和对方队员之间的位置来掩护球,只要球在合理距离之内,并且没有用手臂或身体阻挡对方队员。只要球在合理争抢的范围之内,对方队员可以对掩护球的队员进行合理冲撞。

(2)如果守门员在本方罚球区内违反下列犯规中的任意一种,将判给对方踢间接任意球。

● 用手控制球后超过 6 秒钟没有放开。

● 在放开手对球的控制后,未经其他队员触及再次用手触球。

● 接同队队员故意踢给他的球。

● 接同队队员直接掷入的界外球。

下列情况视为守门员已经控制球。

● 球在他的两手之间,或在他的手和任何其他物品表面之间(如地面、自己身体),或用手或臂部的任何部位触球,除非球是偶然从守门员反弹回来或他做出扑救后。

● 伸出胳膊用张开的手控制球。

● 向地面拍球或向空中抛球。

当守门员用手得到对球的控制时,对方队员不得对其进行争抢。

3. 纪律处罚

裁判员拥有执行纪律处罚的权力,时限从进入赛场(包括赛前检视阶段)到比赛结束离开赛场(包括球点球决胜阶段)。

(1)如果在比赛开始前未入场时,队员犯有可被罚令出场的犯规行为,裁判员有权禁止该队员参加比赛。裁判员需要报告任何其他不正当行为。

(2)队员无论是在比赛场内或场外,无论是对对方队员、同队队员、比赛官员或者其他人员,包括违反竞赛规则,犯有应被警告或罚令出场的行为,都将根据犯规性质进行处罚。

(3)黄牌表示警告,红牌表示罚令出场。只允许对场上队员、替补队员或被替换下场的队员出示红牌或黄牌。一旦裁判员决定对队员进行警告或者罚令出场,必须等到处罚执行完毕后方可重新开始比赛。

(4)如果裁判员掌握有利而让可执行警告或罚令出场的犯规没有在当时做出判罚,则警告或罚令出场的纪律处罚必须在随后比赛停止时执行;除非阻止明显进球得分机会的犯规依然造成球得分,犯规队员将因非体育行为受到警告。

当严重犯规、暴力行为或第二次可被警告的犯规发生时,裁判员不必掌握有利原则,除非有明显进球得分的机会。裁判员必须在随后比赛停止时将其罚令出场。但如果该犯规队员继续触球或者争抢或干扰对方队员,裁判员须马上停止比赛,将其罚令出场并以间接任意球重新开始比赛。

如果一名守方队员从罚球区外拉扯对方直到罚球区内,裁判员必须判罚球点球。

(5)可警告的犯规。

① 如果队员违反下列 6 种犯规中的任意一种,将被警告。

● 延误比赛重新开始。

● 以语言或行动表示不满。

● 未得到裁判员许可进入或重新进入或故意离开比赛场地。

● 当以角球、任意球或者掷界外球重新开始比赛时,不退出规定的距离。

● 持续违反规则(对"持续"的次数或犯规的表现模式并无明确规定)。

● 犯有非体育行为。

② 如果替补队员或者被替换下场的队员违反下列 4 种犯规中的任意一种,将被警告。

● 延误比赛重新开始。

● 以语言或行动表示不满。

● 未得到裁判员许可进入或重新进入比赛场地。

● 犯有非体育行为。

③ 对非体育行为的队员予以警告。当一名队员因非体育行为必须被警告时包含多种不同的情况。

● 试图欺骗裁判,例如假装受伤或者假装被对方犯规(假摔)。

● 比赛中或未经裁判员同意与守门员互换位置。

● 违反了以鲁莽的方式进行比赛这一条款,应被判罚直接任意球的犯规。

● 通过犯规或手球而干扰或阻止对方的有利进攻。

● 用手击球试图得分(不管是否得分)或者故意手球试图阻止对方得分但失败。

● 未经允许在场地内做标记。

● 获许离开场地后,在离场过程中触球。

● 对比赛不尊重。

● 故意施诡计,用头、胸或膝盖等部位传球给本队守门员(包括踢任意球)以逃避规则相关处罚条款,无论守门员是否用手触球。

● 在比赛中或在重新开始比赛时用语言干扰对方队员。

④ 当进球得分后,允许队员有欢庆的表现,但这一行为绝不能过分。表演自编舞蹈不值得鼓励,且不能浪费过多的时间。队员离开场地庆祝进球的举动本身是无需被警告的,但他应尽快回到场内。如果队员有下列表现必须予以警告。

● 爬上球场附近的围栏。

● 做出具有挑拨性、嘲笑性和煽动性的举止。

● 用面具或类似物品遮住头部或面部。

● 脱去上衣或用上衣将头遮住。

⑤ 延误比赛重新开始。裁判员必须对延误比赛重新开始的队员予以警告。

● 看着像要掷界外球,但突然又将球留给了同队队员去掷该球。

● 被替换下场时拖延时间。

● 过分的延误重新开始比赛的时间。

● 裁判员停止比赛后,将球踢走或拿走或者故意触球引发冲突。

● 在错误的地点踢任意球迫使重踢。

(6) 罚令出场的犯规。

① 如果队员、替补队员或被替换下场的队员违反下列 7 种犯规中的任意一种,将被罚令出场。

● 用故意手球破坏对方的进球或明显的进球得分机会(不包括守门员在本方罚球区内)。

● 用将被判为任意球或球点球的犯规,破坏对方向本方球门移动着的明显的进球得分机会。

● 严重犯规。

● 向对方或其他任何人吐唾沫。

● 暴力行为。

● 使用攻击性的、侮辱的或辱骂性的语言和(或)动作。

● 在同一场比赛中得到第二次警告。

被罚令出场的队员、替补队员或被替换下场的队员必须立即离开比赛场地附近及技术区域。

② 阻止进球或明显进球得分机会。队员用故意手球犯规来破坏对方的进球或明显的进球得分机会,无论犯规发生在何处,队员必须被罚令出场。

队员在本方罚球区内对对方队员犯规以阻止对方的明显进球得分机会,裁判员必须判罚对方踢球点球,并警告犯规队员,但若发生以下犯规情形,队员必须被罚令出场。

● 犯规行为是拉扯、拉拽、推人。

● 犯规队员的行为并非针对球或者其根本没有触球可能。

● 犯规行为是不受场内地点限制即可判罚出场的(如严重犯规、暴力行为等)。

裁判员应考虑以下情况:犯规地点与球门的距离;比赛发展的主要方向;控制球或得到控球权的可能性;守方的位置和人数。

危及对方安全的,或使用过分力量的,或野蛮地抢截或争抢动作,必须视为严重犯规并予以判罚。任何队员用单腿或双腿从对方队员正面、侧面或后面,用过分力量或危及对方队员安全的蹬踏动作争抢球,均视为严重犯规。

如果队员的行为目的不是球,而是使用或者企图使用过分的力量或野蛮的方式对待对方队员、同队队员、球队官员、比赛官员、观众或其他任何人,无论是否发生身体接触,均视为暴力行为。除此之外,如果队员的行为目的不是球,用手或者臂部故意击打对方队员或者其他任何人的脸或者头,应视为暴力行为,除非他使用的是可以忽略的力量。

(7) 用物品或球掷击犯规。如果比赛进行中,队员、替补队员或被替换下场的队员用物品(包括球)向对方或其他任何人掷击,裁判员必须停止比赛,并酌情做如下判罚。

● 鲁莽的方式犯规:以非体育行为警告犯规者。

● 用过分力量犯规:以暴力行为将犯规者罚令出场。

4. 犯规和不正当行为后重新开始比赛

(1) 如果比赛停止,根据停止前的判罚重新开始比赛。

（2）如果比赛进行中而队员犯规发生在场内，根据犯规对象做如下处理。

● 对方队员：间接任意球或直接任意球或球点球。

● 同队队员、替补队员、被替换下场的队员、球队官员、比赛官员：直接任意球或球点球。

● 其他任何人：坠球。

（3）如果比赛进行中而队员犯规发生在场外，根据犯规行为做如下处理。

● 如果队员已经在场外，以坠球重新开始比赛。

● 如果队员从场内到场外犯规，在比赛停止时球所在的位置以间接任意球重新开始比赛。不过，如果队员离场行为视为比赛的一部分且对其他队员发生犯规行为，在比赛停止时距离犯规发生地点最近的边界线上以任意球重新开始比赛；如果踢任意球地点在犯规方罚球区内且为可被判罚直接任意球的犯规，则以球点球重新开始比赛。

（4）如果一名站在场内或场外的队员向场内的对方队员掷击物品，应在物品击中或可能击中对方队员的地点以直接任意球或球点球重新开始比赛。

（5）下列情况以间接任意球重新开始比赛。

● 队员站在场内向场外的任何人掷击物品。

● 替补队员或者被替换下场的队员向站在场内的对方队员掷击物品。

七、越位

1. 越位位置

（1）队员处于越位位置本身并不构成犯规。

（2）队员处于越位位置。

● 头、躯干或脚的任何部分在对方半场（不含中线）。

● 头、躯干或脚的任何部分较球和最后第二名对方队员更接近于对方球门线。

● 所有队员（包括守门员）的手和臂部不在上述判定考虑范围内。

（3）队员不处于越位位置。

● 他齐平于最后第二名对方队员。

● 他齐平于最后两名对方队员。

2. 越位犯规

处于越位位置的队员，在队友处理或触及球的一瞬间，以下列方式参与到现实比赛时才被判为越位犯规。

（1）干扰比赛。处理或者触及队友传来或触到的球。

（2）干扰对方。

● 通过明显阻挡对方视线来阻止对方触球或可能的触球。

● 与对方争抢球。

● 明显试图去处理距离自己很近的球且此行为影响到对方。

● 做出明显的动作来明确地影响对方处理球的能力。

（3）通过触球或者干扰对方来获得利益。

● 当球从球门柱或横梁弹回，或从对方队员身上弹回或变向。

● 球经对方队员有意识救球而弹回或变向。

处于越位位置的队员,接得对方队员有意识触及的球(任何对方队员有意识的救球除外),不能认为是获得利益。

救球是指队员用除手之外身体的任何部分(守门员在罚球区内除外)来阻止即将进入球门或者距离球门很近的球。

3. 没有犯规

如果队员直接接到同队队员的球门球、掷界外球和角球,则没有越位犯规。

4. 违规与判罚

如果发生越位犯规,裁判员判罚在犯规发生的地点踢间接任意球(包含在犯规队所属半场)。

就越位而言,任何防守队员未经裁判员允许离开比赛场地,应视其为处在本方球门线或边线上直到:比赛下一次暂停;防守方队伍将球踢向中线且球在守方罚球区外。如果队员故意离开比赛场地,当比赛停止时,裁判员必须予以警告。

攻方队员可以离开赛场或者待在赛场外以避免参与到现实比赛。就越位而言,如果该队员从球门线重新进入比赛场地并参与到现实比赛,应视其处在球门线直到:比赛下一次暂停;防守方队伍将球踢向中线且球在守方罚球区外。如果队员未经裁判员允许故意离开和重新进入比赛场地,即使入场时无越位犯规而获得利益,裁判员亦必须予以警告。

在球被踢进球门过程中,如果一名攻方队员在球门柱之间的球门网内保持不动并且没有越位犯规或者发生《规则》第12章所列各项犯规,则必须判进球有效。如果该队员犯规,裁判员判罚任意球(直接或者间接)重新开始比赛。

八、掷界外球、球门球、角球

(1)掷界外球。当球的整体从地面或空中越过边线时,掷界外球判给最后触球队员的对方。掷界外球不能直接进球得分。

● 如果掷界外球直接进入对方球门,判罚球门球。

● 如果掷界外球直接进入本方球门,判对方罚角球。

在掷出球的一瞬间,掷球队员必须:面向比赛场地;任何一只脚的部分站在边线上或者边线外的场地上;在球越出边线处将球从头后经头顶用双手掷出。

(2)球门球。当球的整体从地面或空中越过球门线,最后触球者为攻方队员,且未进球得分时,应判为球门球。球门球可以直接射入对方球门而得分。如果球离开罚球区后直接进入本方球门,判给对方踢角球。

踢球门球必须:由守方队员在球门球内的任何一点将球放定后踢出;球离开罚球区,比赛即为进行;对方必须在罚球区外直到比赛进行。

(3)角球。当球的整体从地面或空中越过球门线,最后触球者为守方队员,且未进球得分时,应判为角球。角球可以直接射入对方球门而得分。如果球直接进入本方球门,判给对方踢角球。

踢角球队员必须:将球放在角球区内;球放稳后,由攻方队员踢球;当球被踢且明显移动时比赛即为进行,而无需离开角球区;绝不允许移动角旗杆;对方队员必须在距离角球区至少 9.15 米(10 码)以外,直到比赛进行。

【复习思考题】

■ 简述现代足球的流派与发展趋势。

■ 简述运球的动作方法。

■ 以一种阵型为例，谈谈它的特点。

第八章

第一节　气排球运动概述

气排球最早诞生于 20 世纪 80 年代。人们举家出外游玩时,为增加乐趣,在空地或草地上拉一绳子,分两边,把气球当作排球一样打来打去,以球不落地为胜。渐渐地,一些人尤其是老年人从中得到启发,在清晨锻炼时,三五成群的老人们在公园、广场等地,开始了类似的活动。随着参与人数的增多,这项运动逐渐发展为有规则、有比分的带有竞技性成分的群众性体育运动了。由于这项运动激烈性不强,运动量不大,容易上手,又能达到锻炼的目的,因此深受老年人的喜爱。于是,有人开始参照排球规则研究制定气排球运动规则,有厂家研究生产比排球更耐打、更好打的气排球。

气排球运动是在群众体育活动中自发形成、不断完善、逐步发展起来的,是从排球运动中衍生出来的排球大家庭的新成员。它是集健身、休闲、娱乐为一体的一项群众性体育运动,具有竞技性、广泛性、观赏性、娱乐性等特征。

第二节　气排球基本技术

一、半蹲准备姿势

两脚左右开立稍比肩宽,两脚尖稍内收,两膝弯成半蹲。脚跟稍提起,身体重心稍靠前,两臂放松,自然弯曲,双手置于腹前。两眼注视来球,两脚始终保持微动放松。

二、移动步伐

移动的步伐分起动、跨步、滑步(并步)、交叉步、跑步、后退步等。

1. 起动

起动是指移动脚步和身体的最开始的那一瞬间态势。起动的快慢取决于重心的移动和蹬地的爆发力,以及前两三步步幅与频率。

2. 跨步

跨步是指跨出比肩宽稍大的步幅的移动,跨步取决于对来球的方向与速度的判断。

3. 滑步（并步）

滑步是保持屈膝低重心随来球移动的方法，分左、右滑步和前、后滑步。移动中，两臂自然张开，身体上下平稳（不起伏）。

4. 交叉步

交叉步是指两腿向左右前后交错移动的方法，一个交叉步幅比一个跨步步幅大。

5. 跑步

跑步是指来球运行路线距离身体较远必须以加速度跑步在球落地前接住球或把球打入对方场地的步法。

6. 后退步

后退步是指双腿前后交错的步法，用以接住高于身体球或者即将落入身后的球。

三、接球技术

接球是气排球技术中最简单易学的一项基本技术。接球技术在比赛中主要用于接发球、接扣球、接拦回球等。

1. 正面接球

正面接球的动作要点可用"插、夹、抬、压"四个字概括。插：双手互握插入球下。夹：两臂夹紧伸直。抬：提肩抬臂。压：手腕下压。

接球前，双脚一前一后自然张开，距离稍宽于肩，重心放低，呈半蹲状态。上体倾斜，后脚跟提起，前脚掌着地，两脚和两膝内收。

正面双手垫球的击球点应尽量在腰腹前一臂左右距离，以两小臂腕关节以上 10 厘米左右桡骨内侧平面击球为宜。击球时前小臂外翻，含胸提肩，身体和两臂要有自然的随球伴送动作，以便控制球的落点和方向。

2. 侧面双手接球

侧面双手接球即在身体两侧用双臂接球的动作。当来球速度较快、距离体侧较远、来不及移动至正面接球时采用。体侧接球可以扩大防守范围，但不易控制接球方向，因此，在来得及移动的情况下，最好采用正面接球。当球从右侧飞来，左脚前脚掌内侧蹬地，右脚向右跨出一步，右膝弯曲，重心随即移至右脚上，两臂夹紧向右伸出，左肩微向下倾斜，用向左转腰和提右臂的动作，使两臂击球面截住球的飞行路线，击球的后下部。侧接时，不要随球伸臂，这样会造成球触臂后向侧方飞出。还应注意击球时保持两臂伸直，避免因手臂动作影响接球效果。

3. 背接球

背接球就是背对来球方向，从体前向背后的接球。当球飞出较远而又无法进行正面调整传球时，或第三次被动击球过网时采用。背接球时，判断好球的飞行方向，先要迅速移动到球的落点处，背对来球方向，两臂夹紧伸直，插在球下。击球时，蹬地，抬头挺胸，展腹后仰，直臂向后上方摆动。在背接低球时，也可以有屈肘、翘腕动作，以虎口处将球向后上方接起。

4. 跨步接球

跨步接球即向前或向体侧跨一步接球的动作。跨步接球主要运用在接发球和防守中。

前跨接球:当来球低而远时,看准来球落点,向前跨出一大步,屈膝深蹲,重心落在跨出腿上,上体前倾,臀部下降,两臂前伸插入球下,用前臂接击球的后下部。

侧跨接球:当来球至右侧时,右脚向右侧跨出一大步,屈膝制动,重心移至跨出腿上,上体前倾,臀部下降,两臂插入球下,用前臂接击球的后下部。

5. 单手接球

当来球低、速度快、距离远、来不及用双手接球时,可采用单手接球。这种接球动作快,手臂伸得远,可扩大控制范围,但由于手臂击球面积小,不容易控制球。来球在右侧时向右跨出一大步,上体向右倾斜,重心移至右腿上,右臂伸直,自右后方向前摆动,用前臂内侧、掌根或虎口处接击球后下部。

6. 挡球

当来球较高、力量较大,不便于利用传球时,可采用挡球。双手挡球有抱拳式和并掌式两种手形。抱拳式挡球的手法是:两肘弯曲,一手半握拳,另一手外抱,两掌外侧朝前。并掌式挡球的手法是:两肘弯曲,两手虎口处交叉,两掌外侧朝前,合并成勺形。挡球时,前臂放松,两肘朝前,手腕后仰以掌外侧和掌根组成的平面挡击球的下部。击球瞬间,手腕要用力适度,击球点在额前或两侧肩上。

7. 捧球

接球前,两脚自然开立,两膝微屈,上体稍前倾,观察一传、二传来球。掌心向上,手指张开,微紧张状态,捧球时接触球的下部,利用手指、手腕、抬臂、屈肘的全身协调用力,将球捧起。捧球用于接对方攻击过网的一般球,特别是网前接吊球,双手单手均可使用。

8. 托抬球

接球前,两脚自然开立,两膝微屈,上体稍前倾,观察一传、二传来球。掌心向上,手指张开,微紧张状,肘关节或微屈,腕关节伸直,自下而上全手掌击球的下部,将球托抬传出。托抬球主要用于接飞行在运动员腰部左右的轻球,单双手均可使用。

9. 双手托翻顶球

接球前,保持一只手五指分开,手心向上,另一只手五指分开,手心向着来球方向,在接触球的瞬间,一只手接托在的下部,另一只手同时反顶球的中后部,利用托、翻、顶的合力将球传出。托翻顶球是气排球运动中创新的一项技术动作,用于接发球和接各种攻击过网的球,运用十分广泛,已经发展为气排球的一项重要的基本技术。

四、发球技术

气排球发球技术分为下面下手发球、正面上手大力发球、上手飘球、勾手飘球、扣球式发球等。无论哪种发球技术,动作都包括准备姿势、抛球、挥臂、击球这4个环节。

1. 正面下手发球

准备姿势:面对球网,两脚前后开立,左脚在前,两膝微曲,上体前倾,重心偏后脚,左手持球于腹前,右臂自然下垂。

抛球:左手将球平稳地向上托送竖直抛起,抛球高度为30厘米左右。

挥臂击球:右腿蹬地,身体重心随着右臂的直臂前摆而前移,在腹前用掌的坚硬部位击球的后下部。重心随击球动作前移,迅速进场比赛。

下手发球球速慢、威胁小,比赛中很少使用,但比较简单。

2. 正面上手大力发球

准备姿势：面对球网，两脚自然开立，左脚在前，左手持球于体前。

抛球：左手将球平稳的垂直抛于右肩的前上方，抛球高度为 1.5 米左右。

挥臂击球：在左手抛球同时，右臂抬起，屈肘后引与肩平，上体稍向右侧转动。在右肩前上方伸直手臂最高点，用整个手掌击球中后部。

击球手法：击球时，手指自然张开与球吻合，手腕迅速做出推压动作，使球呈上旋飞行。击球后，随着重心前移，迅速回到场内。

这种发球准确性大、易于控制落点，能充分利用转体、收腹动作，带动手臂加速摆动。运用手腕推压作用，使发出的球呈上旋，不易出界，故适于大力发球。身高臂部力量好的队员，适合这种发球方式。

3. 上手飘球

准备姿势：发球时两脚自然开立，左脚向前（如果左手发球则方向相反），左手托球于体右前方。

抛球：用抬臂和手掌的平托上送动作，将球平缓地垂直抛向右肩上侧，高度在头上方半米以内。

挥臂击球：在左手抛球同时，右臂屈肘后引，肘高于肩，上体稍向右转，挺胸、展腹。击球时利用蹬地、向左旋转和收腹的力量，带动手臂向前直线加速挥动，身体重心随之从右脚过渡到左脚。

击球手法：挥臂至头前上方时用手掌击球中后部，击球时手掌、手腕保持紧张，五指并拢，不要用手指击球。击球主要靠挥臂力量，用力突然短促，击球应通过球重心，使球不旋转。击球后手臂有突停动作，然后随球前移，迅速进场。

上手飘球易于控制方向，准确性高。

4. 勾手飘球

准备姿势：左肩对球网，左手持球于体前。左手将球平稳向上托起在左肩前上方约一臂高度。

抛球：抛球的同时，上体顺势向右转动，重心向右移，右臂向右侧摆动。

挥臂击球：右脚蹬地，上体向左转动从腰部开始发力，身体重心向右脚移动，带动伸直的手臂向上方挥动，触球前直线加速。

击球手法：在头前上方用手掌跟部击球中后部。击球短促、突然，并通过球重心使球不旋转而可能飘动。击球后手臂有突停动作，上体迅速前移，迅速进场。

5. 扣球式发球

球员抛球后前跨一步挥手至最高点，侧身收腹甩臂大力发球，这种发球的特点是大力发球不易出界，且球在对方场地高点后线路飘忽不定。

五、传球技术

气排球传球技术有正传、背传、侧传和跳传 4 种。下面以正面上手传球为例，介绍传球的技巧。

准备姿势：看清来球，迅速移动倒球的落点，对正来球，两脚左右开立，约同肩宽，左脚稍前，右脚脚跟稍提起，两膝微屈，上体稍前倾，两臂弯曲置于胸前，两肘自然下垂，两手成传球手形,眼睛注视来球方向。

手型:当手触球时,手腕稍后仰,两手自然张开,手指微屈成半球状。两拇指相对成"一"字形或"八"字形,两拇指间的距离不能过大,以防漏球。

击球点:击球点在前额上方约一球左右。

球触手的部位:拇指外侧,食指全部,中指的二三指节,无名指第三指节和小指第三指节的半个指节。简称为"3、2、1、半和拇指外侧"。

击球部位:后中下部。

用力顺序:蹬腿、展腹、伸臂最后用手指手腕的弹力将球向前上方传出。

传球原则:

(1)尽量要往两边(4号位或2号位)传,增加进攻的角度和线路的变化;

(2)传出的球,尽量不要有旋转,运行线路最好是与网平行,减少球与网形成有角度的力量;

(3)往对方拦网相对薄弱的位置传球;

(4)根据攻手的特点,传出高或低,缓或快的球,让攻手尽可能地在球的最高点进攻,以提高攻击的成功率;

(5)尽量不要对人传球,应对着位置传,这是很多气排球新手容易犯的毛病之一。

六、扣球技术

扣球是排球基本技术中攻击性最强的一项技术,它在比赛中占有重要地位,是得分、得发球权的主要手段,也是进攻中最积极有效的武器。扣球是战术配合中的最终目的,强有力的、富有战术目的的扣球,可使对方难以防守和组织反击,从而掌握比赛的主动权。

1. 正面扣球技术

正面扣球技术是扣球中的一种基本方法。正面扣球面对球网,便于观察,准确性较高,运动员可根据对方防守布局,随时改变扣球路线和力量,有利于控制击球落点,是最好的进攻方法。

准备姿势:站在离网3米左右处,两脚自然开立,两膝微屈,上体稍前倾,观察二传来球,随时准备向各个方向助跑起跳。

助跑(以两步助跑为例):左脚先向前迈出一步,接着右脚再迅速跨出一大步,左脚及时并上,落在右脚侧前方,两脚尖稍内收准备起跳。助跑的第一步要小,目的是对正上步的方向,使身体获得向前的水平速度,第二步要大,目的是接近球和提高助跑的速度,右脚落地支撑点在身体重心之前,有利于制动。

起跳:在助跑跨出最后一步的同时,两臂绕体侧向后引,左脚在落地制动的过程中,两臂自后积极向前摆动,随着双腿蹬地向上起跳,两臂配合起跳用力上摆。

空中击球:起跳后,挺胸展腹,上体稍向右转,右臂向后上方抬起,身体成反弓形。挥臂时,以迅速转体、收腹动作发力,集资带动肩、肘、腕各部位关节成鞭甩动作向前上方挥动。击球时,五指微张成勺形并保持紧张,用全手掌包满球,以掌心为击球中心,击球的后中部,同时主动用力屈腕屈指向前推压,使扣出的球加速上旋。击球点在起跳和手臂伸直最高点的前上方。

落地:完成击球动作后,身体自然下落,应尽量用双脚的前脚掌先着地,同时顺势屈膝,缓冲身体下落的力量。

2. 快球

快球是扣球队员在二传传球前或传球同时起跳,并迅速把球击入对方场区的方法。快球是我国传统的打法,它的特点是速度快、突然性大、牵制能力强,有利于争取时间、空间和组织快变战术,达到突然袭击的目的。

(1)近体快球:在距离二传队员约50厘米处扣的快球,叫近体快球。近体快球主要是进攻速度快,常常使对方来不及拦网和防守。近体快球不但进攻效果好,而且具有较强的掩护作用,是副攻手必须掌握的技术。

近体快球的助跑路线一般同网的夹角保持在45°左右为宜,助跑时要随一传传出的球同时到网前,当球落在二传队员手上时,扣球队员应在二传手体前约一臂距离处迅速起跳,快速挥臂将刚传出网口(球网上沿)的球扣过网。击球时,利用含胸收腹动作带动前臂和手腕迅速挥动,以全手掌击球的后上方。

(2)半快球:半快球是在二传队员附近起跳,扣超出网口两个半球高度的球。半快球比一般扣球速度快,比快球速度慢,队员可利用高点看清对方拦网者的手,以便改变扣球手法和扣球路线。半快球的助跑路线一般同网夹角成45°左右,起跳一般在二传出手后快速跳起。击球动作与近体快球基本相同,主要利用前臂和手腕加速甩动去击球。

(3)短平快球:扣球队员在二传手体前两米左右,扣二传队员传过来的平快球,叫短平快球。这种球由于速度快、弧线平,因而进攻节奏快,在网上进攻点多,有利于避开对方拦网,具有较强的牵制和掩护作用。扣短平快球的助跑路线与球网的夹角应小于45°,要在二传出手的同时起跳,在空中挥臂截击平飞过来的球。击球时,要迅速地以含胸动作带动前臂和手腕加速挥动,以全手掌击球的上方。可根据对方拦网手臂的位置,在球平飞过程中寻找击球点。

(4)平拉开扣球:扣球队员在4号位标志杆附近,扣二传队员传来的长距离的平快球。这种扣球,因二传弧线低而平,飞行速度快,所以进攻的突然性大,进攻区域宽,容易摆脱对方的集体拦网。平拉开扣球的助跑路线应采用外绕助跑,在二传球出手后,在标志杆附近起跳,在空中截击球。击球动作与短平快扣球基本相同。根据击球部位的不同,可扣出小斜线球或直线球。

(5)调整快球:在一传不到位、离网较远时,二传把球调整到网口进行快球进攻,叫调整快球。调整快球要根据二传的位置和传球的方向、出手的时间,选择好助跑的角度、路线和起跳时间。应边助跑边观察,助跑的路线与球网的夹角要小,以便观察球的飞行路线和落点,使起跳点与二传球的飞行路线形成交叉点。起跳时,左肩斜对网,右臂随来球顺势向前追击球。击球时,利用含胸收腹动作,带动手臂向前上方挥动,以全掌击球的后上方。手触球时,手腕要有明显的推压动作,使球上旋。

七、拦网技术

拦网是气排球运动的重要防守反击基本技术之一。拦网成功可以直接得分,有效削弱对方进攻锐气,或者减轻本队防守的压力,为组织反攻创造机会。

1. 拦网原则

(1)球在对方场地时,前排三名队员要随时在网前做好拦网准备。

（2）前排中间位置队员随时与左边或右边队员做好拦截从对方左边或右边方向进攻的球，另一名队员作拦网或救球的准备。

（3）后排队员的卡位（拦网卡位或防守卡位），当我方三名前排队员拦网时，后排队员一名要卡在对方进攻来球的直线位置，另一名卡在斜线位置，并随时准备将对方吊向离自己位置最近的球救起。

2. 拦网技术要点

气排球拦网队员应当紧盯住对方传球的路线，判断对方向本方击球时的球在空中的位置，然后迅速移动（采用并步移动或交叉步移动）至球网本方一侧的对应位置后，原地起跳拦网。起跳时，重心降低起跳，控制身体平衡垂直起跳。拦网时要直上直下，拦网结束身体下落时，手臂不要弯曲，仍保持拦网时的伸展状态，待与球网保持一定距离后，身体才能放松，以避免触网。

拦网起跳的时间必须掌握好，应根据对方二传球的高低、远近、快慢以及扣球队员的起跳时间和动作特点来决定。拦网球时，一般应比扣球队员晚跳；拦快球时，可以和扣球队员同时起跳或提前起跳。起跳同时，两手从额前贴近并平行球网，向网上沿的前上方伸出，两臂伸直，前臂靠近网，两只手尽量伸向对方上空接近球，两手自然张开，两手之间距离不能超过一个球，以防球从两手间漏过。站在靠近边线的拦网队员，为了防止对方打手出界，外侧手掌心在拦击球时要内转。

两人或三人拦网时，要密切协同配合，主拦队员确定拦网中心，配合队员要及时选好起跳点，起跳时应避免互相冲撞和干扰。起跳后，手臂在空中要保持适当距离，尽量扩大拦击面，但手与手之间距离不要过大，以免造成漏球；不同身高的队员要加强起跳时间的配合，一般来说，高个队员起跳时间应稍晚于矮个队员。如未拦到球，在身体下落时要随球转身向着球飞出的方向准备做接应救球。发现对方击球队员踩越 2 米线时，不予拦网，立即退后，参与防守。

3. 单人拦网技术

准备姿势：面对球网，注视对方动向，两脚平行开立，约与肩同宽，两膝微屈，两手自然弯曲置于胸前，据中线 20—30 厘米。

移动：并步移动、左右滑步移动、交叉步移动、跑步移动、转身与网平行跨步等技术都可能运用到。移动到位后，根据对手起跳时间，择机侧身起跳，在空中转身面对球网。

原地起跳：两脚用力蹬地，两臂在体侧滑小弧度用力上摆，带动身体向上垂直起跳。

移动起跳：注意移动后的制动，使身体正对球网或在空中转身面对球网。

空中击球：起跳同时，两慨从额前贴近并平行于球网向上方伸出，两臂伸直，两肩尽量上提，两手自然张开成勺状，当手触球时，用力盖球的前上方。

落地：如球被拦回，可面向对方落地，屈膝缓冲；如未拦回，落地后要立即转身向着球移动的方向，准备接应救球。

4. 集体拦网技术

两人或三人的协同拦网称为集体拦网，目的在于扩大拦网面积，多数为双人拦网。拦 4 号位或 2 号位扣球时，2 号位或 4 号位先取位，拦直线或中斜线，3 号位并过来拦中斜线或小斜线。拦 3 号位扣球时，3 号位先取位，2 号位或 4 号位并过来一人，两人平分拦主线和转体线。集体拦网队员间的距离、两人相邻间距要保持好，应尽量组成统一屏障。

拦网训练时,重点是拦网的判断,包括位置选择及起跳时间,集体拦网时的配合,以及手型的掌握。单人拦网是拦网技术的基础,应首先练习。

第三节　气排球竞赛主要规则

一、场地、器材与设备

气排球比赛场区为长 12 米、宽 6 米的长方形,其四周至少有 2—3 米宽的无障碍区,从地面向上至少有 7 米高的无障碍空间(图 8-1)。女子球网高度 1.9 米,男子球网高度 2.1 米。每个场区各画一条距离中线中心线 2 米的进攻线。球重 120—140 克。

气排球场地尺寸图

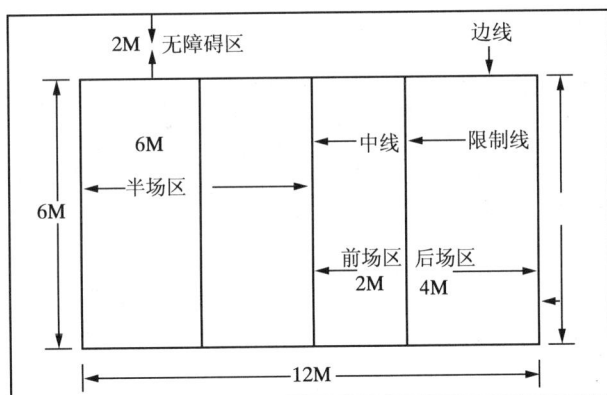

标注:线宽5厘米

图 8-1

二、计分方法

比赛采用每球得分制,即胜一球得一分。比赛采用三局两胜制,胜两局的队为胜一场。如果 1∶1 平局时,进行决胜局(第三局)的比赛。第 1、2 局先得 21 分同时超过对方 2 分为胜一局,当比分 20∶20 时,比赛继续进行至某队领先两分(22∶20、23∶21、……)为胜一局。决胜局,先得 15 分同时超过对方 2 分的队获胜,当比分 14∶14 时,比赛继续进行至某队领先两分(16∶14、17∶15、……)为胜一局。决胜局 8 分时双方队员交换场地进行比赛,比赛按照交换时的阵容继续进行。

比赛采取积分制,胜一场计 3 分,负一场计 1 分。积分相同,比净胜局。

三、场上位置

五人制比赛场上队员 5 名,依逆时针站位是 1,2,3,4,5(图 8-2)。裁判鸣哨之前,全体队员需站在场内,且不能踩边线。队员站位前后不能错位,除发球队员外,其他队员左右不能错位。否则为站位错误。裁判鸣哨之后,可以随便换位。

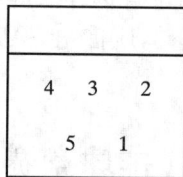

图 8-2

四、发球

发球为 1 人 1 发。先发球队从 1 号位开始发球,后发球队从 2 号位队员转到 1 号位上开始发球。队员发球的次序按位置表上的顺序进行,否则为轮次错误。球必须抛起来10 厘米,必须在第一裁判员鸣哨后 8 秒钟之内击出。发球队员将球抛起,未触及发球队员而落地,允许再次发球,时间连续计算在 8 秒钟内。球抛起来,没发出去,自己接住球,算一次发球,且为发球不过网。

五、击球

每队最多击球 3 次,无论是主动击球或被动触及,均作为该队的一次击球。一名队员不得连续击球两次。球可以触及身体的任何部分。球必须被击出,不可接住或抛出。击球时(包括第一、二、三次击球),允许身体不同部位在一个动作中连续触球。一个队连续触球 4 次为"四次击球"犯规。球碰到标志杆,为球出界。球碰到空间障碍物,为球不过网。

球不能在手上停留时间过长,不管是主观故意或是无意,都不能击打球 2 次,否则为持球和连击。击球时可以捧球,可以托、顶、抬即可以纠球。捧球、纠球虽然接触球时间稍长,但不算持球。

六、进攻性击球的限制

进攻线后(后场区),队员可以对任何高度的球完成进攻性击球,但击球起跳时脚不得踏及或越过进攻线。队员可以在进攻线前(前场区)完成进攻性击球,但球的飞行轨迹必须高于击球点,有明显向上的弧度过网进入对方场区。击球后脚可以落在前场区。接发球队队员不能对在本场区内高于球网上沿的对方发球完成进攻性击球。

七、拦网

允许拦网队员的手过网拦网,但不得干扰对方击球。过网拦网的触球必须在对方进攻性击球之后;在对方进攻性击球同时或之前拦网触球均为犯规。当球飞向过网而尚未过网,有同队队员准备击该球时,不能过网完成拦网。两名或三名队员彼此靠近进行拦网为集体拦网。其中一人触球则完成拦网。在一个动作中,球可以迅速而连续触及一名或更多的拦网队员。拦网的触球不算作球队三次击球中的一次击球。拦网后可以由任何一名队员进行第一次击球,包括拦网时已经触球的队员。后排队员不得上前拦网。

八、球网附近的球和队员

球的整体必须通过球网上空的过网区进入对方场区。过网区是球网垂直面,其范围:上至天花板;下至球网上沿;两侧至标志杆及其延长线。球通过球网时可以触及球网。球入网后,在该队的三次击球内,可以再次击球。

队员的一只(两只)脚部分越过中线触及对方场区的同时,其余部分接触中线或置于中线上空是允许的,不判为犯规。整个脚越过中线踏及对方场区为犯规。队员除脚以外,身体任何其他部位触及对方场区为犯规。比赛中断后队员可以进入对方场区。在不干扰对方比赛的情况下,队员可以穿越进入对方的无障碍区,但不得击球。队员触网即犯规,比赛过程中在任何情况下都不得触网。队员击球后可以触及网柱、全网长以外的网绳或其他任何物体,但不得干扰比赛。由于球被击入球网而造成球网触及队员,不算犯规。

九、局间休息与暂停、换人

第一局结束后休息 2 分钟,决胜局前休息 3 分钟。每局比赛中,每队最多请求两次暂停和 5 人次(五人制)换人,所换队员不受位置限制。每次暂停时间为 30 秒。

十、给予处罚的不良行为

运动队的成员对裁判员、对方、同伴或观众的不良行为,按程度分为 3 类。粗鲁行为:违背道德准则或文明举止。冒犯行为:诽谤或侮辱的言语或形态或有任何轻蔑的表示。侵犯行为:人身攻击、侵犯或威吓行为。

判罚的实施:对轻微的不良行为:口头警告或出示黄牌警告,不处罚。对粗鲁行为:裁判员出示红牌,对方得一分并发球。对冒犯行为:裁判员出示红牌+黄牌(同持一手),取消该局比赛资格,无其它判罚。被判罚的球队成员必须坐在本队球队席上。如果被判罚的是教练员,则失去该局的指挥权利。对侵犯行为:裁判员出示红牌+黄牌(双手分持),取消该场比赛资格,离开比赛控制区,无其它判罚。不良行为的判罚是针对个人,全场比赛有效,记录在记分表上。同一成员在同一场比赛中重犯不良行为,按判罚等级加一级判罚,即对该成员的判罚要重于前一次。对冒犯行为或侵犯行为的判罚,无须有先一次的判罚。场上队员被取消该局或该场比赛资格,必须立即进行合法的替换,不得继续参加该局或该场的比赛。如果不能进行合法替换,则宣布该队"阵容不完整"。

【复习思考题】

■ 简述气排球运动的特点。

■ 简述正面接球的动作方法。

■ 在气排球比赛中,对进攻性击球有哪些限制?

第九章　乒乓球运动

第一节　乒乓球运动概述

乒乓球运动起源于英国。它是由网球派生而来的,因此也叫"table tennis"(桌上网球)。大约在 1890 年,有一位叫詹姆斯·吉布的英格兰人偶然发现了一种用赛璐珞制成的球弹力很强,于是稍加改进后,逐步在英国和世界各地推广开来。也许因为此球在桌子上打来打去发出了"乒乒乓乓"的声音,英国一家体育用品公司首先用"乒乓"(ping-pong)一词作为广告上的名称,"乒乓球"由此得名。1926 年 12 月 6 日至 11 日,在英国伦敦举行了第 1 届欧洲乒乓球锦标赛。比赛期间,召开了一次国际"乒联"全体代表大会。会议通过了正式成立国际乒乓球联合会的决议和国际"乒联"的章程。现国际乒联总部已从原设在英国东苏塞克斯郡的里斯廷斯搬到了瑞士的洛桑。它由各国和地区的乒乓球协会组成,拥有 195 个会员协会,是世界 5 大体育组织之一。1988 年,乒乓球正式列入奥运会比赛项目。

1904 年,上海一家文具店的店主从日本买来 10 套乒乓球器材(包括球台、球网、球和带洞眼的球拍)摆设在店中。为了推销这些器材,店主不仅介绍了他在日本看到的打乒乓球的情况,而且还亲自表演。1916 年,在上海基督教青年会童子部设置了乒乓球房并配备了球台,乒乓球运动就在一部分学生中开展起来。随后,北京、天津、上海、广州等几个大城市也开展了这项运动,并举行了不同规模的国内、国际乒乓球比赛。

新中国成立后,党和政府十分重视体育工作,为中国乒乓球运动的发展创造了条件。1953 年,中国乒乓球队正式成立,开始进入世界乒坛,并且参加了在罗马尼亚举行的第 20 届世乒赛。1959 年,在第 25 届世乒赛上,中国选手容国团获得我国乒乓球史上第一个世界冠军,大长了中国人民的志气,得到了周恩来总理的高度评价。1961 年(第 26 届)、1963 年(第 27 届)、1965 年(第 28 届)中国选于连续三届获得世乒赛团体、单打冠军,尤其是第 28 届,我国选手获得 5 项冠军,成为世界乒坛的新霸主。乒乓球是中国"国球"的称号就是当时由国际舆论而来,认为中国是"世界头号乒乓球国家"。中国的乒乓球技术不仅推动了世界乒乓球运动的发展,同时也在国内掀起了打乒乓球的高潮。1988 年,乒乓球首次被列为奥运会比赛项目(目前只设男女单打、男女双打 4 个项目),这大大推动了我国以及世界各国乒乓球运动进一步发展。在 1996 年、2000 年、2004 年、2008 年、2012 年的第 26 届、27 届、28 届、29 届、30 届奥运会上,我国乒乓球选手获得男女单打,男女双打几乎全部项目的冠军。

第二节　乒乓球基本技术

一、握拍法

1. 直拍握拍法

（1）近台快攻型握法。拍前，以食指第二指关节和拇指第一指关节扣拍；拍后，三指弯曲贴于拍的 1/3 上端（图 9-1）。

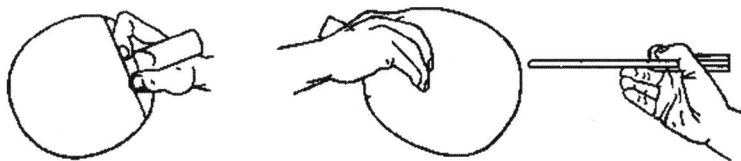

图 9-1

（2）弧圈球型握法。拍前，拇指紧贴在拍柄的左侧，食指扣住拍柄，形成一个小环状，紧握拍柄；拍后，三指自然弯曲顶住球拍中部（图 9-2）。

图 9-2

2. 横拍的握法

横拍的握法是：虎口贴拍，食指在拍前，拇指在拍后，又称"八字式"（图 9-3）。正手攻球时，食指稍向上移动；反手攻球时，拇指稍向上移动。

图 9-3

二、站位与基本姿势

1. 基本站位

一般站位距球台 50—150 厘米左右。进攻型打法的站位稍近些，削攻型打法的站位稍远些；个高的站位远些，个矮的站位近些；擅长正手侧身强攻的站位偏右些，擅长打相持球或反手球的可站于球台中间略偏反手的位置。

2. 姿势

进攻型打法的基本姿势（以下均以右手执拍者为例）为两脚开立比肩稍宽，左脚稍前，右脚稍后，前脚掌内侧着地，脚后跟略抬起；两膝自然微屈，重心在两脚之间；含胸收腹，身体略前倾；肩关节放松，执拍手位于身前偏右处，拍略高于台面。

三、基本步法

乒乓球运动中基本步法包括单步、跳步、跨步、并步、交叉步、结合步。

（1）单步。单步是以一脚为轴，另一脚向前、后、左、右、左前、左后、右前、右后的某方向移动一步的一种步法。移动后注意身体重心落在移动脚上。这种步法在来球离身体较近时使用。

（2）跳步。跳步是以一脚或两脚同时用力，使两脚几乎同时离开地面，但来球同方向的脚后落地的一种步法。

注意移动后两脚距离基本不变，当来球离身体较远时使用。

（3）跨步。做跨步时，来球方向的那只脚要用力蹬地，并跨出一大步，另一脚迅速跟上。注意该步法不宜连续使用。

（4）并步。做并步时，一脚先向另一脚靠一小步，另一脚迅速同方向移动一步。当移动范围较小时可使用此步法。

（5）交叉步。做交叉步时，与来球异方向的脚先向来球方向跨出一大步并在体前形成交叉状，另一脚再向来球方向移动一步解除交叉状。当需要移动范围较大时使用。

（6）结合步。结合步是完成一个击球动作需要使用的两种或多种单一步法的结合步法。当使用一种单一步法不能到达击球最佳位置时使用。

四、发球

发球技术有多种，这里主要介绍平击发球、反手发球和正手高抛发球技术。

（1）平击发球（以右手执拍为例）。左手托球置于身体右侧，右手执拍也置于身体右侧。发球开始时执球手将球向上抛起，同时右臂稍向后引拍，在球略低于网时，执拍手从身体右后方向前挥拍，拍面稍前倾，击球的中上部。

（2）反手发球（以右手执拍为例）。右脚在前，将球置于掌心，手掌伸平，然后将球抛起，右手执拍从身体左后方向前挥动，拍面稍前倾，击球中上部。

（3）正手高抛发球

执球手用力将球平稳地向上抛直，同时腰和腿顺势向上稍挺伸，重心在左脚。待球下降到接近腰部偏右处（离身体约 15 厘米左右）时，执拍手臂由腰部右后方向左前方挥拍击球，身体重心顺势移到右脚。击球瞬间，手臂和身体其他部位集中发力摩擦球，其中手腕的发力是主要的。

五、接发球

接发球的方法很多，主要包括点、拨、拉、搓、推、削、摆短等方法。要根据对方发球的位置来决定自己的站位，观察对方发球时摆臂振幅的大小和手腕用力的程度来推断来球落点的远近和旋转的强弱；接内短球时，多用手腕手指的突然发力用点、拨、摆短、撇、搓等方法回接;接长球、快球时,可多用前臂的力量进行快带、借力挡、发力攻、发力拉的方法回接。在比赛中要减少被动甚至变被动为主动,就要比较全面地掌握接发球技术并加以灵活运用。

六、推挡球

推挡球包括平挡、加力推和减力推挡,这里主要介绍平挡和加力推。

1. 平挡

(1)特点和作用。借力还击,力量轻,速度慢,线路短,对方进攻时可作为一种防御手段。

(2)动作要点。拍面近乎垂直,略高于台面,上升前期触球,借球的反弹力将球挡回。

2. 加力推

(1)特点和作用。回球力量重,球速快,有落点变化,如与减力挡配合使用,能更有效牵制对手,为自己进攻创造机会。加力推适于对付速度较慢、旋转较弱的上旋球或力量较轻的攻球及推挡。

(2)动作要点。击球前前臂必须提起,上臂后收,肘部贴近身体,在上升后期或高点期击球。击球时,适当运用伸和转腰动作加大手腕发力,并用中指顶住拍背向前用力(图9-4)。

图9-4

七、攻球

攻球技术分为正手攻球、反手攻球和侧身攻球三大部分。包括近台攻球、中远台攻球、快拉球、扣拉球、扣杀球、台内攻球、攻弧圈球、杀高球等各种技术。每种技术的特点不同,所起的作用与运用也不一样。根据高职学生特点,这里重点介绍正手近台快攻与快拉球。

1. 正手近台快攻

(1)特点和作用。正手近台快攻是对攻中常用的一项主要技术,具有站位近、动作小、速度快、有一定力量等特点,可以为扣杀创造机会,也可以直接得分。

(2)动作要点。左脚在前,右脚稍后;击球前,稍向右转体,引拍至身体右侧;前臂与地面略平行,以前臂发力为主;拍面略前倾,触球中上部,以向前上方发力为主;触球时,拇指压拍,食指放松,前臂旋内;击球后,球拍顺势挥至额前左侧,身体重心随挥拍击球动作由右脚移到左脚;球击出后,迅速还原,手臂放松,准备下一拍击球(图9-5)。

图 9－5

2. 正手快拉球（拉抽球）

（1）特点和作用。正手快拉球通常也叫拉攻球或拉抽球,是对付下旋球的重要技术。它具有速度较快、动作较小、线路活等特点,能为扣杀制造机会。

（2）动作要点。站位近台,击球前准备姿势和引拍动作与正手近台攻球相似,但前臂略下沉;拉球时,前臂发力为主。在来球下降前期或高点期,手腕同时向前、向上用力转动球拍摩擦球,以便制造弧线。拉球时,判断好来球下旋的强度,下旋强度大,球拍上摩擦力量就要大些,弧线高些;反之,力量小些,弧线应低些。拍面角度和触球部位也要根据来球下旋的强度来调节（图 9－6）。

图 9－6

八、搓球

1. 慢搓

击球时,拍面稍后仰,前臂向前用力,配合手腕动作。击球下降期,击球的中下部。

2. 快搓

近台站位,搓短球时,重心前移,上臂前伸,在球上升前中期击球。击球时,拍面较后仰,触球中下部。快搓动作幅度很小,手腕在摩擦球时还有一定的减力动作。搓长球时,击球的上升期后段或高点期,手腕前臂用力向前下方砍去,发力较集中,动作幅度比搓短球要大。

九、削球

削球是一种防御性技术,具有防御性好、冒险性小的特点,但威胁性比不上攻球。

1. 正手削球

右脚稍后,身体略右侧,双膝微屈,拍面竖立;引拍至肩高附近,在来球的下降前期,前臂在上臂的带动下,随身体重心的移动向下、向前、向左挥动,触球中下部;手腕控制好拍面并有一摩擦球的动作。

2. 反手削球

左脚稍后,身体略左侧,拍面竖立;前臂在上臂的带动下,随身体重心的移动向下、向前、向右挥动,在来球的下降前期触球中下部;手腕控制好拍面并有一摩擦球的动作。

十、弧圈球

弧圈球技术分为正手弧圈、反手弧圈和侧身弧圈三大部分。这里主要介绍正手拉弧圈球技术。

正手弧圈球动作要领:两脚开立、右脚在后,准备击球时,身体向右扭转,右肩略低于左肩,略收腹;根据不同技术动作的要求,适当引拍,调节合适的拍面角度,重心落在右脚上;击球时,右脚蹬地向左转,腰带动肩,上臂、前臂和手腕发力。

见正手拉加转弧圈球(图 9 - 7),正手拉前冲弧圈球(图 9 - 8)。

图 9 - 7

图 9 - 8

第三节　乒乓球基本战术

一、快攻型打法的基本战术

快攻型打法的主要特点是站位近台,以速度为主,打在前面,先发制人。快攻型打法的基本战术主要有发球抢攻、左推右攻和两面攻。

1. 发球抢攻战术

(1)反手发右侧上、下旋球。发至对方中路靠右近网处,伺机攻对方左方。

(2)发追身急球(球速越快越好),使对方不能发挥其正、反手攻球的威力,然后侧身进攻对方中路或两角。

(3)发急下旋长球至对方左角,配合近网短球,然后侧身抢攻,一般先针对对方弱点攻击。

2. 左推右攻战术

（1）当推挡略占上风时，或在侧身抢攻获得成功后，对方往往会主动变线到正手，此时应以有力的正手攻球进行回击。

（2）主动推变直线，引诱对手回斜线，用正手攻直线反袭对方空当。

（3）有时可佯作侧身，诱使对方变线，给自己创造正手回击的机会。

3. 两面攻战术

（1）反手发右侧上（下）旋球至对方右方近网处，造成正反手抢攻的机会。

（2）反手发底线急球或急下旋球至对方左方，然后伺机用正反手抢攻。

（3）正手发左侧上（下）旋或转与不转球，伺机进行抢攻。

二、弧圈球型打法的基本战术

1. 发球抢位战术

（1）正手（或侧身）发强烈下旋球至对方左侧近网处，迫使对方以搓回击，然后拉加转弧圈球到对方反手或中路。

（2）反手发右侧上、下旋转球至对方中路偏右或偏左的地方，然后拉前冲弧圈球至对方两大角。

（3）反手发急下旋球至对方中路偏右或偏左方大角。当对方以搓球回击时，拉前冲弧圈球至对方正手。

2. 接发球抢拉战术

对方发侧上旋球和不太转的球时，用前冲弧圈球回击；对方发侧下旋或强烈下旋球时，用加转弧圈球回击。

3. 搓中拉弧圈球战术

（1）在对搓短球时，突然加力搓左角长球，然后侧身拉加转弧圈球找机会扣杀。

（2）多搓对方正手，伺机抢拉弧圈球到对方反手或中路，再冲两角。

第四节　乒乓球竞赛主要规则

一、场地

（1）赛区空间应不少于 14 米长、7 米宽、5 米高。

（2）光源距离地面不得少于 5 米，场地四周一般应为暗色，不应有明亮光源，或从窗户等透过未加遮盖的日光。

（3）赛区应由 75 厘米高同一深色的挡板围起，以与相邻的赛区及观众隔开。

（4）比赛台面，应为与水平面平行的长方形，长 2.74 米，宽 1.525 米，离地面高 76 厘米。

球网的顶端距离比赛台面 15.25 厘米，边线、端线为 2 厘米宽，白色。

二、比赛用球

球为圆球体,直径 40 毫米,重 2.7 克,用赛璐珞或类似材料制成,呈白色或橙色,且无光泽。

三、球拍

底板应平整、坚硬,至少应有 85％的天然木料。胶皮必须无光泽,且一面为鲜红色,另一面为黑色。

四、合法发球

(1)发球时,球应放在不执拍手的手掌上,手掌张开和伸平。球应是静止的,在发球方的端线之后,比赛台面的水平面之上。

(2)发球员须用手把球几乎垂直地向上抛起,不得使球旋转,并使球在离开不执拍手的手掌之后上升不少于 16 厘米,球下降到被击出前不能碰到任何物体。

(3)当球从抛起的最高点下降时,发球员方可击球,使球首先触及本方台区,然后越过或绕过球网装置,再触及接发球员的台区。在双打中,球应先后触及发球员和接发球员的右半区。

(4)从抛球前球静止的最后一瞬间到击球时,球和球拍应在比赛台面的水平面之上。

(5)击球时,球应在发球方的端线之后,但不能超过发球员身体(手臂、头或腿除外)离端线最远的部分。

五、一局比赛和一场比赛

(1)在一局比赛中,先得 11 分的一方为胜方。10 平后,先多得 2 分的一方为胜方。

(2)正式比赛,采用 7 局 4 胜制,其余比赛均采用 5 局 3 胜制。

六、发球、接发球和方位的选择

(1)选择发球、接发球和这一方、那一方的权力应由抽签来决定。中签者可以选择先发球或先接发球,或选择先在某一方。

(2)当一方运动员选择了先发球或先接发球,或选择先在某一方位后,另一方运动员必须有另一个选择。

(3)在获得每 2 分之后,接发球方即成为发球方,依此类推,直至该局比赛结束,或者直至双方比分都达到 10 分或实行轮换发球法,这时,发球和接发球次序仍然不变,但每人只轮发 1 分球。

(4)在双打的第一局比赛中,先发球方确定第一发球员,再由先接发球方确定第一接发球员。在以后的各局比赛中,第一发球员确定后,第一接发球员应是前一局发球给他的运动员。

(5)在双打中,每次换发球时,前面的接发球员应成为发球员,前面的发球员的同伴应成为接发球员。

(6)一局中首先发球的一方,在该场下一局应首先接发球。在双打决胜局中,当一方先得 5 分时，接发球方应交换接发球次序；一局中，在某一方位比赛的一方，在该场下一局应换到另一方位。在决胜局中，一方先得 5 分时，双方应交换方位。

七、得分

下列情况均得 1 分：

对方运动员未能合法发球；对方运动员未能合法还击；运动员在发球或还击后，对方运动员在击球前，球触及了除球网装置以外的任何东西；对方击球后，该球没有触及本方台区而越过本方端线；对方阻挡、连击；对方运动员或他穿戴的任何东西使球台移动或触及球网装置；对方运动员不执拍手触及比赛台面；双打时，对方运动员击球次序错误；执行轮换发球法时，接发球方已连续 13 次合法还击，则判接发球方得 1 分。

八、竞赛项目

（1）单项比赛。单项比赛包括男子单打、女子单打、男子双打、女子双打、混合双打等项目。一般应采用淘汰制进行，但团体赛和单项预选赛可以按淘汰制或分组循环制进行。

（2）团体赛。各参赛队可报 4—5 名运动员参加比赛，每次比赛双方可从中挑选 3 名运动员出场，采用 5 场 3 胜制，以先胜 3 场者为胜方。赛前双方用抽签的方法选定主、客队，主队 3 名队员为 A、B、C，客队 3 名队员为 X、Y、Z。5 场比赛次序为：① A 对 X ② B 对 Y ③ C 对 Z ④ A 对 Y ⑤ B 对 X。

【复习思考题】

■ 说一说进攻性打法站位基本姿势的动作要点。
■ 说一说合法发球有哪些要求。

第十章　羽毛球 运动

第一节　羽毛球运动概述

一、羽毛球运动的起源

现代羽毛球运动起源于英国。相传在 1860 年的一天,英国格那斯哥郡伯明顿镇的费待公爵家招待客人,后因下雨,庄园内积水不退,客人只能退回大厅,有人提议玩"筐子板"游戏消磨时光,这种游戏引发了客人的兴趣,并把它带回各地。后来,人们把这种游戏称为"伯明顿"。这就是现代羽毛球运动的起源和它的英文"Badminton"名称的由来。据记载,世界上第一部关于羽毛球比赛、用品、装备、场地等内容的规则 1873 年草拟于印度的普那,被称为"普那规则"。比较完善的羽毛球比赛规则出现于 1886 年的英国。1893 年英国成立第一个羽毛球协会。1899 年,英国伦敦举行了历史上首届羽毛球比赛,称为全英羽毛球锦标赛。这个赛事延续至今,成为世界上历史最悠久的羽毛球赛事。

中国羽毛球运动起源于民间体育活动,据考证,在几千年前的远古时期,华夏大地就有类似打羽毛球的游戏活动存在。例如,苗族祖先在正月间把一些五颜六色的鸡毛做成花笆,然后成群结队玩"打花笆"游戏。游戏在称做"笆塘"的场地上进行。游戏开始,姑娘先向小伙子抛出花笆,然后小伙子用手掌将花笆击打回姑娘一方,一来一往,尽量使之不落地,这种游戏称做"打花笆"。又如,古代基诺人则玩"打鸡毛球"。所用的球是将一束美丽的羽毛插入用油布包着的木炭球托上,制球原理和结构较接近今天的羽毛球。游戏时双方用手拍打,比赛场地画中线为界,一方打过来的球,另一方必须打回去,球不过中线为输。

二、羽毛球运动的发展

1877 年,第一部羽毛球比赛规则在英国出版。1893 年,世界上第一个羽毛球协会在英国成立。1899 年,该协会举办了第 1 届"全英羽毛球锦标赛",每年举办一次,沿袭至今。1934 年,成立了国际羽毛球联合会,总部设在伦敦。1939 年国际羽毛球联合会通过了各会员国共同遵守的《羽毛球竞赛规则》。

20 世纪 20 至 40 年代欧美国家羽毛球运动发展很快,其中英国、丹麦、美国、加拿大的水平相当高。50 年代亚洲羽毛球运动发展很快,马来西亚、印度尼西亚队水平最高。

1981 年 5 月国际羽毛球联合会重新恢复了中国在国际羽联的合法席位,从此揭开了国际羽坛历史上新的一页,进入了中国羽毛球选手称雄世界的辉煌时代。

1981年7月,在第1届世界运动会上(美国洛杉矶),我国运动员陈昌杰、孙志安、姚喜明、刘霞和张爱玲夺取了男女单、双打四项冠军。1982年,我国第一次参加全英羽毛球比赛,张爱玲夺得女子单打冠军,徐蓉/吴健秋夺得女子双打冠军,栾劲勇夺男子单打冠军。同年,中国队第一次参加"汤姆斯杯"赛,在1∶3非常不利的情况下,奋力拼搏,最终以5∶4击败羽坛劲旅印尼队,夺得冠军。1984年,在马来西亚的吉隆坡,我国羽毛球女队又夺得第10届"尤伯杯"赛冠军。

紧随其后,我国又涌现出杨阳、赵剑华、熊国宝、李永波、田秉义和林瑛、吴迪茜、李玲蔚、韩爱萍等一批世界羽坛顶尖高手,从而进一步奠定了我国羽毛球技术水平处于世界羽坛领先地位的基础,在一系列世界大赛中为祖国夺得了众多的金牌,创造了中国羽毛球历史上的辉煌时期。

进入20世纪90年代,随着杨阳、赵剑华、李玲蔚等一批优秀运动员相继退役,我国暂时出现了一段青黄不接的时期,而印尼经过了多年的励精图治,涌现了一批以阿迪、王莲香为代表的新秀。欧洲重新崛起,韩国、马来西亚也时有新人涌现,世界羽坛进入了群雄抗衡的时代。

1995年我国羽毛球运动逐渐走出低谷。中国羽毛球队在参加世界羽毛球混合团体比赛中获得冠军,首次夺得"苏迪曼杯"。1996年,在亚特兰大奥运会上,葛菲/顾俊勇夺女双冠军,实现了我国羽毛球项目在奥运会上零的突破。1997年,我国运动员再次夺得"苏迪曼杯",同时在世界锦标赛上获得了女单、女双和混双3块金牌,开始步入再铸辉煌的历程。

至今中国羽毛球队在国际大赛上斩获颇多。其中11次夺得尤伯杯,8次夺得汤姆斯杯,连续6次夺得苏迪曼杯。另外在第27届悉尼奥运会上,分别夺得男单、女双、混双金牌。在第28届雅典奥运会上,夺得女单、女双、混双金牌。在第29届北京奥运会上,夺得男单、女单、女双金牌。在第30届伦敦奥运会上,夺得所有五个项目的冠军。在第31届里约奥运会上,夺得男单、男双金牌。

三、世界重大羽毛球赛事

目前,由国际羽联主办的世界重大羽毛球赛有:

1. 汤姆斯杯赛

汤姆斯杯赛,即世界男子团体羽毛球锦标赛。1948年开始举行第1届比赛,2年一届,在偶数年举行。比赛由3场单打、2场双打组成。

2. 尤伯杯赛

尤伯杯赛,即世界女子团体羽毛球锦标赛。1956年开始举行第1届比赛,2年一届,在偶数年举行。比赛由3场单打,2场双打组成。

3. 世界羽毛球锦标赛

世界羽毛球锦标赛,即世界羽毛球单项锦标赛。设有男、女单打,男、女双打和混合双打5个比赛项目。1977年起为每3年一届,1983年改为每2年一届,在奇数年举行。

4. 苏迪曼杯赛

苏迪曼杯赛,即世界羽毛球混合团体锦标赛。1989年开始举办,每2年一届,在奇数年举行。比赛由男女单打、男女双打组成。

图1　汤姆斯杯

图2　尤伯杯

图3　苏迪曼杯

5. 世界杯羽毛球赛

世界杯羽毛球赛属于邀请性比赛,由国际羽联邀请当年成绩优异的选手参加,创办于1981年。1997年国际羽联决定从1998年起改为主办由世界前几名选手参加的明星赛,并准备尝试举办奖金丰厚的羽毛球大满贯赛事。

6. 全英羽毛球锦标赛

由英格兰羽毛球协会于1899年创办。它是世界历史上最悠久的羽毛球赛事,最初由英国和英联邦国家选手参加,现在已成为全球性的羽坛大会战。

7. 国际系列大奖赛

国际系列大奖赛是国际羽联参照世界网球大奖赛的办法组织的,始于1983年。比赛分成若干区,由系列比赛组成。根据运动员在各次比赛中的成绩积分进行排名,前16名的选手才能进入总决赛。

第二节　羽毛球基本技术

一、基本技术介绍

本节所述羽毛球技术皆以右手持拍为例。

1. 握拍

(1) 正手握拍法。右手虎口对准拍柄窄面内侧斜棱,拇指和食指成"V"字形贴握在拍柄的两个宽面上,中指、无名指和小指自然握住拍柄,拍柄末端与手掌小鱼肌外缘齐平。食指与中指稍分开,掌心与拍柄应留有空隙。握拍手臂自然前伸时,拍面与地面基本上保持垂直(图10-1)。

图10-1

图10-2

129

（2）反手握拍法。在正手握拍法的基础上，拇指和食指将拍柄向外转，食指稍向中指收拢，拇指内侧贴在拍柄的内侧棱上或内侧宽面上（图10-2）。

2. 发球

（1）正手发球。单打发球时，队员站在中线附近、离前发球线1米左右的地方。双打发球时，可站位靠近前发球线。发球前，身体左肩侧对球网，左脚在前，右脚在后，重心在右脚上，右手持拍向右后侧举起，肘部放松微屈，左手拇指、食指和中指夹住球，举在胸腹间。发球时，身体重心由右脚移至左脚。

这里主要介绍用正手发球动作发出的4种不同弧线球的技术动作。

● 高远球。球的运行轨迹又高又远、下落时与地面垂直、落点在对方场区底线附近的球叫高远球。单打比赛时，常采用这种发球迫使对方退到最远的底线去接发球。如果发出的高远球质量好，就可在一定程度上限制对方一些进攻技术的发挥，使对方在接高远球时不容易马上组织进攻。在对方体力不支时，发高远球也可以使对方消耗更多的体力。发球时，左手把球举在身体的右前方并自然放下，使球下落，右手同时持拍由大臂带动小臂，从右后方沿着身体向前并向左上方挥动。当球落到右手臂向前下方伸直能触到球的一刹那，握紧球拍，并利用手腕的力量向前上方发力击球。击球之后，球拍顺势向左上方挥动缓冲（图10-3）。

图 10-3

● 平高球。平高球是一种比高远球低、速度较高远球快、具有一定攻击性的球。发球前准备姿势、发球的动作过程大致同发高远球，只是在击球的一刹那，小臂加速带动手腕向前上方挥动，拍面要向前上方倾斜，以向前用力为主。发平高球时要注意发出球的弧线以对方接球时伸拍打不着球的高度为宜，并应发到对方场区底线（图10-4）。

图 10-4

● 平快球。平快球比平高球的弧线还要低、速度还要快。在对付反应较慢、站位较前、动作幅度较大的对手或是初学者时，效果往往很好。发球准备姿势亦同发高远球，站位比发平高球稍后些,充分利用前臂带动手腕爆发力向前方用力,球直接从对方的肩稍上高度越过,直攻对方后场。发平快球关键是出手的动作要小而快,但前期动作应和发高远球一致。发平快球时还应注意不要过手、过腰犯规。

● 网前球。发网前球是在双打中主要采用的发球技术。发球时,准备姿势同发高远球。击球时,握拍要放松,大臂动作要小,主要靠小臂带动手腕向前切送,用力要轻。发网前球时应注意手腕不能有上挑动作,另外,落点要在前发球线附近,发出的球要贴网而过,这可免遭对方扑杀(图 10－5)。

图 10－5

(2) 反手发球。反手发球的特点是动作小、出球快、对方不易判断。在双打比赛中多采用此发球技术。发球站位。在前发球线后 10—50 厘米及发球区中线的附近,也可以站在前发球线及场地边线附近的地方。

发球前,面向球网,两脚前后站立(左脚或右脚在前均可),上体稍前倾,身体重心在前脚上。右手反手握拍,左手拇指、食指和中指捏住球的二三根羽毛,球托明显朝下(避免犯规),球体与拍面平行或球托对准拍面放在拍面前方。击球时,小臂带动手腕向前横切推送。发网前球时,用力要轻,主要靠"切"送。发平快球时,发力要突然,击球时拍面要有"反压"动作(图 10－6)。

图 10－6

3. 高球

高球是自后场经过高空飞行打到对方后场端线的球。高球分为高远球和平高球。击高远球就是将球打得又高又远,直飞至对方底线上空垂直落到端线以里的球。平高球是从高远球发展而来的,它飞行的速度比高远球快,弧线比高远球低,是后场进攻的有效技术之一。击高球可分为正手、反手击高球。

(1) 正手高球。首先要判断好来球的方向和落点,侧身后退,使球处在自己的右肩稍前上方位置。左肩对网,左脚在前,右脚在后,重心在右脚上。左臂屈肘,左手自然高举,右手持拍,手臂自然弯曲,将球拍举在右肩上方,两眼注视来球。击球时,右臂后引,随之肘关节上提至明显高于肩部,将球拍后引至头部,自然伸腕(拳心朝上),然后后脚蹬地、转体收腹,以肩为轴,上臂带动前臂快速向前上方鞭打,在手臂伸直的最高点击球。击球后,持拍手臂顺惯性往前左下方挥动并收拍至体前。与此同时,右脚向前迈出,左脚后撤,身体重心由后脚移到前脚上。

(2)反手高球。在自己左后场区上,以反手握拍法用反拍面击出的高远球,称为反手高远球。

当判断来球是在后场区上空,应迅速将身体转向左后方,移动步伐背对球网,并用反手握拍法握拍。最后一步用右脚前交叉跨到左后方,球拍由身前举到左肩附近,以大臂带动前臂转动。击球时,前臂由左肩上方往下绕半弧形,最后击球的一刹那,手指要紧握球拍,击球点在右肩上方为好,以手腕往右后上方或者根据还击球的需要,用鞭打进行击球。击球后转身,手臂回收至胸前(图10-7)。

图 10-7

4. 杀球

杀球是把对方击来的高球全力向下扣压。这种球的特点是力量大、弧线直、速度快,给对方造成的威胁很大,它是进攻的主要技术。杀球分为正手、反手杀球。

(1)正手杀球。准备姿势与正手击高球相似,不同的是最后用力的方向朝下。在引拍后,身体后仰成反弓后收腹用力,靠腰腹带动大臂、大臂带动前臂、前臂带动手肘,形成鞭打向下用力,球拍正面击球托的后部,无切击,使球沿直线向前下方快速飞行。击球后立即还原成准备姿势(图10-8)。

图 10-8

(2)反手杀球。动作方法与反手击高球相同。不同之处是击球前的挥拍用力更大,身体反弓,手臂、手腕鞭打击球的用力方向,可直指对方的直线或对角线。

5. 吊球

在击中、后场的高球时,运用劈切、拦截的技术功作,使球在对方前场向下坠落的球称吊球。吊球技术分为正手、反手两种手法。由于吊球落点比较近网,与平高球结合运用,就能拉开对方的防守范围,从而调动对方,掌握场上的主动权。

(1) 正手吊球。击球前动作同正手击高球。击球的一刹那,拍面稍倾斜,手腕快速切削球托的右侧后下部。关键是用力方向朝前下,使球越网后随即下落。击球后,手臂随惯性自然回收到胸前。

(2) 反手吊球。在击左后场区上空的高球时,以反手握拍法用反拍面吊球,称为反手吊球。

反手吊球击球前的动作亦同反手击高远球,不同处在于触球时拍面的掌握和力量的运用。吊直线球时,用球拍反面切削球托的后中部,向对方右网前发力;吊斜线球时,用球拍反面切削球托的左侧,朝对方左网前发力。

6. 搓球

搓球一般在对方来球较靠近网上时运用。它是用球拍搓击球托侧下部,使球旋转翻滚越过网顶的击球技术。搓球技术有正手搓球和反手搓球两种。

(1) 正手搓球。侧身对右边网前,左腿跨成弓箭步,重心放在右脚,正手握拍。击球前,球拍随前臂稍外旋向右前上方斜举,手腕由后伸至稍内收闪动,握拍手的食指和拇指夹住拍,中指、无名指和小指轻握拍柄,使球拍在手腕和手指的挥摆下用力,搓击来球的右下底部,使球旋转翻滚过网。

(2) 反手搓球。侧身对左边网前,反手握拍。击球前前臂稍往前上举,手腕前屈,手背约与网同高,拍面低于网顶,反拍迎球。搓球时,主要靠前臂的前伸外旋和手腕由内收至外展的合力,搓击球的右侧后底部,使球倒旋滚动过网。

7. 勾球

勾球是把在本方左、右边的网前球击到对方右、左边网前去的技术动作。勾球分为正手和反手两种。勾球是一种技巧性较高的技术,它与搓球、推球等交替运用,常能达到声东击西的战术效果。

(1) 正手勾对角球。击球前,球拍随前劈往右前斜上举。在前臂前伸时稍有外旋,手腕微后伸,握拍手将拍柄稍向外捻动,使拇指贴在拍柄的宽面上,食指的第二关节贴在拍柄的背面宽面上,拍柄不触掌心。拍面朝右侧前挥动,拍面朝向对方右网前。击球时,靠前臂稍有内收往左拉收,手腕由稍后伸至内收闪腕挥拍拨击球托的右侧下部,使球沿网的对角线飞行落入对方网前角处。拨击球时,手腕要控制拍面角度。击球后,还原到击球前的准备姿势。

(2) 反手勾对角球。站在左网前,用反手握拍法握拍,随着前臂前伸球拍向前平举。在身体前移的过程中,球拍随手臂下沉,握拍变成反手勾球的握法,拍面正对来球。当来球过网时,肘部突然下沉,同时前臂稍外旋,手腕由微屈至后伸闪腕,拇指内侧和中指把拍柄往侧一拉,其他手指突然握紧拍柄,拨击球托的左侧后部,使球沿对角线飞越过网。击球后,身体还原成准备姿势(图 10-9)。

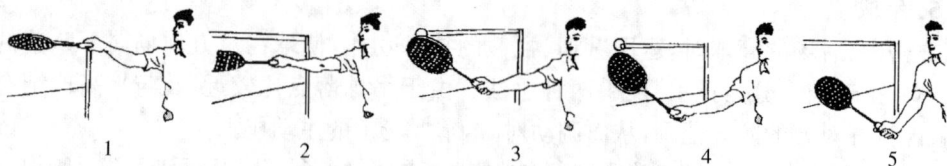

图 10 - 9

8. 挑球

把对方击来的网前球、吊球,挑高回击到对方后场去,称为挑高球。这是一种处于较被动情况下采取的防守性技术,通过挑高球将来球回击到对方后场,可以赢得时间重新调整好自己的身体重心与场上位置,以准备下一次击球。

(1) 正手挑球。准备动作同正手放网前球。击球前,前臂充分外旋,手腕尽量后伸,右脚向右网前跨出一大步,重心在右脚上。击球时,前臂从右下向右前方至左上方挥拍击球。在此基础上,若球拍向右前上方挥动,挑出的是直线高球;球拍向左前上方挥动,挑出的则是对角线高球。击球后,身体重心即刻还原成准备姿势(图 10 - 10)。

图 10 - 10

(2) 反手挑球。准备动作同反手放网前球。击球前,右臂往左后拉,屈肘引拍至左肩旁,同时右脚向左前方跨出一大步,重心放在右脚上。击球时,前臂充分内旋,手腕由屈至后伸闪动挥拍击球。若球拍由左下向左前上方挥动,则球向直线飞行;若球拍由左下向右前上方挥动,则球向对角线飞行。击球后,身体即刻还原成准备姿势。

二、步法技术介绍

羽毛球比赛时,运动员在场上为了跑到适当位置击球,而采取的快速、合理、准确的移动方法,称为步法。步法可称为羽毛球运动技术之母,也就是说,从事羽毛球运动的人不能只重视手法而忽视步法。步法和手法是相辅相成、缺一不可的。

羽毛球步法大致分为三大类:一是上网步法,二是后场步法,三是中场步法。在实践中常运用跨步、垫步、蹬步、并步、交叉步、腾跳步等综合步法。

1. 上网步法

上网步法是指从场地中央位置向网前移动的步法。上网步法可以分成正手上网步法、反手上网步法和腾跳上网扑球步法三种。不论用哪种步法上网,其上网前的站位及准备姿势都一样,即:站位取中心位置,两脚左右开立(稍前后),约同肩宽,重心在两脚前掌,后脚跟稍提起并左右微动;上体稍前倾,右手持拍放体前,两眼注视对方的来球。

(1) 右侧跨步上网。判准对方来球后,迅速将重心移到右脚,左脚掌内侧用力蹬地向来球方向迈出一步,当左脚着地时,右脚迅速向前跨出一大步,上体稍前倾,右膝关节弯曲并成弓箭步。前腿用力缓冲,控制住身体,左脚自然地向前脚着地的方向靠小半步,保持正确的击球姿势。击球后,右脚前掌内侧蹬地,用交叉步或并步回到中心位置。左侧跨步上网,动作方法同右侧跨步上网,方向相反。

(2)右侧垫步或交叉步上网。判准对方来球后,右脚先迈出一小步,左脚立即向右脚垫一小步(或从右脚后交叉迈出一小步),左脚着地后,脚内侧用力蹬地,右脚再向网前跨一大步成弓箭步,紧接着左脚自然地向前脚着地方向靠小半步,身体重心在前脚。击球后,前脚跟后蹬地,用小步、交叉步或并步退回中心位置。左侧垫步或交叉步上网,动作方法同右侧垫步、交叉步上网,方向相反。

2. 后退步法

从中心位置移动到后场各个击球点的位置上击球的步法,称为后退步法。后退步法是羽毛球步法中最常用的,又是难度较大的步法动作。后退步法分为正手后退步法和反手后退步法两种。

(1)正手后退步法。正手后退步法有并步、交叉步和跨步三种,实战中可根据场上情况和个人特点灵活使用。

交叉步后退步法:这种步法的特点是移动范围大,回击端线附近的球多用这种步法。判断准来球后,先调整重心至右脚,然后右脚蹬地迅速向右后撤一小步,同时上体右转,左肩对网。接着,左脚从右脚后交叉后撤一步(或用并步靠近右脚),右脚再向后移至来球位置。当右脚着地时,迅速向上蹬,使击球点增高,同时左脚向身后伸出。当击球完成时,左脚以前脚掌先着地,然后右脚着地,左脚着地时要缓冲、制动、回蹬,连接要紧凑,使身体迅速返回球场中心位置。

(2)反手后退步法。反手后退时,应根据离球距离的远近来调整移动步子。如离球较近,可采用两步后退步法;离球远时,则要采取三步或五步后退步法。

两步后退步法:一种是左脚先向左后方撤一步,接着上体左转,右脚向左后方跨一步背对网,移至击球反手位置;另一种是右脚先向左脚并一步,然后左脚向左后方跨一步,同时上体左转,右肩对网移至反手击球位置。

3. 中场两侧移动步法

从中心位置向左右两侧移动到击球点上击球的步法,称为两侧移动步法。两侧移动步法多用于接对方的扣杀和打来的半场低平球。其移动前的准备姿势及站位基本同上网步法。

(1)向右侧移动步法。

● 右侧蹬跨步法。起动后,左脚掌内侧用力起蹬(同时向右转体),右脚向右侧跨出一大步(重心落在右脚上,脚尖偏向右侧,以脚趾制动),上体略向右侧倾(根据击球点的高低来确定侧倾的程度)作正手击球。这种步法适合对方来球距身体较近时使用。

● 向右侧垫步步法。起动后,左脚向右脚并一步,左脚一着地就用力向右蹬,使右脚迅速向右跨出一大步,右脚着地后腿成弓箭步,身体略向右侧倾,出手击球。这种击球步法适用于球距身体较远时使用。

(2)向左侧移动步法。

● 正对球网移动步法。起动后,右脚掌内侧用力起蹬,同时向左转体,左脚向左跨出一步(重心落在左脚上,脚尖偏向左侧,以脚趾制动),上体略向左侧倾,做反手击球。

135

● 背对球网移动步法。这种步法只适用于反手击球。起动后以左脚前掌为轴,向左转体,同时右脚内侧用力蹬地,经左脚前向左侧跨一大步(重心在右脚上,以脚前掌制动)成背对网姿势,上身略向前倾做反手击球。

第三节 羽毛球基本战术

一、羽毛球战术简介

战术是指根据对手的技术、打法、体力和思想意志等因素所采取的争取比赛胜利的一种对策。战术与打法的关系非常密切。在实战中,战术应根据双方的打法和场上的具体情况而定。在场上控制与反控制的竞争十分激烈,需要以己之长、攻彼之短,抑彼之长、避己之短,能够根据不同对手的特点,采取相应变化的技术手段战而胜之,这便是战术的意义。

二、单打基本战术简介

1. 发球战术

(1) 发球抢攻战术。发球抢攻战术一般分为发高远球、平高球、平快球、网前球等战术。采用何种战术应根据对方的具体情况,找出薄弱环节,有目的地选择。发球抢攻还应注意争取前三拍的主动进攻:发各种球的准备姿势和动作要注意一致性,给对方的判断带来困难,使之处于消极等待状态;发球后应立即做好接球的准备姿势,注意身体重心不要站死,要眼睛紧盯对方,观察、判断对方的任何变化,积极准备还击。

(2) 发后场高远球战术。这种发球主要用于单打比赛中,要求把球发到对方接发球区的端线或两底角处,给对方后退进攻击球造成难度。高远球因弧线高、飞行时间长、距离网远,球从高处垂直下落,使后退步法慢、进攻技术差的对手较难下压进攻。特别是左场区的底线外角位是对方的反手区,更是主要的攻击目标。但在发右场区的底线外角时,要提防对方以直线平高球攻击自己的后场反手区。如把球发到对方接发球区的左、右半区的内角位,能避免对方以快速的直线攻击自己的两侧边。

2. 接发球战术

(1) 接发高远球、平高球。在本方后场区接对方发来的高远球、平高球时,一般可用平高球、吊球或杀球还击。但如对方发球质量很好就不要盲目重杀,可用高远球、平高球还击,伺机再攻,或者用点杀、劈杀、劈吊下压先抑制对方;如果对方发球后站位适中,进攻时要注意落点的准确性;若对手采用杀球、吊球还击,自己步法要跟得上,以免造成被动。

(2) 接发网前球。首先要观察对方发球的质量,再根据球距网的高度、球的速度及飞行方向进行还击,一般可用平推球,放网前、勾对角或挑高球还击。当对方发球过网较高时,要抢先上网扑杀。接发网前球的击球点应尽量抢高。

3. 打四点球战术

此战术是把球准确地打到对方场区的四个角上,使对方每次击球都要在场上来回奔跑。使用这种战术时,对不同特点的对手要采用不同的拉、吊方法。如对步子慢、体力差、灵活性差、技术不全面的对手,可以多打前、后场,多打拉、吊球,也可使用重复球、假动作、回攻反手、打对角线来消耗其体力,抓住空当和弱点进行突击。

三、双打基本战术简介

双打比赛对发球、接发球、平抽、平挡、封网、扑球、连续扣杀、接杀挑高球、放网前球及防守反击等诸多技术要求更高。它是竞赛双方在技术、战术、体力上的较量,同时,也是双方配合程度的较量。步法上攻守衔接及站位轮转协调一致,是打好双打的关键。

双打站位一般情况是两人一前一后站位和两人分两边(左右)站位。前后站位有利于进攻,而不利于防守,在本方进攻时多采用此站法。分边站位多在防守时采用,两人各管半个场地,防守时就没有什么空当。

1. 攻中路战术

当对方分左右两边站位防守时,将球攻击到对方两人的中间;当对方前后站位时,可将球下压或平推两边半场。这种战术,可以造成对方抢球或让球,限制对手在接杀球时挑大角度高球,有利于攻方封网。

2. 攻后场战术

若对方后场扣杀能力差,本方可采用平高球、推平球、扣杀球、底线球,把对方一人紧逼在底线两角移动。当对方被动还击时,则抓住机会大力扣杀。如另一对手后退支援时,即可攻网前空当。

3. 后攻前封战术

当本方处于主动进攻前后站位时,站在后场的队员见高球就杀或吊网前球,迫使对方接球挡网前。前场队员积极移动封网扑打。

第四节 羽毛球竞赛主要规则

一、羽毛球运动竞赛规则

1. 场地和器材

(1)场地应是一个长方形,用宽40毫米的线画出(图10-11),线的颜色应是白色、黄色或其他容易辨别的颜色。所有的线都是它所界定区域的组成部分。

(2)从场地地面起,网柱高1.55米。当球网被拉紧时,网柱应与地面保持垂直。网柱及其支撑物不得伸入场地内。不论是单打还是双打比赛,网柱都应放置在双打边线上。

(3)球网上下宽760毫米,全长至少6.10米。从场地地面起至球网中央顶部应高1.524米,双打边线处网高1.55米。

(4)羽毛球可由天然材料、人造材料或混合材料制成。球应由16根羽毛固定在球托上,每根羽毛从球托面至羽毛尖的长度,统一为62—70毫米,球重4.74—5.50克。检验球速时,运动员应在端线外用低手向前上方全力击球,球的飞行方向应与边线平行。符合标准速度的球,应落在场内距离对方端线外沿530—990毫米之间的区域内。

（5）羽毛球拍长不超过680毫米,宽不超过230毫米,球拍不允许有附加物和突出部。除非是为了防止磨损、断裂、振动或调整重心的附加物,或预防球拍脱手而将拍柄系在手上的绳索,但其尺寸和位置必须合理。

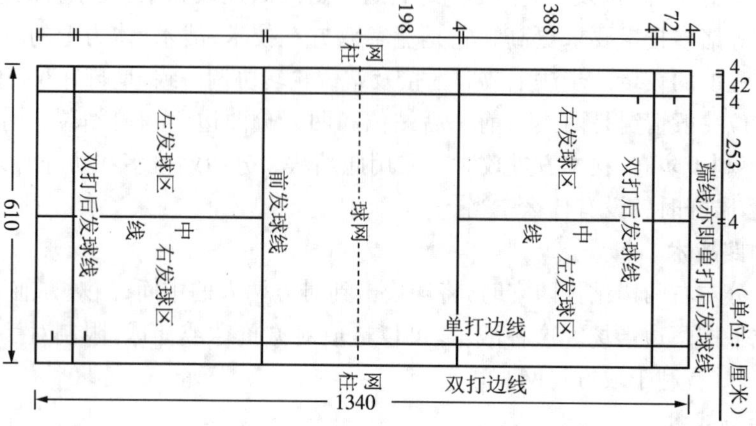

图 10-11

2. 比赛通则

（1）挑边。

● 比赛开始前应挑边。赢方对先发球或先接发球、在一个场区或另一个场区开始比赛做出选择。

● 另一方,在余下的一项中选择。

（2）计分方法。

● 一场比赛应以3局2胜定胜负。一般情况下,先得21分的一方胜1局;20平后,领先得2分的一方胜该局;29平后,先到30分的一方胜该局。

● 对方"违例"或球触及对方场区内的地面成死球,则该方胜这一回合并得1分。

（3）交换比赛场地。每局结束时或第3局一方先得11分时,运动员应交换场区。

（4）发球和接发球。

● 一局的胜方在下一局首先发球。

● 一旦发球员和接发球员作好准备,任何一方都不得延误发球。发球时发球员球拍的拍头做完后摆,任何迟滞都是延误发球。

● 发球员和接发球员应站在斜对角的发球区内,脚不得触及发球区和接发球区的界线。

● 从发球开始至发球结束前,发球员和接发球员的两脚都必须有一部分与场地的地面接触,不得移动。

● 发球员的球拍,应首先击中球托。发球员的球拍击中球的瞬间,整个球应低于发球员的腰部。腰指的是发球员最低肋骨下缘的水平切线。

● 发球员发球时,应击中球。发球员的球拍击中球的瞬间,球拍杆应指向下方。

● 发出的球向上飞行过网,如果未被拦截,球应落在规定的接发球区内(即落在线上或界内）。

● 发球员应在接发球员准备好后才能发球，如果接发球员已试图接发球，即被视为已作好准备。

● 双打比赛发球时，发球员和接发球员的同伴应在各自的场区内。其站位不限，但不得阻挡对方发球员或接发球员的视线。

（5）单打比赛。

● 一局中，发球员的分数为 0 或双数时，双方运动员均应在各自的右发球区发球或接发球。发球员的分数为单数时，双方运动员均应在各自的左发球区发球或接发球。

● 一回合中，球应由发球员和接球员交替从各自所在场所一边的任何位置击出，直至成死球为止。

● 发球员胜一回合则得 1 分，发球员再从另一发球区发球。

● 接发球员胜一回合则得 1 分，接发球员成为新发球员。

（6）双打比赛。

● 一局中，发球方的分数为 0 或双数时，发球方均应从右发球区发球。发球方的分数为单数时，发球方均应从左发球区发球。

● 接发球方上一回合最后一次发球的运动员应在原发球区接发球。他的同伴接发球的站位与其相反。

● 接发球员应是站在发球员斜对角发球区的运动员。

● 发球方每得 1 分后，原发球员则变换发球区再发球。

● 除非发球区错误的情况，其他发球都应从与发球方得分相对应的发球区发出。

● 发球方胜一回合则得分，随后发球员继续发球。接发球方胜一回合则得 1 分，随后接发球方成为新发球方。

● 发球顺序。首先是发球员，从右发球区发球，其次是首先接发球员的同伴，从左发球区发球，然后是首先发球员的同伴，接着是首先接发球员，再接着是首先发球员，如此类推。

● 运动员在比赛中不得有发球、接发球顺序错误或在一局比赛中连续两次接发球（发球区错误的情况除外）。

● 一局胜方的任一运动员可在下一局先发球；一局负方的任一运动员可在下一局先接发球。

（7）发球区错误。

● 发球或接发球顺序错误。

● 在错误的发球区发球或接发球。

● 如果发现发球区错误，应予以纠正，已得比分有效。

（8）违例。

● 不合法发球。

● 发球时：球挂在网上或停在网顶；球过网后挂在网上；接发球员的同伴接到球或被球触及；比赛中，球落在场地界线外或未从网上方越过。

● 发球时：球触及天花板或四周墙壁；球触及运动员的身体或衣服；球触及场地外其他物体或人。

● 球被击时停滞在球拍上，紧接着被拖带抛出。

● 被同一运动员两次挥拍连续两次击中(但一次击球动作中,球被拍框和拍弦面击中,不属违例);被同方两名运动员连续击中。

● 比赛进行中,运动员的球拍、身体或衣服,触及球网或球网的支撑物;球拍或身体,从网上侵入对方场区(击球时,球拍与球的最初接触点在击球者网这一方,而后球拍随球过网的情况除外)。

● 球拍或身体,从网下侵入对方场区,导致妨碍对方或分散对方的注意力;妨碍对方,即阻挡对方紧靠球网的合法击球。

● 故意分散对方注意力的任何举动,如喊叫、故作姿态等。

(9) 重发球。

● 发球员在接发球员未做好准备时发球。

● 在发球过程中,发球员和接发球员都被判违例。

● 发球被回击后,球停在网顶或球过网后挂在网上。

● 比赛进行中,球托与球的其他部分完全分离。

● 裁判员认为比赛被干扰或教练干扰了对方运动员的比赛。

● 司线员未能看清,裁判员也不能做出裁决。

● 重发球时,该次发球无效,原发球员重新发球。

(10) 暂停比赛。

● 遇有不是运动员所能控制的情况,裁判员可以根据需要暂停比赛。

● 在特殊情况下,裁判长可以要求裁判员暂停比赛。

● 如果比赛暂停,已得分数有效,续赛时由该分数算起。

● 不允许运动员为恢复体力或喘息延误比赛。

二、发球裁判员的工作方法

(1) 发球裁判员在裁决时只有一种宣告术语,即"违例",但要根据不同的发球违例出示5种不同的手势(如图10-12)。根据5种发球违例的不同违例时间和动作位置,发球裁判员眼睛的观察注意力应有侧重点。一般可按违例时间的先后顺序和动作位置由下至上的顺序调整注意力的重点。

(2) 发球员站好位置后,要先注意脚有无触界线。如果脚未触线,一旦开始向前挥拍,注意力可侧重于脚有无移动以及挥拍有无停顿。在向前挥拍这一段时间里,重点注意"脚违例"和"挥拍不连续"这两种违例。

A 发球过手违例　B 发球过腰违例　C 发球挥拍不连续违例　D 发球脚违例　E 发球未首先击中球托违例

图 10-12

(3) 在向前挥拍过程中,如果未发现"脚违例"和"挥拍不连续违例",注意力就要立即侧重于击球瞬间的三种违例:未首先击中球托违例、过手违例、过腰违例。

（4）要在击球瞬间裁决三种发球违例是有难度的,但是可以观察发球员持球动作特点来提前判断是否排除第一种违例。持球时,如果球托向下或朝向拍面,一般可排除"未首先击球托"的违例,注意力可侧重于后两种违例。持球时,如果球托向上或向侧面又靠近拍面发网前球,"未首先击球托"违例的可能性较大。

（5）在击球瞬间裁决"过手违例",主要看准握拍子腕部的上沿水平面,用眼睛余光注意球拍头上沿是否低于手腕部的上沿水平面,低于该水平面则合法;达到或高于该水平面,则应判违例。

（6）在击球瞬间裁决"过腰违例",主要看准发球员腰的水平面:用眼睛余光注意球体的上沿是否低于腰的水平面,低于该水平面则合法;达到或高于该水平面则应判违例。

三、司线员的工作方法

（1）在正式比赛中,司线员一般是一人负责一条界线,裁决球的落点是"界内"或"界外"。但是,双打比赛中在运动员发球时,负责看端线的司线员要兼看双打后发球线处的落点。在非正式比赛中,裁判员人数往往不足,一名司线员常常要负责看端线和半条边线。

（2）司线员执裁时共有三种手势(图 10 - 13)和一个宣告术语"界外"。对球的落点裁决时,界内球只出示"界内"手势不宣告;界外球既要出示"界外"手势,同时还要宣告"界外";如果球落地一瞬间司线员出现视线被挡未能看清球的落点,应出示"视线被挡"手势不宣告,让裁判员裁决。

A 界内手势　　　　B 界外手势　　　　C 视线被挡手势

图 10 - 13

（3）司线员的裁决应及时准确,但只能在球落地后才能作出裁决,决不能在球落地前提早作出。负责看端线和边线的司线员,为了更及时、准确地裁决,应注意观察对方运动员的击球动作,尽可能预先判断击球线路是朝向端线还是边线,以便抢角度看准球的落点。

（4）司线员只负责看球的落点。任何其他情况,如球触及运动员身体或球拍等,都不属司线员的职责范围,不要干扰裁判员的裁决。

【复习思考题】

■ 羽毛球的发球有哪几种方法?

■ 在羽毛球比赛中,有哪几种发球违例?

第十一章　网球 运动

第一节　网球运动概述

一、网球运动起源

网球是一项具有深厚文化底蕴的高雅运动,是融健身、娱乐、教育、竞技于一体的运动项目,它既能满足人体寻求刺激的生理需求又能适应当前人们追求时尚的精神需要。

1. 网球运动的起源

网球运动的起源及演变可以用四句话来概括:孕育在法国;诞生在英国;开始普及和形成高潮在美国;现盛行于全世界。早在 12—13 世纪,法国的传教士就常常在教堂的回廊里,玩一种用手掌击打小球的游戏,传入宫廷后,很快成为王室贵族的一种娱乐项目。14 世纪中叶,法国王储将这种游戏使用的球赠给英皇亨利五世,于是这种游戏便传入英国。由于这种球的表面是用埃及坦尼斯镇所产的最为著名的绒布——斜纹法兰绒制作的,所以,英国人将这种球称为"Tennis"(英文,网球),并流传下来。直到现在,我们使用的球还保留着一层柔软的绒面。

1873 年,英国的温菲尔德(Waiter Clopton Wingfield)少校改进了早期网球的打法,并将场地移向草坪地,同年出版了《草地网球》一书,提出了一套接近于现代网球的打法。1874 年,又规定了球网的大小和高低,在英国创办了简易的草地网球比赛。1875 年,英国网球俱乐部修订了网球比赛规则后,于 1877 年 7 月举办了第 1 届温布尔登草地网球锦标赛,这标志着近代网球运动开始。

19 世纪 70 年代初,草地网球由英国军官们先后传播到英国的海外殖民地,如北美洲南端附近的百慕大群岛、大洋洲的澳洲及印度等地。现在百慕大群岛已成为世界上最出名的盛行网球和高尔夫球运动的休养地,岛上共有各种不同地面的网球场 100 多片。1874 年草地网球从百慕大传到美国纽约的斯坦岛,并很快在美国东海岸的波士顿、纽波特、费城等城市传播开,成为社会上层人士的一种时髦运动。

2. 我国网球运动的发展

1885 年,网球传入我国。新中国诞生后,网球运动得到了空前的发展。中国网球协会于 1956 年 10 月正式成立。1986 年,中国女子网球队在第 10 届亚运会的团体赛上夺冠,从此结束了中国在亚运会上无网球金牌的历史。2004 年在第 28 届雅典奥运会上,李婷、孙甜甜经过奋勇拼搏,取得了中国体育史上第一个网球双打奥运会冠军。2006 年 1

月 27 日,郑洁、晏紫在澳网女双决赛中,历史性地夺得女双冠军,成就了网球神话。在 2008 年的澳网赛上,孙甜甜与泽蒙季奇搭档,问鼎澳网混双冠军,这也是中国人第一次获得大满贯混双冠军。2011 年 1 月,李娜打进澳网决赛,取得了犹如奥运金牌般意义的亚军。2014 年 1 月 25 日,澳网女单决赛,李娜以 2 比 0 战胜斯洛伐克选手齐布尔科娃,三进决赛之后终于首夺澳网冠军,这是李娜职业生涯的第二个大满贯冠军,也是亚洲人首夺澳网单打冠军。李娜世界排名升至第二,创造了亚洲选手的最高单打排名纪录。彭帅、谢淑薇(中国台北):2013 温网女双冠军,2013 年终总决赛女双冠军,2014 法网女双冠军。此外张帅、郑赛赛等球手都获得过 WTA 系列比赛的冠军。

二、网球协会与网球赛事

1. 主要网球协会

(1) ITF——国际网球联合会,简称国际网联,1912 年在法国巴黎成立。现有协会会员 191 个。国际网联的任务是制定、修改和实施网球规则,促进全世界网球运动的发展,在国际上维护网球运动的利益,促进和鼓励网球的教学,为国际赛事制定和实施规则,裁定国际网联认可的正式网球锦标赛,增强协会会员的影响力,维护联合会的独立,确定运动员的资格,管理业余、职业及业余—职业混合型比赛,合理使用联合会的资金,维护网球界的团结及监督这些规则的实施等。

(2) ATP——职业男子网球协会,1972 年在美国成立。ATP 系列赛包括以下 6 种比赛:大师杯赛;世界双打锦标赛;世界队际锦标赛;网球大师系列赛,也就是所谓的超九赛事;国际黄金系列赛;国际系列赛。

(3) WTA——职业女子网球协会,成立于 1973 年,球员们在女子网球协会中有各自的代理人。职业女子网球协会决定整个巡回赛的所有规则,并资助一些表演赛,使球员们能参加一些这样的比赛而不必担心与真正的职业联赛相冲突。

2. 主要网球赛

(1) 网球四大满贯赛。即澳大利亚网球公开赛(硬地)、法国网球公开赛(红土)、温布尔登网球公开赛(草地)、美国网球公开赛(硬地)。

(2) WTA 四大皇冠明珠赛。即印第安威尔斯赛(硬地)、迈阿密公开赛(硬地)、马德里公开赛(红土)、中国网球公开赛(硬地)。

(3) ATP1000 大师系列赛。即分别在印第安维尔斯、迈阿密、蒙特卡洛(非强制)、罗马、马德里、上海、辛辛那提、蒙特利尔、巴黎等地组织的系列比赛。

第二节　网球基本技术

一、移动步法

网球是一项要求运动员不断对球做出快速反应的运动项目,步法调整的程度直接关系到击球的效果,常见的步法有以下几种:

143

（1）调整步法（小碎步）。在挥拍击球前用小碎步调整，可以帮助球员处于最佳的击球位置。提示：多数业余选手通常只满足于移动到击球位置附近，而没有调整到最佳击球位置，这样会导致需要弯腰、伸手臂等非常规的击球动作。

（2）滑步。大多数用于左右移动不太远的正反手击球。提示：滑步的同时应提前引拍，最好保持着引好拍的姿势移动。

（3）交叉步。大多数用于两侧边线附近的来球。提示：向右移动时，向右转体，左脚向右前方跨出，交叉于右脚外侧前方，再迈出右脚，形成左右脚交换移动。向左移动时同理。

（4）分腿垫步。这是在每次击球前或是在网前截击时使用的步法。从准备状态开始，当对手挥拍时，做一个高度不超过 5 厘米的小跳跃，前脚掌着地。这样会保持击球前的适当站位，但需要对来球路线提前做出判断。

（5）前冲步和后退步。在判断出是网前球还是身后球后及时做出向前、后调整的一种步法。

二、握拍

1. 正手握拍

正手握拍基本上有大陆式握拍（图 11 - 1）、东方式握拍（图 11 - 2）、半西方式握拍（图 11 - 3）、西方式握拍（图 11 - 4）四种。另外，近几年还出现了超西方式握拍。

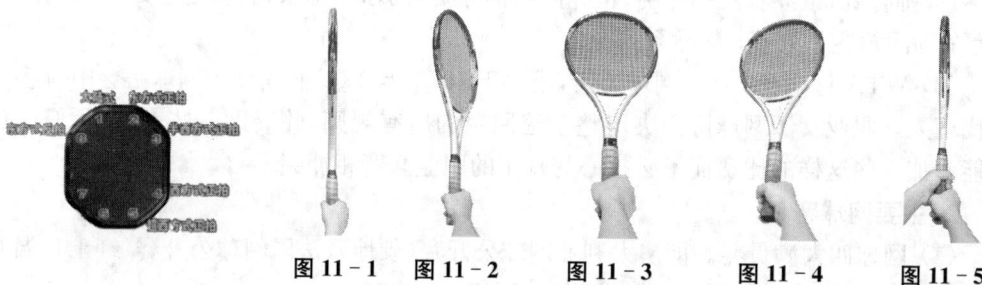

图 11 - 1　　图 11 - 2　　图 11 - 3　　图 11 - 4　　图 11 - 5

2. 反手握拍

反手握拍一般可分为单手反手握拍和双手反手握拍两种方式。

（1）双手反手握拍。右手采取大陆式握拍法，左手搭在右手上面即可（图 11 - 5）。也可采用右手半西方式正手握拍，左手半西方式反手握拍。

（2）单手反手握拍。一般采取东方式反手握拍法。

三、站位与击球要素

（1）站位。击球前，运动员所选的站立位置称为"站位"。站位可分为开放式、半开放式、闭合式、半闭合式四种。对于初学者，站位选择开放式或者半开放式为宜。

（2）击球点。击球时，球拍与球接触瞬间的空间位置称为"击球点"。击球点的空间位置相对于击球者的身体而言，是从距身体前、后、左、右四个方向和高低位置来确定的。对于初学者，最佳击球点选择在体侧前方的腰部高度为佳。

（3）击球面。击球时，球拍与球接触瞬间球拍面的方向。不同的击球面会打出向不同方向的击球。

（4）击球时期。从对方击球瞬间到己方球拍触球瞬间之前,球在空中的飞行时段称为"击球时期"。击球时期可分为空中飞行阶段和落地反弹阶段。在击反弹阶段来球时,又可分为击球的上升期、最高点、下落期。其中击球下落期比较容易。

（5）击球线路。球从击球点飞行到落点间的线路称为击球线路。击球线路一般有直线和斜线两种。

（6）击球过程。击球过程有判断、移动、击球、还原四个部分。

（7）击球技术要素。

● 准备姿势。进入击球的最初状态,为引拍和击球提供质量保证。

● 引拍。转体引拍的节奏和速度直接影响击球的质量。

● 挥拍。挥拍的速度和规范程度直接影响击球的力量和稳定度。

● 击球。击球点、击球面、击球时期的把握直接关系到击球的效果。

● 随挥跟进。随挥是整个击球动作的结束,保证了击球的稳定性和完整性,同时也为动作的还原做好准备。

四、正手击球（以开放式为例）

（1）准备姿势。面向球网,两脚开立间距略大于肩,稍屈膝,上体稍前倾,重心置于前脚掌(以右手握拍为例,以下相同)。右手握拍,手腕略紧张,拍头上翘不高于鼻尖,左手托拍颈,眼睛注视来球方向(图 11－6)。

图 11－6　　　图 11－7　　　　　图 11－8　　　　　图 11－9

（2）移动转体引拍。当判断来球朝正手方向飞来时,迅速调整脚步于来球方向左侧,同时向右转髋转肩,重心移至右脚。右肘自然弯曲下垂,手腕固定,顺势后摆至体侧后方、腰部附近,拍的底部朝向球网,拍面垂直于地面(图 11－7)。转肩时,可以用左肩带动向右转体。

（3）挥拍击球。转髋转肩,带动大臂将球拍迅速向前挥动,手腕固定紧绷,击球瞬间身体转入正面,球拍置于来球的中下方,并且拍面平行网面,重心由右脚向左脚过渡且身体往前压(图 11－8)。

（4）随挥。当球离开球拍后,继续转髋转肩,手臂向前伸展,肘关节向前上方跟进,手腕旋内,挥至左肩一侧时,左手抱拍托。动作完成后,迅速还原,恢复成准备姿势,为下次击球做准备(图 11－9)。

五、双手反手击球（半开放式）

网球运动中有70％—75％的球用正手击球,只有在端线和边线焦点附近区域才被迫使用反手击球。拥有稳定的反手技术,是一名优秀运动员的重要标志。现今作为防御的反手已渐渐被进攻性反手所代替,如萨芬强而稳定的双反、费德勒的大力单反都是得分的有效手段。

（1）准备姿势。与正手击球相同（图11－10）。

图11－10　　　图11－11　　　图11－12　　　图11－13

（2）移动转体引拍。当判断来球朝反手方向飞来时,脚步移动到位,右脚上前半步或一步,身体转向左侧,双手握拍,保持拍面垂直于地面,拍头略指向地面,球拍底部朝向球网,右臂伸展,左臂弯曲,重心靠左脚（图11－11）。

（3）挥拍击球。在转髋转肩的同时带动双臂,使球拍由低向高挥动。在击球瞬间,保持双手紧握球拍,拍面垂直或稍后仰,在髋部附近击球的中后部,重心向右脚移动（图11－12）。

（4）随挥。击球后双手顺势挥至右侧头部高度,身体重心移至右脚。动作完成后迅速还原,恢复成准备姿势（图11－13）。

六、发球（上手发球）

一般上手发球,从击球效果上看可分为平击球、上旋球和侧旋球三种。

（1）握拍与持球。对于初学者来说,一般使用大陆式正手握拍。持球时,让球自然落于拇指、食指及中指三指上,无名指和小指自然屈于球的后部,切忌用力将球握在手里或捏在手里（图11－14）。

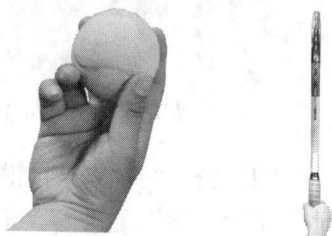

图11－14

（2）抛球。在身体协调放松的状态下,左手伸直在身体的侧前方最高点抛球,使球能在头部前上方"12点"—"1点"位置,垂直上下。抛球后双臂成"L"形。

（3）挥臂。当球拍自然下垂到"搔背"状态时,开始转髋转肩向上挥小臂,直至手臂与身体充分伸展（图11－15）。

（4）击球。击球时,腿部蹬伸、转髋,在提重心的同时顶肘、挥拍、收腹、手臂内旋扣腕击球。击球时要保持头部姿势,不能提前低头,这会造成击球下网（图11－16）。

（5）随挥。击球后,要继续保持球拍自然挥摆至身体的左侧下方,同时重心前移。动作完成后,迅速调整至击球前的准备姿势,为下一来球做好击球准备（图11－17）。

图 11 - 15 　　　　图 11 - 16 　　　　图 11 - 17

七、截击球

（1）正手截击。

● 准备姿势。同正手击球（图 11 - 18）。

● 引拍。正手截击球时，应立即跨步移动重心，同时迅速后摆球拍，拍头要始终高于手腕（图 11 - 19）。

图 11 - 18 　　　图 11 - 19 　　　图 11 - 20 　　　图 11 - 21

● 挥拍击球。以肘关节为轴，保持前臂伸直，手腕固定，发力短促、有力。击球点在身体的右前方（眼睛高度），一般采用切击（图 11 - 20）。

● 随挥。截击球随挥动作幅度较小，一般不超过中线。截击动作完成后迅速调整姿势，准备接下一来球（图 11 - 21）。

（2）反手截击（图 11 - 22）。

● 准备姿势。同正手击球。

● 引拍。迅速启动，身体略向左转，重心移至左脚，左手扶住拍颈，向左跨一小步，右脚对准来球方向。

● 挥拍击球。以肘关节为轴，保持前臂前伸，手腕固定，肘部下拉，用肩和前臂的力量向下击球。击球点在身体的左前方，比正手截击更靠前。

图 11 - 22

● 随挥。与正手相同。

八、挑高球

挑高球也分为正、反手，其技术动作与正、反手击球十分相似。在挥拍击球时，球拍应击打球的下部,向前上方击球。整个击球过程中,手腕应保持紧绷并且要握紧球拍。在随球跟进时,要加长击球的时间,顺着球的飞行路线向上做随挥动作,球拍应尽可能送远,动作在身体前面高处结束(图11-23)。

图 11-23

九、高压球

在判断对方来球为高球的同时,迅速调整脚步,移动至来球落点后方,侧身站位,左手指向来球(最好肘部指球,这样会充分转肩),眼睛注视来球,找准击球点。右手将球拍举至头上,挥拍、击球和随挥跟进与上手发球相同(图11-24)。高压球是在头上进行扣杀的一种击球,也是有效防守挑高球的得分手段。高压球一般以平击高压球为主,也可以用切削高压打出好的角度和落点。

图 11-24

十、反弹球(图11-25)

(1)准备姿势及引拍。同正、反手击球。握拍一般采用大陆式。

图 11-25

（2）挥拍。来球时迅速降低拍面。挥拍动作的大小,一般离球网越近,挥拍动作就越小、越短;反之挥拍动作就越大、越长。

（3）击球。稳定肩膀,稍夹紧上臂,拍面的方向随反弹球的位置和远近而有所变化。接近网球,拍面稍向后仰;球离球网越远,拍面越接近垂直。击球点在身体的侧前方。

（4）随挥。与正、反手相同。

反弹球技术对运动员的球感要求较高,对初学者来说,一般尽量避免打反弹球。

十一、接发球技术

接发球时,接发球者是处在被动地位。为了争夺比赛的主动权,接发球者必须在接球前预先对接发球模式进行选择,做好充分的思想准备。这些模式包括以正手接球、以反手接球、打深、在对方发球较浅的位置上进行攻击性击球。

（1）准备姿势。两脚平行站位,略比肩宽,上体稍前倾,脚跟提起,将球拍置于体前,眼睛紧盯对手发球。

（2）移动引拍。在对方发球后立刻做出判断,迅速移动站好位置并确定回球方式,同时做好转身后摆动作,引拍幅度不易过大。

（3）接球。根据来球情况和对手站位,选择合适击球手法。对于较缓、较高的来球,初学者可采用正手底线击球的方式。

（4）随挥。随挥动作要充分、完整,接完发球之后立即回到中场位置,并保持准备姿势,迎接下一次击球。

第三节 网球基本战术

战术运用的目的,是通过进攻和防守把球送到对方难以回击的地方。有效地运用战术可以帮助球员稳定情绪,改变被动局面,进而获得比赛的胜利。

一、单打战术

1. 底线战术（底线强攻型打法）

底线强攻型打法已成为当今主流打法,其特点是站位靠近底线,击打球的上升期。击球时,击球要凶狠,主动打底线,正反手都有较强的主动进攻能力,力求在底线掌握场上的主动。

（1）正反手二加一战术。连续攻击对方两次斜线后,第三次攻击对方直线。

（2）连续攻击对方反手位战术。利用反手击球的稳定性不强、击球力量不足、运动员信心相对较弱等特点,连续攻击对方反手位,从而确立进攻优势。

（3）攻击对方底线正反手大角度。将击球角度打开,使对方队员在跑动中击球,降低回球质量。

（4）底线打回头球战术。当对手被大角度拉出球场后,会急于回位填补另一侧的大空当,这时打回头球是个非常好的选择。

2. 网前战术

网前战术特点是运动员抓住每次上网的机会,形成网前与底线的对峙局面。主要采用发球上网和接发球上网两种形式。

二、双打战术

网球双打在网球运动中占据很重要的地位,同时是业余比赛中主要项目之一。它相对于单打来说,在体力上要求较低,在对抗激烈程度上也没法和单打相比,但是它具有更多的乐趣,更需要战术的配合。

1. 发球战术

(1)发球上网战术,形成双上网。这是当发球占据优势情况下,发球者迅速上网形成双网前的绝对控球优势。

(2)发球者不上网,形成一前一后,一左一右的站位方式。这种站位缺点较多,是过渡性站位。

(3)双底线站位。这是在发球后处于劣势、对方接发球非常凶猛的情况下,同队队员迅速后撤至底线,帮助发球者,形成保护性后场站位打法。

2. 接发球战术

(1)接发球上网。

(2)接发球者不上网战术(一网前一底线)。

(3)双底线站位。

当接发球有利时,采取上网前站位,巩固和扩大攻球优势;在不确定优势情况下可采取一网前、一底线站位,灵活处理;在对方发球优势明显的情况下,接发球的同队队员应迅速返回底线帮助队友进行底线防守,伺机反击。一发发球成功率要高,二发力量要是一发的 80%,发球要有深度,接发球最好是大角度斜线。

第四节　网球竞赛主要规则

一、比赛场地

国际网联和国家体委颁布的《网球竞赛规则》中规定,一片标准网球场地的占地面积不小于 36.6 米(南北长)×18.3 米(东西宽),这一尺寸也是一片标准网球场地四周围挡网或室内建筑内墙面的净尺寸。在这个面积内,有效双打场地的标准尺寸是 23.77 米(长)×10.97 米(宽),单打场地宽为 8.23 米(图 11-26)。在每条端线后留有余地不小于 6.40 米,在每条边线外留有余地不小于 3.66 米。在球场安装网柱,两柱中心测量,柱间距 12.80 米,网柱顶端距地面 0.914 米。如果是两片或两片以上相连而建的并行网球场地,相邻场地边线之间的距离不小于 4.0 米。如果是室内网球场,端线 6.40 米以外的上空净高不小于 6.40 米,室内屋顶在球网上空的净高不低于 11.50 米。

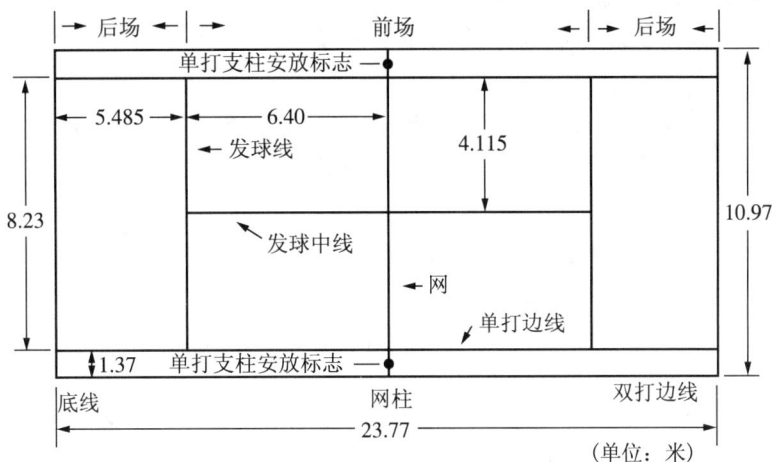

图 11-26

二、基本规则

1. 选择权

比赛开始前由比赛双方用掷硬币的方式来决定选择场区或者选择发球、接发球。获胜一方有权选择也可要求对方选择。如果获胜一方选择了发球或接发球后,应让对方选择场区;如果获胜一方选择场区,则对方可选择发球或接发球。

2. 发球规则

(1)发球。发球员在做发球动作前,双脚应站在端线后、中点和边线的假定延长线之间的区域里。在裁判员宣布发球或报分后,并且对方已经做好接球准备时,发球员方可发球。发球全过程,发球员不能踩线。

发球员应用手将球抛向空中的任何方向,并在球触地前用球拍将球击出。在球拍与球相接触或没击中球的那一时刻,发球动作即被认为已经结束。

(2)发球中的"重发"。发出的球触及球网、中心带或者网带后落在有效发球区内,或发出的球触及球网、中心带后落地前触及接球员或他所穿或所携带的任何物品;无论好坏球发出后,接球员未做好准备时。发球员在重新发球时,引起重发的那次发球不予计算,但是重新发球前的失误不能被取消。

(3)发球程序。第一局结束,接发球员成为发球员,发球员成为接发球员。以后每局结束,均依次交换次序直至比赛结束。如果发球次序发生错误,发现后应立即纠正。发现错误前,双方所得分数都有效。发球前有一次发球失误,则不予以计算。如一局终了才发现错误,则以后的发球次序以该局为准,按规定轮换。

3. 交换场地

- 运动员应该在每一盘中的第一局、第三局以及后面的单数局结束后交换场地。
- 运动员也应在每盘结束后双方所得局数之和为奇数时交换场地。
- 在抢 7 分比赛中,双方分数相加每 6 分更换一次场地。

4. 计分方法

(1)胜一分。遇到下列情况时,判对方胜 1 分。

● 发球员连续两次发球失误或脚误时。

● 接球员在发来的球没有着地前用球拍击球,或球触及自己的身体及所穿戴的衣物时。

● 在球第二次落地前未能还击过网时。

● 还击球触及对方场区界线以外的地面、固定物或其他物件时。

● 还击空中球失败时。

● 在比赛中,击球员故意用球拍拖带或接住球,或故意用球拍触球超过一次时。

● "活球"期间运动员的身体、球拍(不论是否握在手中)或穿戴的其他物件触及球网、网柱、单打支柱、绳或钢丝绳、中心带、网边白布或对方场区以内的场地地面。

● 还击尚未过网的空中球(过网击球)。

● 除握在手中(不论单手或双手)的球拍外,运动员的身体或穿戴的物体触球。

● 抛拍击球时。

● 比赛进行中,运动员故意改变其球拍形状。

● 对方发球或回球时出界(注意:出界的判法为球的第一个落点是否过第二白线)。

(2)胜一局。每胜1球得1分,先胜4分者胜1局。双方各得3分时为"平分",平分后,净胜两分为胜1局。

(3)胜一盘。一方先胜6局为胜1盘。双方各胜5局时,一方净胜两局为胜1盘。

(4)决胜局计分制。在每盘的局数为6平时,有以下两种计分制。

① 长盘制:一方净胜两局为胜1盘。

② 短盘制(抢七):决胜盘除外,除非赛前另有规定,一般应按以下办法执行。

● 先得7分者为胜该局及该盘(若分数为6平时,一方须净胜两分)。

● 首先发球员发第1分球,对方发第2、3分球,然后轮流发两分球,直到比赛结束。

● 第1分球在右区发,第2分球在左区发,第3分球在右区发。

● 每6分球和决胜局结束都要交换场地。

③ 短盘制的计分。

● 第1个球(0:0),发球员A发1分球,1分球之后换发球。

● 第2、3个球(报1:0或0:1,不报15:0或0:15),由B发球,B连发两分球后换发球,先从左区发球。

● 第4、5个球(报3:0或1:2,2:1,不报40:0或15:30,30:15),由A发球,A连发两球后换发球后换发球,先从左区发球。

● 第6、7个球(报3:3或2:4,4:2或1:5,5:1或6:0,0:6),由B发1分球之后交换场地,若比赛未结束,B继续发第7个球。

● 比分打到5:5,6:6,7:7,8:8……时,需连胜两分才能决定谁为胜方。但在记分表上则统一写为7:6。

● 决胜局打完之后,双方队员交换场地。

(5)赛制。实行淘汰赛。男子单打比赛除大满贯赛事采用五盘三胜制以外,均使用三盘两胜制。女子比赛全部采用三盘两胜制。

5.失分

发生下列任何一种情况,均判失分:在球第二次着地前,未能还击过网;还击的球触及对方场区界线外的地面、固定物或其他物件；还击空中球失败；故意用球拍触球超过一次；运动员的身体、球拍，在还击期间触及球网；过网击球；抛拍击球；发球双失误；击球时人的身体触网。

6. 压线球

落在线上的球算界内球。

7. 休息时间

（1）分与分之间，捡到球后直至发出，最大间隔 25 秒。

（2）单数局结束交换场地时可休息 90 秒。

（3）每盘结束可休息 120 秒。

（4）每盘的第一局结束后，交换场时不能休息。

（5）在抢 7 分比赛中，双方分数相加 6 分，更换场地时不能休息。

8. 双打比赛规则

（1）双打发球次序。网球每盘第一局开始时，由发球方决定由何人首先发球，对方则同样地在第二局开始时，决定由何人首先发球，第三局由第一局发球方的另一球员发球。第四局由第二局发球的另一球员发球。以下各局均按此秩序发球。

（2）双打接球次序。先接球的一方，应在第一局开始时，决定何人先接发球，并在这盘单数局，继续先接发球。对方同样应在第二局开始时，决定何人接发球，并在这盘双数局继续先接发球。他们的同伴应在每局中轮流接发球。

（3）双打还击。接发球后，双方应轮流由其中任何一名队员还击。如运动员在其同队队员击球后，再以球拍触球，则判对方得分。

9. 运动员礼仪

（1）尊重是最高准则。"尊重网球场上的一切人与物"，这是打网球者最起码的行为准则，它包括尊重对手、观众、工作人员、服务人员，包括尊重球网、网柱、球拍、球，等等。

（2）球员参加比赛时，在赛前练球热身过程中有义务为对方的练习提供帮助，任何有意妨碍对方练习的做法都是有失风度的。

（3）球场上不要踢球，网球是用拍子打的，不是用脚踢的。

（4）网球场上应该听从裁判的判决。裁判员与球员有时会因界内界外的问题发生分歧，这时候球员应尽量保持情绪上的稳定，如有球印的话可向裁判指出，没有的话则服从裁判，而裁判所要做的是尊重球员的汗水和努力，最大限度认真地裁决每一个球，避免错判、漏判的发生。

（5）如果打出一记幸运球（球擦网后，改变方向和速度，落在对方场内，一般对手接不住），要举拍示意表示承认这是运气所导致的而并非说"Sorry"（也不需要说对不起）。

（6）对方就位后再发球，发球时最好先看一看对方是否已做好了接球的准备，不要连看都不看一眼就把球发出去完事大吉。

【复习思考题】

■ 请说出正、反手击球的动作方法。

■ 简述上手发球的动作要领。

■ 画出网球场地示意图。

第十二章　健美操运动

第一节　健美操运动概述

健美操运动是一项有氧运动。练习者通常在音乐的伴奏下采用徒手或轻器械进行练习。其运动方式随意简单，运动氛围轻松活泼。健美操运动强度适中，不仅能提高练习者的心肺功能，还能塑造人体健美。所以，它是一项为大众喜爱的体育运动。

一、健美操的起源与发展

健美操的起源应追溯到 2000 多年前。古希腊人对人体美的崇尚举世闻名，他们认为在世界万物之中，只有人体的健美才是最匀称、最和谐、最庄重、最有生气和最完美的。古希腊人喜爱采用跑跳、投掷、柔软体操和健美舞蹈等各种体育项目进行人体美的锻炼。他们提出了"体操锻炼身体，音乐陶冶精神"的主张。

古印度很早就流行一种瑜伽术，它把姿势、呼吸和意念紧密结合起来，通过调身（摆正姿势）、调息（调整呼吸）、调心（意守丹田入静），运用意识对肌体进行自我调节、健美身心，以期达到延年益寿。瑜伽健身术动作包括站立、跪、坐、卧、弓步等各种基本姿势。这些姿势与当今流行的健美操所常用的基本姿势是一致的。古代人对健身健美的追求，以及提倡体操与音乐相结合的主张是现代健美操形成与发展的基础。

19 世纪末 20 世纪初，欧洲出现了许多体操流派，他们在理论和实践上的创新对健美操的发展起到了推波助澜的作用。20 世纪 60 年代初，则是健美操的萌芽时期。它最早是由美国太空总署的医生库帕博士为太空人设计的体能训练内容。而 20 世纪 80 年代初，随着遍及全球的健身热和娱乐体育的发展，健美操以其强大的生命力风靡世界。美国是对世界健美操的发展有着重要影响的国家，其代表人——影视明星简·方达根据自己的健身体会和经验，撰写了《简·方达健美术》一书。该书自 1981 年出版后，引起了世界的轰动。她以现身说法，促进了健美操在世界范围内的推广。与此同时，自 1985 年开始，美国正式举办一年一度的健美操锦标赛，并确定了竞赛项目和规则，使健美操发展成为竞技性运动项目。

健美操不仅在美、英、法等国家迅速发展，而且在一些发展中国家和地区也得到不同程度的普及。苏联早已把健美操列入大、中、小学的体育教学大纲。在亚洲地区，日本、菲律宾、新加坡等国家也建有许多健美操活动中心及健身俱乐部，人们都开始将健美操作为自己的主要健身方式，由此形成了世界范围内的"健美操热"。

二、我国健美操的兴起与发展

世界性的健美操热是于 20 世纪 80 年代初传到我国的。当时北京、上海、广州等地相继举办了各种健美操培训班。随后国内各新闻媒体对国外健美操进行了介绍,有力地推动了健美操在我国的广泛开展。

1984 年,原北京体育学院成立了健美操研究组,接着上海体育学院成立了健美操教研室,并率先开设了健美操课程。一些大专院校根据国家教委对高校体育教学的要求,也逐步开设了健美操普修或选修课。我国的健美操运动走进了大、中、小学校。

1992 年中国健美操协会正式成立,同时也成为全国体育总会的团体会员,全国各行各业也先后成立了有关的组织并举办健美操比赛活动。1995 年协会推出健美操运动员等级制度,1996 年在全国范围内统一竞赛规则,每年举办健美操指导员、裁判员培训班和全国健美操锦标赛,并多次派队参加国际竞技健美操比赛。1997 年国家体育总局成立体操运动管理中心,健美操项目归属体操运动管理中心管理,各省市体育局也明确了健美操管理的项目机制。1998 年国家体育总局颁布《健美操活动管理办法》,使我国健美操管理更加规范化。1998 年推出《健美操指导员专业技术等级制度》和《全国健美操大众锻炼标准(试行)办法》,2000 年推出会员制,2004 年推出《第二套健美操大众锻炼标准》,2009年推出《第三套健美操大众锻炼标准》,这些举措极大地推动了我国健美操运动的快速发展。

三、健美操运动的分类

健美操运动主要分健身性健美操和竞技性健美操两大类。

1. 健身性健美操

健身性健美操又分为徒手健美操、轻器械健美操和特殊场地健美操。

(1) 徒手健美操。徒手健美操又可分一般健美操(传统有氧健美操)和不同风格健美操。例如,搏击健美操、拉丁健美操、街舞健美操和瑜伽健身操。

● 传统的有氧健身操。能提高人体的心肺功能和有氧代谢能力(图 12-1)。

● 搏击健美操。搏击健美操是健美操的又一发展,它不是一项竞技运动,而是对搏击或健美操的补充。它可以提高练习者的自信心、肌肉的协调性和必要的技巧与柔韧性(图 12-2)。大多数人(男女老少)都能参加。

图 12-1　　　　　　图 12-2　　　　　　图 12-3

● 拉丁健美操。拉丁健美操是结合了拉丁舞的动作和步伐,并加入有氧健身操的动作,再添加一些手臂的动作组合而成的。拉丁健美操引用了拉丁舞狂热的音乐,使健身者在激情的拉丁音乐中,尽情展示自己美好的身段,在疯狂的扭动和淋漓的汗水中,减去腰腿部多余的脂肪,达到减肥瘦身的效果(图12-3)。

● 街舞健身操。练习形式多以群体练习为主,动作变化丰富,规律性不强,不仅能提高锻炼者的协调能力,而且能调节锻炼者心理(图12-4)。

● 瑜伽健身操。瑜伽健身操有着独特的塑身理论,讲究自然、平衡与协调。它注重身体健康和力量,通过集中意念调整呼吸并做出各种身体姿势来调节身体的平衡和控制能力,达到"健身美体"目的。它是一种最安全、有效的塑身练习(图12-5)。

(2)轻器械健美操。轻器械健美操主要有踏板操、健身球操、橡皮筋操和哑铃操。

● 踏板操。踏板操,即在踏板上随着动感音乐有节奏地上下舞动,练习健美操的动作和步伐。它具有健美操的所有特点,同时,由于大部分动作是在踏板上完成,所以能更有效地增强心肺功能及协调性。因其主要针对的部位是下肢和臀部,具有明显耗能减脂,提臀美腿,改善女性肌肉线条的功效(图12-6)。

图12-4　　　　　　　图12-5　　　　　　　图12-6

● 健身球健美操。健身球操是一新兴、有趣、特殊的体育健身运动:它适合所有人的锻炼(包括需要康复治疗的人);它的健身效果良好(特别对脊柱和骨盆的锻炼);做健身球操有很好的损伤恢复和康复功能(对腰背疾病疗效显著)。健身球锻炼比较安全,不容易出现损伤。做健身球操可以提高和改善人的力量、姿态、柔韧性、平衡感和心肺功能(图12-7)。

● 皮筋健美操。皮筋操是将一条长约2米的宽型松紧带的一头攥在手中,另一头绑在鞋上,手脚跟随着音乐做出优美的动作。皮筋操主要就是利用皮筋的弹力,在动作一张一弛的过程中,使肌肉得到很好的锻炼。作为一项有氧运动,做皮筋操也能够提高人的心肺功能(图12-8)。

图12-7　　　　　　　图12-8　　　　　　　图12-9

● 哑铃健身操。哑铃健身操就是利用小哑铃的重量进行有氧操训练,可以增加有氧运动的强度,能有效消除身体多余脂肪,塑形、美体作用明显(图12-9)。

(3)特殊场地健美操。这里主要介绍动感单车和水中健美操。

● 动感单车。由美国私人教练兼极限运动员 Johnnyg 于 20 世纪 80 年代首创,是一种结合了音乐、视觉效果等独特的充满活力的室内自行车训练。它也是一项能够使全身得到锻炼的有氧运动。在进行动感单车训练时,可根据个人力度来调节车的阻力和转数,并模拟上下坡、原地走的动作,在锻炼中消耗大量脂肪,增强心肺功能(图 12 - 10)。

图 12 - 10

图 12 - 11

● 水中健身操。水中健身操是在水中进行的一种安全、易行的有氧运动。水的浮力作用可大大减轻地面对身体各关节的冲力。站在齐腰深的水中,在音乐的伴奏下结合不同的身体动作和舞蹈步伐来锻炼和放松全身,就好像在水中做游戏一样(图 12 - 11)。

2. 竞技性健美操

竞技健美操是表演者在音乐伴奏下,完成若干连续复杂和高强度的动作,以表现其动感、力量、柔韧、音乐的才能。该项目起源于传统的有氧健身操。成套动作必须展示连续的动作组合与踏步、吸腿跳、弹踢腿跳、后踢腿跑、开合跳、踢腿跳、弓步跳等 7 种基本步伐的使用,并结合难度动作、音乐和表现的完美融合,体现出创造性。

健美操竞赛项目包括男子单人、女子单人、混合双人、三人(男三,女三,混合三人)、混合六人(男三、女三)。比赛按性质分锦标赛和冠军赛两类。在参赛人数、比赛场地和成套动作的时间等方面都有着严格的规定。规则对成套的编排、动作的完成、难度动作的数量等有严格的规定。成套动作的比赛时间为 1 分 40 秒至 1 分 50 秒。比赛场地可选用地板或地毯,单人、混双、三人的比赛场地为 7×7(平方米),集体六人场地为 10×10(平方米)。标记带为 5 厘米宽,是比赛场地的一部分。

比赛着装要求整洁、适宜,不含有任何的透明材料。比赛时,必须穿健美操鞋。

参加竞技性健美操竞赛的目的就是取胜,因此,在健美操动作的设计上要更加多样化,并严格避免重复动作和对称性动作。近年来,运动员为取得好成绩,均在比赛中加大了大量的难度动作,如各种大跳成俯撑,空中转体成俯撑,这样对运动员的体能、技术水平和表现力就提出了更高的要求。运动员必须配合音乐完整地表演成套动作,可以使用一首或多首乐曲混合的音乐,也可使用原作音乐加入特殊音响效果。成套动作必须表现出健美操动作类型(高和低动作的组合)、风格和允许做 12 个难度动作的均衡性,合理利用全部空间、地面以及空中动作。

除了健身健美操外,在我国还有一种表演性健美操,主要练习目的是"表演"。它是事先编排好的,专为表演而设计的成套健美操,时间为 2—5 分钟,参与人数不限,并可在成套中加入队形变化和集体配合的动作。表演者可利用轻器械,如花环、旗子等,还可以采用风格化的舞蹈动作如爵士舞等,以烘托气氛,增加表演效果。

第二节　健美操运动入门与基础

一、健美操的基本步伐

健美操的基本步伐都是以踝关节、膝关节和髋关节的弹动为基本技术的。根据完成形式的不同,所有的步伐可分为三类:无冲击力动作、低冲击力动作和高冲击力动作。国际体操联合会健美操委员会出版的《竞技性健美操规则》中把健美操步伐分为 7 类:踏步、吸腿跳、开合跳、弓步跳、踢腿跳、弹踢腿跳、后踢腿跑。

1. 无冲击力动作

无冲击力动作包括半蹲、弓步、弹动和提踵 4 种动作(图 12 - 12)。

(1)半蹲。两腿同时屈膝和伸直,为半蹲。半蹲时,屈膝不要超过 90°,屈膝时脚尖方向同膝关节方向一致,膝关节不应超过脚尖。半蹲又分为并腿半蹲、迈步半蹲和迈步转体半蹲。

(2)弓步。一腿屈膝,另一腿伸直,为弓步。弓步时身体重心在两腿之间,两脚在一条线上。前腿膝关节弯曲不能超过 90°,其位置也不能超过脚尖。弓步又分为前、后、左、右弓步,移动弓步和跳弓步。

(3)弹动。两腿并腿同时屈膝和伸直,为弹动。弹动时,屈膝不要超过 90°。

(4)提踵。两腿并腿同时脚后跟提起放下。提踵时,通过踝关节发力进行弹动,向下脚后跟不落地,保持弹性。

半蹲　　　　　　　　弓步　　　　　　　弹动　　　　　　　提踵

图 12 - 12

2. 低冲击力动作

低冲击力动作包括踏步类和迈步类动作。

(1)踏步类(图 12 - 13)。

● 踏步。即两腿依次抬起,依次落地。腿在下落时,膝、踝关节要有弹性地缓冲。踏步又分为踏步转体、踏步并腿和分腿。

● 走步。即迈步移动。向前走时,脚跟先落地,过渡到全脚掌;向后走时,则相反。腿在下落时膝、踝关节要有弹性地缓冲。走步又分为向前、向后、转体的(弧线的)走步。

● 漫步。即一脚向前迈出,重心随之前移,另一脚稍抬起,然后落下,重心后移,前脚随之后撤落地,重心移至后脚。漫步时,身体重心随动作前后灵活移动;动作要有弹性。漫步又分为转体的、跳起的"迈步"。

● "一"字步。即向前一步,后脚并前脚,然后向后一步,前脚并后脚。做"一"字步时,前后均要有并腿过程;两膝始终要有弹性地缓冲。"一"字步又分为向前、向后、转体的"一"字步。

● "V"字步。即一脚向斜前方迈一步,另一脚向斜前方迈一步,两脚开立,然后依次退回原位。做"V"字步时,两脚之间的距离略比肩宽,身体重心在两腿之间。"V"字步又分为向前、向后、转体的、跳的"V"字步。

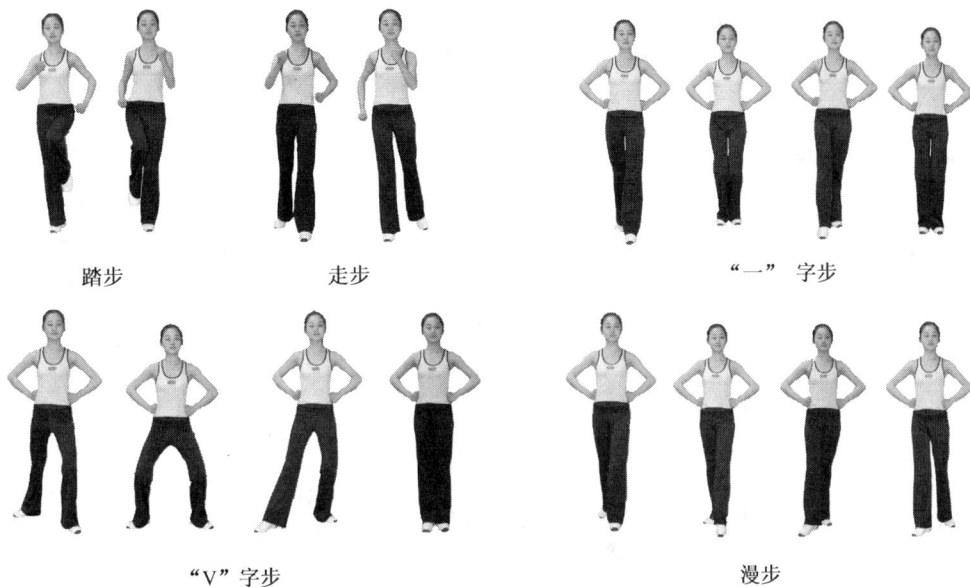

踏步　　　　　走步　　　　　　　　"一"字步

"V"字步　　　　　　　　漫步

图 12 - 13

(2) 迈步类(图 12 - 14)。

● 交叉步。即一脚向侧迈出一步,另一脚在其后交叉,随之第一脚再向侧一步,第二脚并第一脚。做交叉步时,脚落地的同时屈膝缓冲,身体重心随着脚的迈出而移动。交叉步又分为转体的、加小跳的、加后屈的交叉步。

● 点地。即一腿伸出,脚尖或脚跟点地,另一腿稍屈膝站立。做点地时,两腿有弹性地屈伸;点地时,身体重心始终在主力腿上。点地又分为脚尖、脚跟点地,向前、向后、向侧点地。

● 并步。即一脚迈出移重心,另一脚随之在主力腿内侧并腿点地,同时屈膝。做并步时,两膝自然屈伸,并有一定的弹性,身体重心随之移动。并步又分为向左、向右、向前、向后、转体并步。

● 后屈腿。即一脚站立,另一腿后屈,然后还原。做后屈腿时,主力腿保持有弹性地屈伸,后屈腿的脚后跟向着臀部。后屈腿又分为原地、迈步、移动、转体后屈腿。

● 踢腿。即一腿站立,另一腿加速上摆。做踢腿时,主力腿轻微屈膝缓冲,脚后跟不要离地,上体尽量保持直立。踢腿又分为原地踢腿、移动踢腿、跳起踢腿、向前踢腿、向侧踢腿。

● 吸腿。即一腿屈膝上抬,另一腿微屈缓冲。做吸腿时,大腿上提,小腿自然下垂,后背挺直,保持主力腿屈膝缓冲。吸腿又分为原地、迈步、移动、转体吸腿。

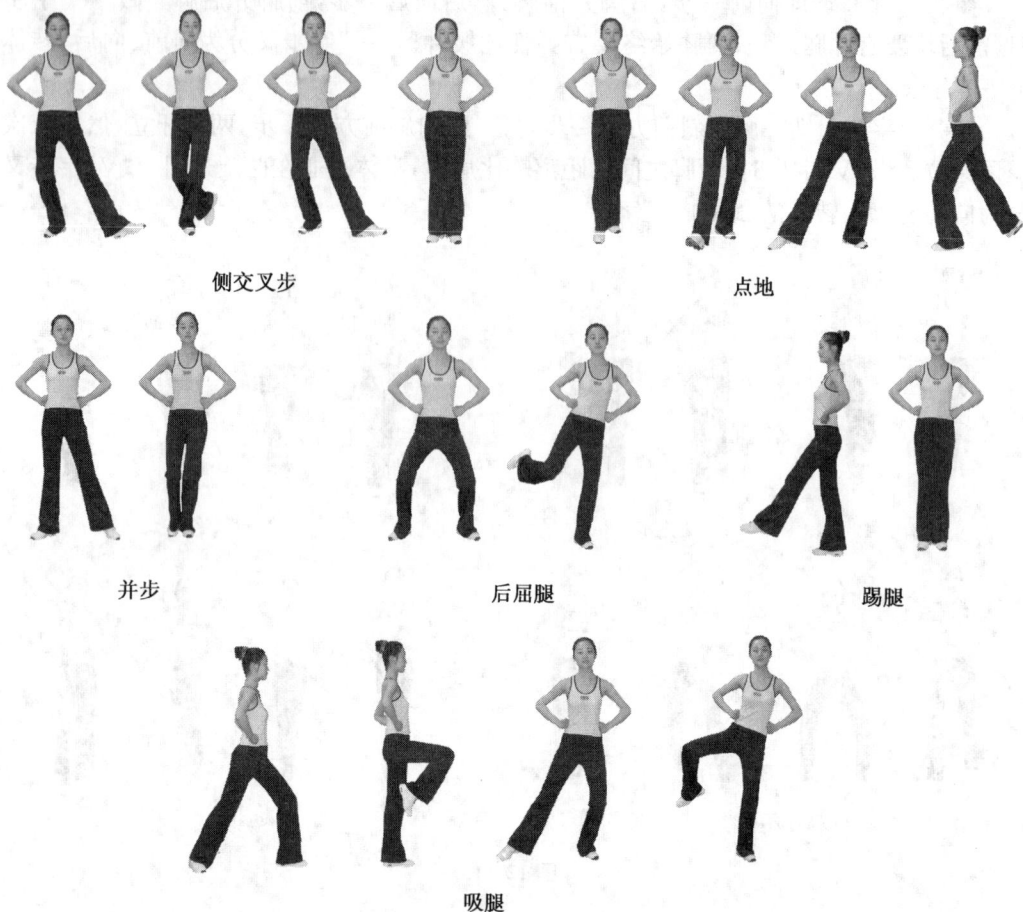

侧交叉步　　　　　　　　　　　　点地

并步　　　　　　　　　后屈腿　　　　　　　踢腿

吸腿

图 12 - 14

3. 高冲击力动作

高冲击力动作包括后踢腿跑、开合跳、弹踢腿跳和点地跳 4 种动作(图 12 - 15)。

(1) 后踢腿跑。即两腿依次腾空后,一腿落地缓冲,另一腿后屈或抬膝,两臂前后自然摆动。脚落地时,落地腿要屈膝缓冲,脚后跟要着地。后踢腿跑还可变化为原地跑、向前后跑、弧线跑、转体跑。

(2) 开合跳。即由并腿跳成左右分腿落地,然后再分腿跳起并腿落地。分腿时,两脚自然外开,膝关节同脚尖方向一致,落地时,屈膝缓冲。开合跳还可变化为原地开合跳、转体开合跳。

(3) 弹踢腿跳。即一脚跳起,另一腿经屈膝伸直。弹踢腿跳时,无双腿落地的过程。弹踢腿不用很高,但要有控制。弹踢腿跳还可变化为原地、移动、转体弹踢腿跳,向前、向后、向侧弹踢腿。

(4) 点跳。即一脚小跳一次,垫步一次,另一腿随之并于主力腿,并点跳一次。点跳时,两脚轻快蹬落地,身体重心随之平稳移动。点跳还可变化为原地、左右、前后、转体点跳。

后踢腿跑

开合跳

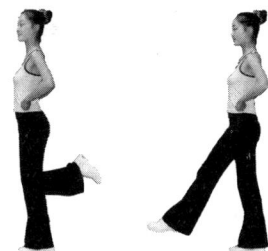

弹踢腿跳

点跳

图 12 - 15

二、上肢基本动作

（1）举。臂伸直向某方向抬起（图 12 - 16）。

图 12 - 16

（2）臂屈伸。上臂固定，肘屈伸。臂屈时肱二头肌收缩，臂伸时肱三头肌收缩（图 12 - 17）。

图 12 - 17

图 12 - 18

（3）屈臂摆动。屈肘在体侧自然地摆动。可依次和同时进行（图12-18）。

（4）屈臂提拉。臂由下举至胸前平屈（图12-19）。

（5）胸前推。立掌，臂由肩部向前推（图12-20）。

（6）肩上推。立掌，屈臂由肩部向上推（图12-21）。

（7）冲拳。屈臂握拳，由腰间或肩部冲至某位置（图12-22）。

图12-19　　　　　　　图12-20　　　　　　　图12-21

图12-22

三、健美操基本手型

健美操中的手型有多种，是从芭蕾舞、现代舞、迪斯科、武术中吸收和发展的。手型是手臂的延伸和表现，运用得好，会使健美操动作更加丰富多彩、生动活泼，更具有感染力（图12-23）。

（1）并拢式。五指伸直，相互并拢。大拇指微屈，指关节贴于食指旁。

（2）分开式。五指用力伸直，充分张开。

（3）拳式。握拳，拇指在外，指关节弯曲，紧贴于食指和中指。

（4）立掌式。五指伸直，手掌用力上翘。

（5）西班牙式。五指用力，小指、无名指、中指、食指关节依次屈，拇指稍内扣。

（6）花式。在分开式基础上，小指向掌心回弯到最大限度，无名指随小指回弯。

图12-23

第三节　全国健美操大众锻炼标准(第三套)

一、健美操大众锻炼标准二级规定动作

组合一

节拍		下肢动作	上肢动作
预备姿势		站立	
一	1—4	右脚十字步	1右臂侧举,2左臂侧举3双臂上举,4双臂下举
	5—8	向后走4步	屈臂自然摆动,7—8同5—6动作
二	1—8	动作同第一个八拍,但向前走4步	

节拍		下肢动作	上肢动作
三	1—6	右脚开始6拍漫步	1—2右手前举,3双手叉腰,4—5左手前举
	7—8	右脚向后1/2后漫步	双臂侧后下举

节拍		下肢动作	上肢动作
四	1—2	右脚向右并步跳	屈左臂自然摆动
	3—8	左脚向右前方做前、侧、后6拍漫步	3—4前平举弹动2次,5—6侧平举,7—8后斜下举

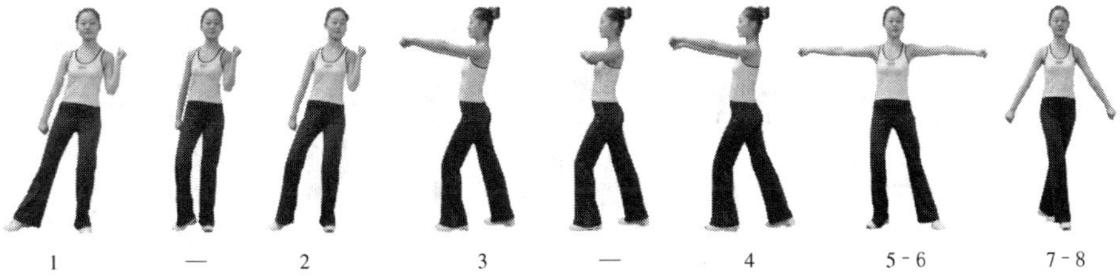

第五至八个八拍,动作相同,但方向相反

组合二

动作							
		1-2	3-4	5	6	7	8

节拍		下肢动作	上肢动作
一	1—2	右脚向右侧滑步	右臂侧上举,左臂侧平举
	3—4	1/2后漫步	双臂屈臂后摆
	5—6	左脚向左前方做并步	击掌3次
	7—8	右脚向右后方做并步	双手叉腰

动作						
	1	2	3	4	5-6	7-8

节拍		下肢动作	上肢动作
二	1—2	左脚向左后方做并步	击掌3次
	3—4	右脚向右前方做并步	双手叉腰
	5—6	左脚向左侧滑步	左臂侧上举,右臂侧平举
	7—8	1/2后漫步	双臂屈臂后摆

动作								
	1	2	3	4	5	6	7	8

节拍		下肢动作	上肢动作
三	1—4	右转90°,右脚上步吸腿2次	双臂向前冲拳,向后下冲拳2次
	5—8	左脚V字步左转90°	双臂由右向左水平摆动

续 表

动作	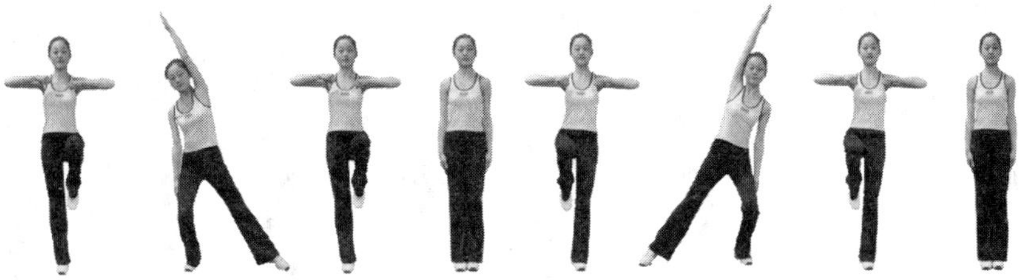 1 2 3 4 5 6 7 8		
节拍		下肢动作	上肢动作
四	1—4	左腿吸腿(侧点地)2 次	1 双臂胸前平屈,2 左臂上举,3 同 1 动作,4 还原
	5—8	5—8 同 1—4 动作,但方向相反	
第五至八个八拍,动作相同,但方向相反			

组合三

动作	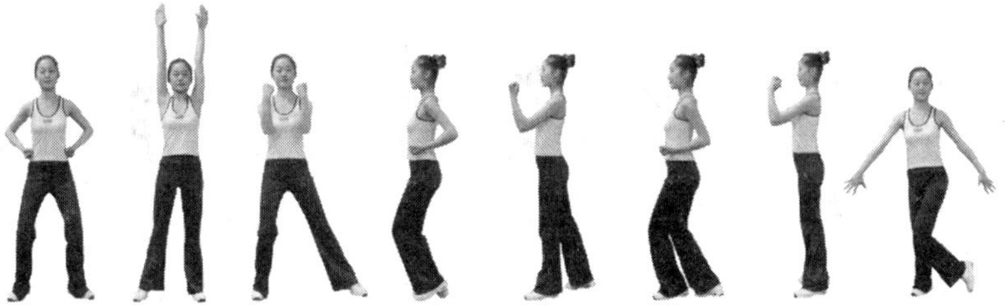 1 2 3 4 5 6 7 8		
节拍		下肢动作	上肢动作
一	1—4	右脚侧并步跳,4 拍时右转 90°	双臂上举、下拉
	5—8	左脚侧交叉步	双臂屈臂前后摆动,8 拍时,上体向左扭转 90°,朝正前方,双臂侧下举
动作	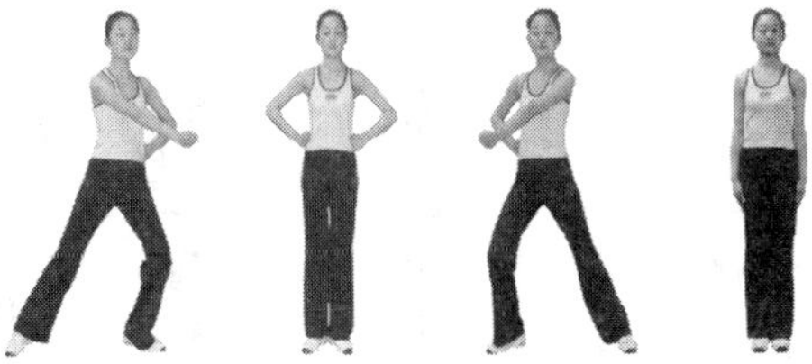 5 6 7 8 图 1—4 同(一)1—4 拍动作,但方向相反		
节拍		下肢动作	上肢动作
二	1—4	向右侧并步跳,4 拍时左转 90°	双臂上举、下拉
	5—8	左脚开始侧并步 2 次	5—6 右臂前下举,7—8 左臂前下举

动作	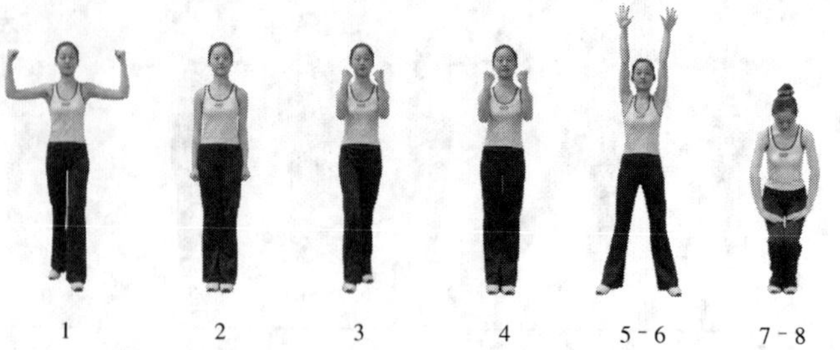

节拍		下肢动作	上肢动作
三	1—4	左脚向前一字步	1 双臂肩上屈,2 双臂下举,3—4 双臂肩前屈
	5—8	左、右依次分并腿	5—6 双臂上举掌心朝前,7—8 双手放膝上

动作	

节拍		下肢动作	上肢动作
四	1—4	左脚向后一字步	1—2 手侧下举,3—4 胸前交叉
	5—8	左、右依次分并腿 2 次	双臂经胸前交叉侧上举 1 次,侧下举 1 次

第五至八个八拍,动作相同,但方向相反

组合四

动作	

节拍		下肢动作	上肢动作
一	1—8	右脚开始小马跳 4 次,向侧向前成梯形	1—2 右臂体侧向内绕环,3—4 换左臂,5—8 同 1—4 动作

续 表

动作		

节拍		下肢动作	上肢动作
二	1—4	右脚开始弧形跑 4 步,右转 270°	屈臂自然摆动
	5—8	开合跳 1 次	5—6 双手放腿上,7 击掌,8 放于体侧

动作 		

节拍		下肢动作	上肢动作
三	1—4	右脚向右前上步后屈腿	1 双臂胸前交叉,2 右臂侧举,3 同 1 动作
	5—8	右转 90°,左脚向前上步后屈腿	动作同 1—4,但方向相反

动作 		

节拍		下肢动作	上肢动作
四	1—4	右、左侧点地各一次	1 右手左前下举,2 双手叉腰,3—4 动作相同,但方向相反
	5—8	右脚上步向前转脚跟,还原	5 双臂胸前平屈,6 前推,7 同 5 动作,8 放于体侧

第五至八个八拍,动作相同,但方向相反

二、健美操大众锻炼标准三级规定动作

组合一

节拍		下肢动作	上肢动作
预备姿势		站立	
一	1—4	右脚开始向侧迈步后屈腿 2 次,2 时右转 90°	1—2 右臂摆至侧上举,左臂摆至胸前平屈,3—4 同 1—2,但方向相反
	5—8	向右迈步后屈腿 2 次,6 时右转 180°	双手叉腰

节拍		下肢动作	上肢动作
二	1—2	1 / 2V 字步	1 右臂侧上举,2 左臂侧上举
	3—8	6 拍漫步,8 右转 90°	随脚的动作自然前后摆动

节拍		下肢动作	上肢动作
三	1—8	右脚开始交叉步 2 次,左转 90°呈 L 型	1 双臂前举,2 胸前平屈,3 同 1,4 击掌,5—8 同 1—4

续　表

动作		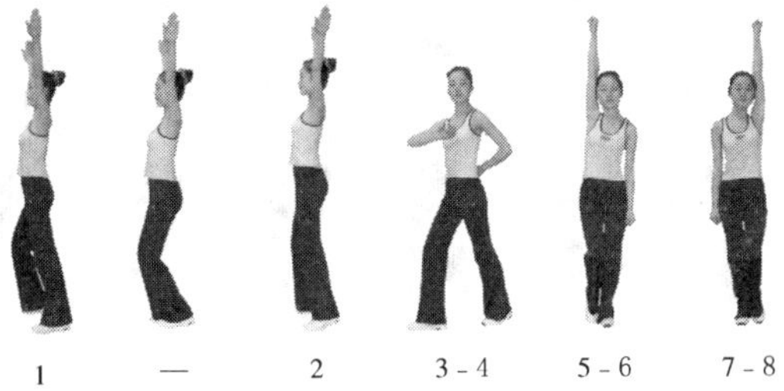	
节拍		下肢动作	上肢动作
四	1—4	右脚侧并步跳，1/2 后漫步	1—2 双臂侧上举，3—4 右臂摆至体侧后，左臂摆至体前
	5—8	左转 90°左脚开始小马跳 2 次	5—6 右臂上举，7—8 左臂上举
第五至八个八拍，动作相同，但方向相反			

组合二

动作		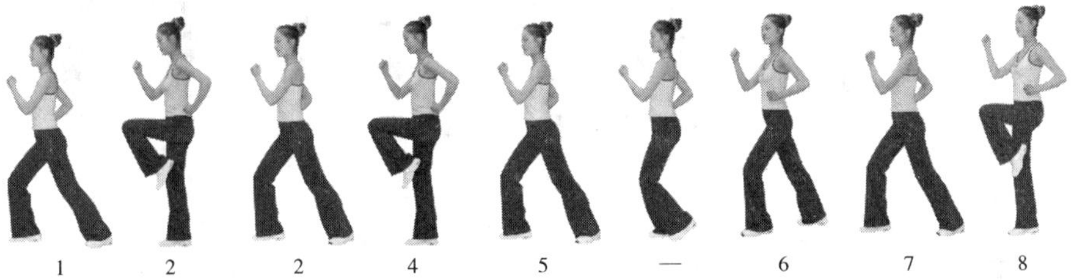	
节拍		下肢动作	上肢动作
一	1—4	右脚向右前上步吸腿 2 次	双臂自然摆动
	5—6	左脚向后交换步	双臂随下肢动作自然摆动
	7—8	右脚上步吸腿	双臂自然摆动
动作		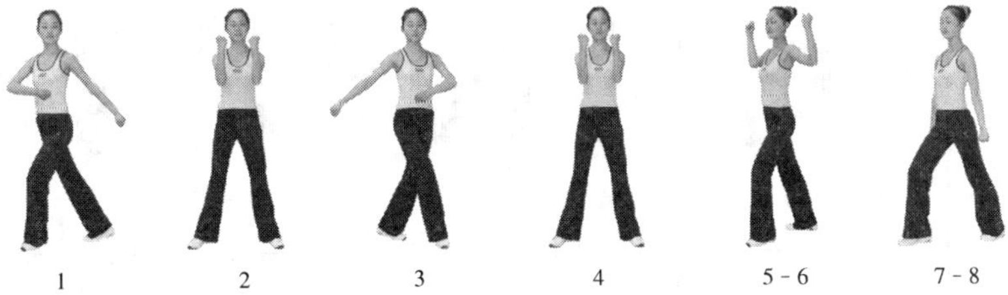	
节拍		下肢动作	上肢动作
二	1—4	左脚开始向右侧交叉步	双臂随步伐向反方向臂屈伸
	5—8	右转 45°，左脚做漫步	5—6 双臂肩侧屈外展，7—8 经体前交叉摆至侧下举

1　2　3　4　5　—　6　7　—　8

节拍		下肢动作	上肢动作
三	1—4	左脚开始十字步,同时左转 90°	双臂自然摆动
	5—8	左脚开始向侧并步跳 2 次	双臂自然摆动

1　2　3　4　5　6　7　8

节拍		下肢动作	上肢动作
四	1—8	左脚漫步 2 次,右转 90°	1—2 双臂向前冲拳,3—4 双臂向下冲拳,5—8 同 1—4

第五至八个八拍,动作相同,但方向相反

组合三

—　1　2　3　4　5　6　7　8

节拍		下肢动作	上肢动作
一	1—6	右脚开始做侧点地 3 次	1—2 右臂向下臂屈伸,3—4 左臂向下臂屈伸,5—6 同 1—2 动作
	7—8	左脚开始向前走 2 步	击掌 2 次

续　表

动作	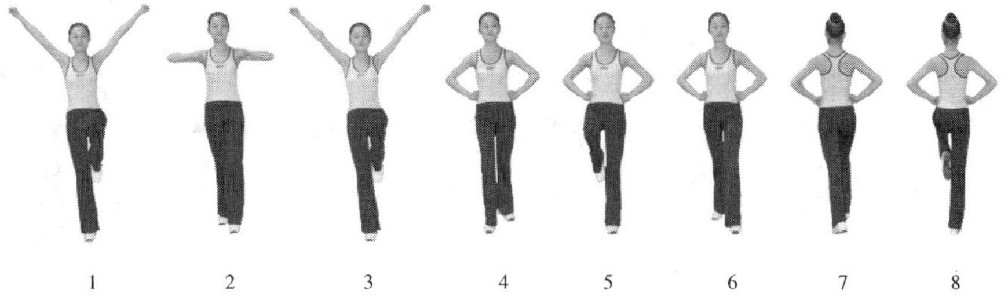		
节拍		下肢动作	上肢动作
二	1—4	左脚开始吸腿跳 2 次	1 侧上举，2 双臂胸前平屈，3 同 1，4 叉腰
	5—8	吸右腿跳，向后落地，转体 180°，吸左腿	双手叉腰
动作	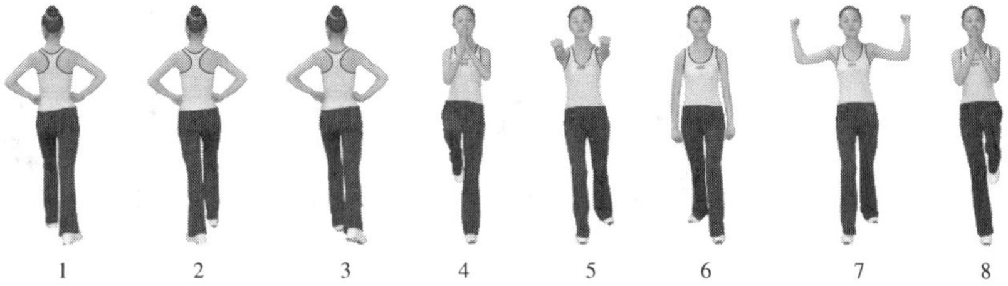		
节拍		下肢动作	上肢动作
三	1—4	左脚开始向前走 3 步吸腿跳，同时左转体 180°	1—3 叉腰，4 击掌
	5—8	右脚开始向前走 3 步吸腿	5—6 手臂同时经前向下摆，7—8 经肩侧屈外展至体前击掌
动作	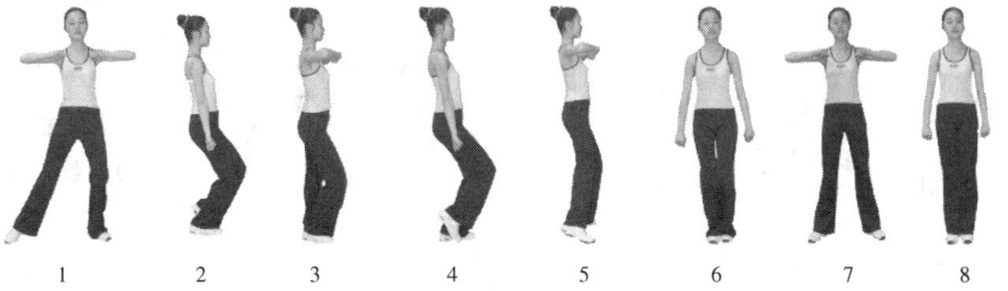		
节拍		下肢动作	上肢动作
四	1—8	左脚开始侧并步 4 次，呈 L 型	双臂做屈臂提拉 4 次
第五至八个八拍，动作相同，但方向相反			

组合四

节拍		下肢动作	上肢动作
一	1—4	右腿上步吸腿	双臂做向前冲拳、后拉 2 次
	5—8	左脚向前走 3 步吸腿	手臂同时经前向下摆,8 击掌

节拍		下肢动作	上肢动作
二	1—4	1 右脚向侧迈步,2—3 向右前 1/2 漫步,4 左脚向侧迈步	1 侧上举,2—3 随脚的动作自然摆动,4 同 1 动作
	5—8	右脚向左前方做漫步	双臂自然摆动

节拍		下肢动作	上肢动作
三	1—6	右脚开始上步吸腿 3 次	1 肩侧屈外展,2 击掌,3—6 同 1—2 动作
	7—8	左脚向前 1/2 漫步	双臂自然摆动

续　表

动作	
	 1　　　2　　　3　　　4　　　5　　　6　　　7　　　8

节拍		下肢动作	上肢动作
四	1—8	左转 90°向左转做侧交叉步,转体 180°接交叉步	1—4 双臂做外展、内收、外展、击掌,5—8 同 1—4 动作
第五至八个八拍,动作相同,但方向相反			

【复习思考题】

■ 根据人体运动时对地面产生的冲击力,健美操步伐分为哪几种?

■ 结合课堂学习,谈谈健美操锻炼价值及自己的体验。

第十三章　瑜伽**运动**

第一节　瑜伽运动概述

一、瑜伽运动的起源与发展

瑜伽,梵文为 YOGA,指一种被称为"轭"的工具,用于驾驭牛马。由此延伸出瑜伽的涵义是连接、控制、稳定、和谐、统一、平衡等。瑜伽是一个通过提升意识,帮助人类充分发挥身体潜能的运动体系,是一种以达到身体、心灵与精神和谐统一为目标的运动方式。

瑜伽起源于公元前 5000 多年的印度河文明,是东方最古老的强身术之一。考古学家及现代瑜伽研究者认为,当时在喜马拉雅山的一侧,有一座高达 8000 米的圣母山,那里有许多隐修者,他们通过静坐苦修,很多人修炼成圣人。于是有一部分人开始羡慕并追随他们,这些圣人就以口诀的方式将修炼秘法传授给追随者,这就是最初的瑜伽行者。初期的瑜伽行者都是苦修者,常年在冰雪覆盖的喜马拉雅山脚下向大自然挑战。要想长寿而健康地活下去,就必须面对"疾病"、"死亡"、"肉体"、"灵魂"及人与宇宙的关系,他们仔细观察动物,看它们如何适应自然的生活,如何实施有效的呼吸、摄取食物、排泄、休息、睡眠以及如何克服疾病,根据这些观察,结合人类的身体结构、各个系统的特点,瑜伽体位法便产生了。与此同时,他们还解析精神如何左右健康,探索控制心理的手段,追求使身体、心灵和自然和谐统一的方法,从而进一步开发人体潜能、智慧和灵性,这便产生了瑜伽静坐冥想法。开始时,瑜伽行者局限于在喜马拉雅山洞穴和茂密森林中心地带修持,后扩展到寺院、乡间小舍。瑜伽便逐步在印度普通人中间流传开来。

现代学者将瑜伽的发展分为四个时期:

1. 前古典时期

从公元前 5000 年开始,直到《犁俱吠陀》的出现为止,约有 3000 多年,这是瑜伽原始发展且缺少文字记载的时期。瑜伽由一个原始的哲学思想逐渐发展成为修行的法门,其中的静坐、冥想及苦行,是瑜伽修行的中心。

2. 古典时期

由公元前 1500 年《吠陀经》出现,将瑜伽开始有系统的记载下来,到了《奥义书》更精确地记载了瑜伽。而《薄伽梵歌》的出现,已完成了瑜伽行法与吠檀多哲学的合一,使瑜伽这一民间的灵修实践变为正统,由强调行法到行为、信仰、知识三者并行不悖。大约在公元前 300 年时,印度圣哲派坦佳里(pantanjali)创作了《瑜伽经》,阐述古典瑜伽的理论。全书共 195 章节,将瑜伽定义为:Yama 制戒;Niyama 遵行;Asana 体位;Pranayama 呼吸控制;Pratyahara 制感;Dharana 专注;Dhyana 冥想;Samadhi 三摩地 8 个分支,意在传播瑜伽的智慧精髓。古典瑜伽的特征之一便是在修习瑜伽功的同时研读圣书。而瑜伽经最具颠覆性的特征便是其哲学二元论,即物质必须与精神分离,才可得到精神的至善境界。这与前古典瑜伽或韦达瑜伽大相径庭,后者强调物质与精神的合二为一。

3. 后古典时期

《瑜伽经》问世以后,为后古典时期,主要包括《瑜伽奥义书》、密教和诃陀瑜伽。《瑜伽奥义书》有 21 部,在这些书中,认为纯粹认知、推理甚至冥想都不是达到解脱的唯一方法,它们都有必要通过苦行的修炼技术所导致的生理转化和精神体会,才能达到梵我合一的境地。因此,产生了节食、禁欲、体位法、七轮等修炼方法,加上咒语、手印、身印、尚师之结合,是后古典时期瑜伽的精华。后古典瑜伽时代催生了丰富的瑜伽文学创作与各异的修习分支,其中包括瑜伽气功与密教瑜伽哲学经典以及如雨后春笋般建立的瑜伽专门学校。后古典瑜伽不再渴求从现实中解脱,而是强调捕捉现在的时刻,接受现实。

4. 现代瑜伽

在印度民族资本主义兴起时期,瑜伽思想成为反殖民、反封建斗争的思想武器,同时传统瑜伽思想也在新的时代吸收新思想、新文化,得到了新的发展。19 世纪的"克须那摩却那"是现代瑜伽之父,其后的"爱恩加"和"第斯克佳"是圣王瑜伽的领导者。另外,印度锡克族的"拙火瑜伽"和"湿婆阿兰达瑜伽"也是两个重要的瑜伽派别,一个练气一个练心。

二、瑜伽运动的流派

瑜伽相对而言可分为智瑜伽、业瑜伽、信仰瑜伽、哈他瑜伽、王瑜伽、昆达里尼瑜伽 6 大类。

1. 智瑜伽

智瑜伽提倡培养知识理念,从无知中解脱出来,达到神圣知识,以期待与梵合一。智瑜伽认为,知识有低等和高等之别。寻常人所说的知识仅仅局限于生命和物质的外在表现,这种低等知识可以通过直接或间接的途径获得。智瑜伽所寻求的知识,则要求瑜伽者转眼内向,透过一切外在事物的本质,去体验和理解创造万物之神——梵。通过朗读古老的、被认为是天启的经典,理解书中那些真正的奥义,获得神圣的真谛。瑜伽师凭借瑜伽实践提升生命之气,打开头顶的梵穴轮,让梵进入身体,获得无上智慧。

2. 业瑜伽

业瑜伽属于动作瑜伽,为性格外向活泼的人所修行。它通过教习忘我的行动来净化心灵,让人忘记得失。通过将自己与行为结果的分离并将结果呈贡给神,人才能逐渐得到自我的升华。业瑜伽认为,行为是生命的第一表现,比如衣食、起居、言谈、举止等等。业瑜伽倡导将精力集中于内心世界,通过精神活动,引导更加完善的行为。瑜伽师通常采取极度克制的苦行,力为善行,执着律己,静心寡欲。他们认为人最好的朋友和最坏的敌人都是他本身,这全由他自己的行为决定。只有完全的奉献,才能使自己的精神、情操、行为达到高尚境界。

3. 信仰瑜伽

信仰瑜伽专注于杜绝愚昧杂念,启发对梵的敬仰之心,以期与梵同在。信仰瑜伽认为智、业、信仰是相互联系的。知识是生活的基础,行为是生活的表现。一个人如果没有知识,会陷入极大的盲目性,行为也失去了依托。但无论是知识还是行为,都应该受到信仰之心的指导,否则知识便成了粗朴无用的知识,行为便成了低劣愚昧的行为。信仰瑜伽师奉行"以仁爱之心爱人,以虔诚之心敬神",出没于山林或身居闹市,终身目的是纯洁自己的灵魂,杜绝杂念,把精神寄寓于梵中。

4. 哈他瑜伽

"哈他"意为日月。哈他瑜伽认为,人体包括两个体系,一为精神体系,一为肌体体系。人的平常思想活动大部分是无序骚乱的,是能力的浪费,比如疲劳、兴奋、哀伤、激动,人体只有一小部分用于维持生命。在通常情况下,如果这种失调现象不太严重,通过休息便可自然恢复平衡,但是,如果不能主动地自我克制和调节,这种失调会日益加剧,导致精神和肌体上的疾病。体位法可以打破原有的骚乱,消除肌体不安定的因素,停止恶性循环的运动;通过调息来清除体内神经系统的滞障,控制身体的能量并加以利用。

5. 王瑜伽

如果说哈他瑜伽是打开瑜伽之门的钥匙,那么王瑜伽就是通往精神世界的必由之路。哈他瑜伽重在体式和制气,王瑜伽偏于意念和调息,通常使用莲花坐等一些体位法进行冥想,摒弃了大多数严格的体位法。王瑜伽积极提倡瑜伽的八支分法,即制戒、遵行、体位、呼吸控制、制感、专注、冥想、三摩地。王瑜伽冥想方法很多,但体位姿势大都采用莲花坐,练习冥想时通过意念来感受实体的运动,控制气脉在体内流通,产生不同的神通力。

一点凝视法是瑜伽者喜爱的一种冥想练习,这通常是在环境幽静的地方,或在山林湖海边将注意力集中在某一固定的实体中,比如克里希那神像或是蜡烛、树叶、野花,或是瀑布、流水等等,使自己的精神完全沉浸在无限深邃的寂静中。

6. 昆达利尼瑜伽

又称为蛇王瑜伽。昆达利尼认为人体周身存在 72,000 条气脉,七大梵穴轮,一根主通道和一条尚未唤醒而处在休眠状态的圣蛇。通过打通气脉,使生命之气唤醒那条蛇,使它穿过所有的梵穴轮而到达体外,一旦昆达利尼蛇冲出头顶的梵穴轮,即可获得出神入化的三摩地。现在练习昆达利尼瑜伽的人相当少,因为昆达利尼对人的要求很高,经常练习数十年之久的瑜伽者并没有获得任何神通力或是三摩地境界。昆达利尼瑜伽是瑜伽中较为难练习的方法,只有持之以恒方可获得力量。

三、瑜伽体位法练习注意事项

(1)保持空腹练习。饭后 1—2 小时才能练习,练习之后也不要立即进食。瑜伽练习的热身运动非常重要,以避免造成运动伤害。

(2)认清目标,持之以恒。只有持之以恒地练习才能收到预期的成效。练习时间不在长而在于专注,每日进行一次,即使时间较短,也比每周只练习一次有效得多。

（3）不要勉强，不可急躁。习修任何姿势都应该按部就班，顺其自然。特别是初学者，千万不要贪图快一点进步，贸然勉强达成某一项姿势，反而会适得其反，容易造成伤害。

（4）坚定信心，不可灰心。练习瑜伽切勿与人比较或较劲，只要自己感觉好，今天比昨天有进步就是成功。刚开始进行练习，身体的柔软度绝对不如自己想象的好，给自己多一点适应时间，不要轻易灰心。

（5）一旦不舒服，立即停止练习。在练习中，一旦感觉不舒服，就应立即停止，并静躺几分钟。静躺时，全身放松，眼睛闭合，双脚张开成大字型，手心向上，配合缓慢的腹式呼吸，直到感觉恢复正常再继续练习，或是经瑜伽老师的指导再恢复练习。

（6）练习场地不宜太硬或太软。由于瑜伽练习涉及许多柔软动作，难免有挤压肢体、肌肉的状况，所以应避免在坚硬的地板或太软的弹簧床上练习，否则会造成擦伤或因失去重心而受伤。

（7）不宜穿着太紧身的服饰练习。要穿着较为宽松舒适、适合运动的衣服，如休闲服、运动服或韵律服等。练习时，根据室内或户外条件而定，可以不穿鞋，避免穿戴紧绷、约束的饰物，如腰带、皮带、手表、项链及耳环等。

（8）视个人身体状况练习。一般而言，只要自己感觉身体、心理状况良好，瑜伽练习并无任何限制。高血压、癫痫、心脏病者，避免做"倒立式"练习。

（9）避免感冒。如果练完体位法后必须到室外，同时体温又尚未降到正常温度，或是室温与室外温度有差异，那么最好加件衣服再出去。在室内深吸一口气，出去后再将它吐出，这样就可避免感冒。

四、瑜伽体位法练习的功效

（1）预防慢性病。和肌肉及骨骼一样，人体的脏器也会产生疲倦之感。借助瑜伽各种体位法的练习，可使腺体分泌平衡，强化神经系统功能，远离慢性疾病。

（2）消除紧张和疲劳。通过有意识地呼吸，排除体内的废气、虚火，可消除紧张和疲劳。

（3）按摩内脏。配合腹式呼吸法练习，可提升内脏功能，促进并调和循环、消化及内分泌系统机能。

（4）保持青春。能使人的心情常处于一种喜悦状态，将对生命向上的活力原原本本地输入体内，使人常葆青春。

（5）减肥。能让不正常的食欲得以恢复，并能增强控制暴饮暴食的意志力，从根本上改造人的体质，达到减肥的功效。

（6）训练注意力。持之以恒地练习瑜伽，能使人把注意力集中在一件事上，使身体按照内心的意志去行事。

（7）缓解忧愁和抑郁。当身心放松、专注于伸展肢体时，能释放人体的负面情绪，让人逐渐达到"身松心静"的状态。

第二节　瑜伽运动基础动作

一、瑜伽运动三种呼吸法

瑜伽倡导的呼吸是动用整个肺进行呼吸,通过肺吸入充足的宇宙能量供给身体,促进心脏血液循环并且通过血流将能量送至身体的各部位。它温和地按摩胸部、腹部内的器官,增强其功能,使身体和心灵得到充分的放松,对身心健康有明显的裨益。正确的瑜伽练习必须先从呼吸的练习开始,而不是先从体位法开始。瑜伽呼吸主要有以下几种方法:

1. 胸式呼吸法

慢慢吸气时,把气体吸入胸部区域,胸骨、肋骨向外扩张,腹部保持平坦。当你吸气量加深时,腹部应向内收紧。呼气时,缓慢地把肺内浊气排出体外,肋骨和胸部回复原位。

练习方法:将手轻轻放在肋骨处,吸气时感受肋骨向外扩张并向上提升,但不要让腹部扩张,腹部应保持平坦。呼气时感受肋骨向内收并向下沉(图13-1)。

图13-1　　　　　　图13-2　　　　　　图13-3

2. 腹式呼吸法

吸气时,用鼻子把新鲜空气缓慢深长地吸入肺的底部,随着吸气量的加深,胸部和腹部之间的横膈膜就向下降,腹内脏器官下移,小腹会像气球一样慢慢鼓起。呼气时,腹部向内、朝脊椎方向收紧,横膈膜自然而然地升起,把肺内的浊气完全排出体外,内脏器官回复原位。

练习方法:将手轻轻放在腹部,吸气时感受腹部慢慢鼓起,呼气时腹部慢慢收回(图13-2)。

3. 完全呼吸法

是把胸式呼吸和腹式呼吸结合在一起完成的正确自然的呼吸。轻轻吸气时,首先把空气吸入到肺的底部,腹部区域起胀,然后是空气充满肺的中部、上部,这时,就是从腹式呼吸过渡到胸式呼吸。当你已经吸入到双肺的最大容量时,这时你会感觉腹壁和肋骨下部向外推出,胸部只有些微移动。呼气,按相反的顺序,首先放松胸部,然后放松腹部,尽量把气吐尽,然后有意使腹肌向内收紧,并温和地收缩肺部。整个呼吸是非常顺畅的动作,就像一个波浪轻轻从腹部波及胸膛中部再波及胸膛上半部,然后减弱消失。

练习方法:将右手放在肋骨上,左手放在腹部上,吸气时感受胸廓及腹部慢慢鼓起充满气体,呼气时腹部和胸廓也逐渐收缩(图 13-3)。

二、瑜伽运动六种坐姿

瑜伽坐姿是练习调息和冥想前非常重要的预备功。由于冥想时必须让脊柱挺得笔直,而且当冥想者的意识集中于固定一点时,不得因任何动作而受到干扰,因而两腿的位置不应该频频移动。此外,练习冥想功往往持续时间较长,这要求身躯及头部需要长时间地保持平稳。因此,各种瑜伽坐姿应运而生。这里我们介绍较为常见的 6 种瑜伽坐姿,即简易坐、吉祥坐、半莲花坐、雷电坐、至善坐、莲花坐。

1. 简易坐

简易坐是一种舒适安逸的坐姿。此坐姿可以根据自己的需要来调整,比如可以两腿盘坐在垫子上,但如果膝部有疾病,可以单腿或双腿向前伸直。

练习方法:坐在地上,双膝弯曲,双腿交叉,闭上眼睛或目视前方,双肩放松,下巴稍往内收,腰背挺直,两手放在膝盖上(图 13-4)。

注意事项:在坐的过程中,头、颈和躯干应保持在一条直线上。如果感觉身体后倾或驼背,可在臀部放一个垫子,使臀部和膝关节保持在一条水平线上。

练习效果:这个坐姿有利于股、踝等关节部位的健康,增强神经系统的功能。

图 13-4　　　　　　　图 13-5　　　　　　　图 13-6

2. 吉祥坐

吉祥坐又因为该坐姿是佛禅定时常用之坐势,故亦名"禅定坐"。

练习方法:坐于地面,两腿向前伸直;弯曲左小腿,左脚底顶住右大腿;弯曲右小腿,把右脚放在左大腿和左小腿腿肚之间;两脚的脚趾应该楔入另一腿的大腿和小腿腿肚之间;两手放于两腿之间的空位处或放在两膝之上,头、颈和躯干保持在一条直线上。这个姿势除了会阴不被顶住之外,其他各方面完全和至善坐一样(图 13-5)。

注意事项:腰背挺直,目视前方,臀部紧贴在垫子上。

练习效果:吉祥坐的效果和至善坐大致相同,但不能引导性冲力向上,在镇定安神方面的作用稍逊于至善坐。

3. 半莲花坐

练习方法:坐在地上,左小腿弯曲,并使左脚脚底顶住右大腿内侧;右膝弯曲,将右脚放在左大腿跟处,脚心向上;腰背挺直,下颌收起,目视前方。尽量使双膝贴放在地面上,肩背正直,下颌内收(图 13-6)。

注意事项:脊背挺直,下颌内收;头、颈和躯干保持在一条直线上。双腿可交换放置,臀部必须紧贴垫子。

练习效果：半莲花坐具有与双莲花坐相同的效果，只是程度稍逊。

4. 雷电坐（又称霹雳坐、金刚坐）

练习方法：雷电坐是其他瑜伽姿势的入门姿势，必须常加练习以达到熟练的程度。两个膝盖跪在地上，两个小腿和脚背贴在地面上；两膝靠拢，两个大脚趾相互交叉，这样便使两个脚跟向外指；臀部后坐于两脚内侧，同时手掌心向下，置于大腿部位；伸直背部，将臀部放落到两个分离的脚跟之间（图13-7）。

注意事项：坐的时候要求放松肩部，挺直脊背，这样会减轻腿部的压力，防止腿部发麻。

练习效果：雷电坐能柔韧膝关节，祛除全身过多的脂肪。另外，经过全身放松，可保持心平气和，有助于治疗神经质及失眠。

图13-7　　　　　　　图13-8　　　　　　　图13-9

5. 至善坐

顾名思义，这在瑜伽里是一个最好的姿势。瑜伽认为，至善坐有助于清理人体经络，从而利于生命之气的提升。

练习方法：坐在地上，右腿弯曲，把脚后跟贴在会阴部。左脚重叠放在右腿上，并把左脚尖塞进右腿弯曲处。双手放在膝盖上（图13-8）。

注意事项：在整个过程中，上身躯干始终保持挺直。

练习效果：至善坐对身心两方面都具有重要作用。从身体方面说，至善坐促进了下半身的血液循环，增强脊柱下半段和腹部器官，而且活化两膝和两踝。从心灵方面说，它有镇定安神和令人警醒的效果，特别适合做呼吸练习和冥想练习时采用。此外，由于它施加压力于会阴部位，能把性冲力引导向上，在提升生命之气的练习中极为有用。

6. 莲花坐

莲花坐是瑜伽体式中最为重要和有用的体式之一，在佛教中也经常用到莲花坐。

练习方法：坐在地上，弯曲右膝，右脚放在左大腿上，双手搬左脚放在右大腿上，两手自然放在膝盖上（图13-9）。

注意事项：腰部伸直，胸部自然挺起，下巴稍抬，双腿、双膝尽量贴地。练习这种姿势，切忌膝盖上浮。

练习效果：莲花坐增加对头部和胸部区域的血液供应，强化神经系统，祛除紧张与不安状态，使人身心平和，精神专注。

三、七种瑜伽手印

手印（梵文 mudra）是指瑜伽修炼时手的姿势，又称为印契。不同的手印对身心的影响是不同的,但都非常有助于净化心灵。

常用的瑜伽手印主要有以下 7 种:

(1) 智慧手印。掌心向上,大拇指与食指指端轻触,其他三指自然伸展。此手印代表把小宇宙能量和大宇宙能量合一,即人与自然合一,可以让人很快进入平静的状态(图 13 - 10)。

(2) 能量手印。无名指、中指和大拇指自然相加,其他手指自然伸展(图 13 - 11)。此手印可以排出体内的毒素,消除泌尿系统的疾病,帮助肝脏完好,调节大脑平衡,让人更有耐心,充满自信。

(3) 生命手印。大拇指、小拇指、无名指相加,其他两指自然伸展(图 13 - 12)。可增强人的活力。

(4) 流体手印。大拇指和小拇指相加,其他三指自然伸展。它可以帮助我们平衡流体,改善视力以及嘴巴过干的现象(图 13 - 13)。

图 13 - 10　　　　　图 13 - 11　　　　　图 13 - 12　　　　　图 13 - 13

(5) 双手合十手印。即阴阳平衡手印,放在胸前成冥想的姿势,手掌之间要留下一些空间,意味着身体和心灵的合一、大自然和人体的合一(图 13 - 14)。此手印可以增加人的专注能力。

(6) 秦手印。也称下巴式。掌心向下,大拇指和食指指端轻贴一起(图 13 - 15)。此手印的作用与智慧手印相同。

(7) 禅那手印。两手叠成碗状,将拇指尖相连,将完成姿势的手放在踝骨上。这是比较古典的手印,意味着空而充满力量的容器。女性右手在上,男性左手在上(图 13 - 16)。可以平和、稳定精神。

智慧手印和禅那手印是调息和冥想时最常用的手印,这也是希望灵性力量升华时经常采用的手印。它们有助于记忆力和注意力的提高,可以消除高血压、忧郁症、失眠等症状,让身体更和谐。

图 13 - 14　　　　　图 13 - 15　　　　　图 13 - 16

第三节　瑜伽体位推介

一、传统拜日式（向太阳敬礼式组合）

印度瑜伽师非常崇拜太阳,他们认为太阳是赐予世间万物生命的源泉,没有太阳就没有一切生命。所以瑜伽师用拜日式这 12 个姿势,通过肢体流畅地完成 12 个动作来表达对太阳的无限敬仰。

准备姿势:采取站立,双脚并拢,双臂下垂,闭眼,将意念统一;控制好重心,不要左右摇摆,将意念放于身体的每一部分,直到全身没有紧张感,让意念与放松的身体完全结合;同时,将意念放于脚底,想象地心将紧张感拉入地下,让紧张消失,最后意念放于眉心,眼前出现一轮火红的太阳,感受有太阳的动力与光芒照耀并渗透自己的心灵;想象你在练习,动作流畅和谐,一招一式如同一个舞者。

1. 动作方法

（1）祈祷式。向所有的朋友致敬（图 13 - 17）。动作方法:站立,脊椎伸展,双脚并拢,双手在胸前合十,大拇指相扣。保持 3 次呼吸。

（2）展臂式。向杰出的人致敬（图 13 - 18）。动作方法:吸气,伸直双臂上举,边呼气边让上身向后伸展。保持 2 次呼吸。

（3）前曲式。向引导活动的人致敬（图 13 - 19）。动作方法:吸气,上身恢复,手臂带动身体向前向下伸出,同时保持脊骨的伸直,双手放在双脚两侧的垫子上。脸部靠近腿。保持 3 次呼吸。

（4）骑马式。向照亮的人致敬（图 13 - 20）。动作方法:吸气,左腿屈膝,右腿向正后方迈出一大步,并让右膝盖以下全部着地,左小腿保持与地面垂直,边呼气,边将胯部向下沉,双手撑在双脚两侧的垫子上,抬头挺胸。保持 2 次呼吸。

图 13 - 17　　　　图 13 - 18　　　　图 13 - 19　　　　图 13 - 20

（5）斜板式。向在空中快速移动的人致敬（图 13 - 21）。动作方法:吸气,身体前倾,边呼气左脚边向后迈出一步与右脚并拢,收紧臀部,腹部内收上提,胯部微微下沉,身体从头顶到脚跟一条直线,成为斜板状。保持 2 次呼吸。

（6）八体投地式。向赐予力量者致敬（图 13 - 22）。动作方法:呼气,弯曲肘部,同时把双膝、下巴、胸部贴在垫子上。"八体投地"因下巴、双手、胸腔、双膝、双脚八个身体的部位落在地面上而得名。

（7）眼镜蛇式。向金色宇宙本身致敬（图13-23）。动作方法：吸气，上半身沿着地面向前滑动，直到胯部接触到地面为止，双手撑地，头部向上伸展，抬头挺胸，视线看向天花板，不要耸肩。保持2次呼吸。

（8）顶峰式。向黎明之神致敬（图13-24）。动作方法：吸气，头部回正，双脚尖点地，抬起臀部，双手双脚位置不动，伸直膝盖让双肩向下压，尽量将额头和双脚后跟着地。身体成为倒V字形。保持3次呼吸。

图13-21　　　　　图13-22　　　　　图13-23　　　　　图13-24

2. 练习效果

拜日式动作练习的奇妙益处极多，它作为一个整体练习，对身体各个不同系统能产生良好影响，如消化系统、循环系统、呼吸系统、内分泌系统、神经系统、肌肉系统等等。

拜日式动作练习配合呼吸法，能够让血液中的氧气发挥最大的活化作用，增强身体的抵抗力，消除疲劳与贫血，调整自律神经，使人觉得精力饱满、心情愉快，还具有强化心肺功能的效用。

二、日常锻炼瑜伽体位推介

1. 肩颈部的练习

（1）简鱼式。仰卧，双腿并拢伸直，双手掌心向下，放在臀部两侧，全身放松。吸气，同时双肘撑地，把上身支撑起来，头顶触地，使背部尽量向上弓起，双手放在大腿根部。感受腰背的力量以及从腹部到颈部的拉伸，保持2次呼吸（图13-25）。

（2）摩天式。站立，双臂放在身体两侧，吸气，双手十指交叉上举至头顶后翻腕，掌心向上。吸气抬起脚后跟。身体向上伸展，保持均匀呼吸，眼睛注视交叉的双手。呼气，放落脚跟以及手臂，恢复站立姿势（图13-26）。

图13-25　　　　　　　　　　　图13-26

（3）肩倒立式。仰卧，双腿并拢伸直，双手掌心向下，放在臀部两侧。双手用力向下按压地板，使臀部和腿部慢慢向上抬起与地面垂直。双手撑在后背支撑身体，双肘间距离与肩同宽。双手轻轻向前推背部，使下巴紧紧抵在胸前。双腿、臀、背部在一条直线上，以双肩、颈后部和头后部支撑身体的重量，保持 2 次呼吸（图 13－27）。

图 13－27

（4）加强侧伸展式。自然站立，左脚向前跨一步，脚尖向前，右脚保持不动，双手在背后并拢合十，吸气；边呼气边将上身前屈，把胸部靠近大腿，保持 3 次呼吸；吸气，上身回正；呼气，上身后仰，头部放松后仰，颈部、喉部充分伸展，保持 3 次呼吸。变换身体另一侧做同样的动作（图 13－28）。

图 13－28

（5）牛面式。坐在垫上伸直双腿，弯曲左腿把脚跟拉到臀部的右侧，右腿同样弯曲使右膝重叠在左膝上，双手分别放在双脚上；伸展双臂与地面平行并挺直腰背，右肘在右肩上向后弯曲，左肘从左腰侧向上弯曲，双手在背后相扣，头颈保持正直，保持自然呼吸 3 次；呼气，上身尽量向后仰，保持自然呼吸 5 次，然后放开双手伸直双腿。变换身体另一侧做同样的动作（图 13－29）。

图 13－29

2. 胸背部的练习

（1）侧鸽式。坐在垫子上伸直双腿，曲左膝，右腿向后伸直，抬起右小腿用右肘揽住；左手和右手在体前相扣；右脚固定在右肘弯保持不动，两手臂保持成相扣的环状，向头后伸去；呼气，头向左侧转或向前平视，挺胸、收紧侧腰肌，保持 3 次呼吸，还原放松（图 13－30）。然后在另一侧重复练习。

图 13－30

（2）侧斜板式。右侧半卧姿，自然呼吸片刻。吸气，右手与双脚和腰部同时发力，让身体成一直线慢慢抬起，左手也同时抬高，与右手成一直线，视线望左手或平视，保持 2 次呼吸后慢慢回到地面成半侧卧姿势，仰卧放松，均匀呼吸。然后在另一侧重复练习（图 13－31）。

图 13－31

（3）眼镜蛇扭动式。俯卧，双手放在体侧，下巴着地。吸气，双臂支撑身体，按头、颈、肩、胸的顺序，慢慢抬高脊柱向后仰。呼气，同时向右后侧扭转肩、头，保持 3 次呼吸；吸气，将肩、头转回中间位置，呼气反方向扭转，保持 3 次呼吸；吸气转回中间位置，呼气，慢慢回到起始俯卧的姿势，可以侧着头放松背部，保持 3 次呼吸（图 13－32）。

图 13－32

（4）简弓式。俯卧，下巴触地。弯曲双腿，双手抓住脚踝。背部肌肉用力，使胸部尽量抬高，抬离地面。两大腿和胸部、腹部都尽量抬高，保持自然呼吸 3 次。还原俯卧，双臂向前平放，放松（图 13－33）。

（5）Ｖ字式。双脚前伸坐正，屈双膝，两手握住脚趾或脚踝，将膝盖拉向胸前。吸气，同时伸直背部，双手将双脚拉高，膝盖伸直，以尾椎骨为支点，保持身体平衡，自然呼吸 5 次。呼气同时慢慢恢复到起始坐姿（图 13－34）。

图 13－33　　　　　　　　　图 13－34

3. 腰腹部的练习

（1）风吹树式。两脚开立，与肩同宽，十指相交，两臂高举过头顶。转动两腕，使掌心向上。吸气，上身躯干从腰部弯曲，倾向右侧。保持自然呼吸 3 次，然后弯向左侧保持 3 次呼吸。重复 3—5 次。然后让上身回复中央位置，放下双臂（图 13－35）。

图 13－35

（2）轮式。仰卧，双手放在身体两侧。屈腿，脚后跟紧贴大腿后侧。双手移到头的两侧，掌心贴地。吸气，拱起背部，髋部与腹部向上抬起。用双手和双脚支撑起整个身体，保持 3 次呼吸（图 13－36）。

图 13－36

（3）门闩式。跪姿开始，右腿伸向右侧方，让右脚和左膝处在同一条线上。右脚尖指向右侧，右膝不要弯曲。吸气，抬起双臂到侧平举的位置并向两侧充分伸展，呼气，将躯干屈向右腿，双手在头顶合十，双臂充分向上伸展，眼睛看着指尖的方向或正前方，保持自然呼吸 3 次。收回脚与手并换另一侧做（图 13－37）。

图 13－37

（4）猫式。跪姿，小腿与脚背贴住地面，大腿垂直于地面，两臂伸直，打开与肩同宽，垂直于地面，脊柱伸直。吸气时将背部向上拱起，放低头部，眼睛注视大腿处，臀部向内收紧。呼气时，背部放低，臀部尽量上顶，抬起头部带动肩部提拉，并将头向后仰，伸展脊柱。接着放松身体，回到跪姿（图 13－38）。

图 13 - 38

（5）上伸腿式。仰卧，双腿并拢，双手放在身体两侧。吸气，双腿慢慢抬起到与地面呈 30°，停留 5 秒；吸气，双腿继续向上抬起到与地面呈 60°，停留 5 秒；再抬起到与地面呈 90°，停留 10 秒；吸气，双腿慢慢回落到与地面呈 60°，停留 5 秒；吸气，双腿慢慢回落到与地面呈 30°，停留 5 秒；放松，挺尸式休息（图 13 - 39）。

图 13 - 39

4. 臀部的练习

（1）肩式。仰卧，尾骨前移，伸展腰部，呼气，脚后跟拉向身体，平放双脚。注意力集中于骨盆底部肌肉，收腹，臀部收紧提髋，同时膝盖相对，大腿内侧用力，除头部、肩部外，臀部和腿部离地。保持自然呼吸 3 次（图 13 - 40）。

图 13 - 40

（2）蝗虫式。俯卧，双手放在身体两侧，下巴贴地，双腿伸直。吸气，收紧臀部，双腿伸直向上抬离地面，保持自然呼吸 3 次（图 13 - 41）。

（3）舞王式。山式站立。右腿站立，左小腿向后弯曲，靠近臀部，左手抓住左脚踝，右手向上伸展到头部上方。调整呼吸，身体慢慢向前倾，右手臂向前方伸展，同时左腿向上和向后伸展。保持这个姿势自然呼吸 3—5 次。吐气，还原山式站立。变换一侧做同样的练习（图 13 - 42）。

图 13 - 41

图 13 - 42

（4）虎式。双腿屈膝跪地，双手支撑地面，双臂伸直，身体成四边形。吸气，同时抬头、展胸，右腿向后上抬；呼气，同时将右腿膝盖向腹部回收，低头。头与膝盖在腹部下方交触。反复 4—6 次。换左腿练习（图 13－43）。

图 13－43

（5）骆驼式。跪坐，手臂自然下垂。腰慢慢向后弯，先把右手放在右脚跟上，手指向后，再把左手依同一方法放在左脚跟上，保持自然呼吸约 15—30 秒。慢慢恢复原来姿势，臀部坐在脚跟上，上身向地面下压，额头点地，作婴儿式休息（图 13－44）。

图 13－44

5. 腿部的练习

（1）树式。并拢两腿站立，抱起右脚踝，使右脚底心贴近左大腿的内侧。左脚用力稳住站立。双手胸前合十（拇指相扣）；吸气，双臂缓缓向上伸过头顶，放松肩部，挺直脊椎，收紧腹部，伸直胳膊。视线看向远方，调节左腿和右腿的平衡使下半身安定。保持 3 次自然呼吸（图 13－45）。

图 13－45

（2）犁式。仰卧，双腿并拢，双手放在身体两侧；吸气，双腿伸直抬起；呼气，让双腿向头部方向继续抬起，直到双脚接触地面。双手可扶在腰上，保持自然呼吸 3—5 次。回落时，感觉脊柱一节一节慢慢回落（图 13－46）。

图 13－46

（3）战士第二式。基本三角式站立。吸气，双手抬起到侧平举，并向两端伸展；呼气，身体以腰部为支点，转向右侧，头朝右，眼看右前方，意向看着心灵的最远处，屈右膝，做成右弓步。保持自然呼吸 3—5 次。吸气，伸直右膝盖，上身躯干转向中间，同时头、颈转回中间（保持两臂伸直，尽量不要放下）；呼气，屈左膝，做成左弓步，自然呼吸 3—5 次。吸气，伸直左膝盖，上身躯干转向中间，同时头、颈转回中间。呼气，两手臂放下，两腿并拢，放松全身（图 13－47）。

图 13－47

（4）三角伸展式。基本三角式站立。两脚张开 3 倍于腰的宽度。右脚尖向外张开 90°，左脚尖向内张开 60°。骨盆和上体仍朝正面。呼气，自腰部向右弯曲上身，保持腿后侧、背部、臀部及肩部后侧在一个平面内，手可以放在右脚背上。有可能的话，身体尽量弯曲，手掌完全放在右脚内侧的地面上，左臂向上伸展，并伸展身体；眼睛注视左手手指，保持自然呼吸 3 次。吸气，恢复到三角基本站立。变换另一侧做同样的练习（图 13－48）。

图 13－48

（5）下犬式。跪立，使手臂、大腿与地面均成 90°，双脚并拢，脚尖点地，吸气伸直双腿，抬高臀部，使整个身体成三角形，保持 3—5 次呼吸。呼气，还原成跪立姿势（图 13－49）。

图 13－49

【复习思考题】

■ 在做瑜伽体位法练习时,应注意哪些事项?

■ 瑜伽运动的呼吸法、手印及基本坐姿有哪些?

■ 请说出传统拜日式的 8 个动作名称及意念控制。

第十四章

第一节　跆拳道运动概述

跆拳道是一项利用拳法和腿法进行相互搏击的对抗性运动项目。它的主要内容包括品势、搏击、功力检测等运动形式。通过运动锻炼增强体质,掌握技术内容,培养谦让的礼仪内涵和坚韧的意志品质。

一、古代跆拳道运动的发展

约在公元前 50 年左右,朝鲜半岛进入了高丽、百济、新罗三国之间的对抗时代,而新罗人喜爱习武,习武方式为两人面对直体站立,互相用脚踢对方的身体。当时分为三个练习阶段,初学者用脚踢对方下段(腿部),技术稍熟练则可用脚踢对方中段(胸部),技术高超者可用脚踢对方上段(头部)。后来新罗国在我国唐朝统治者的协助下统一了朝鲜,在公元 918 年建立了高丽国。跆拳道这一武艺被很好地保留与发展下来。

1392 年,李氏王朝开始。当时李德懋编写的《武艺图谱通志》是记载跆拳道的优秀代表作之一。此书详细介绍了跆拳道的起源和发展过程以及各种兵器的使用方法。书中还提到,在当时,一个武士若想成为武官,必须用跆拳道的技术踢倒三人以上才有资格入选。由此可见当时对跆拳道的重视和提倡。

1909 年日本出兵侵占朝鲜,李氏王朝灭亡。日本人建立了殖民政府,为防止朝鲜人民反抗,消磨人民意志,殖民政府禁止所有朝鲜文化活动,其中包括跆拳道。当时许多朝鲜人被迫背井离乡,远涉中国或其他国家谋生,由此跆拳道这一武技传至亚洲一些国家。在此期间,跆拳道也吸收了许多国家的武艺精华,如中国武术、日本空手道等,这也进一步丰富了跆拳道技艺。

二、现代跆拳道运动的发展

1955 年,朝鲜武艺正式统称为"跆拳道",即现代的跆拳道运动。1961 年 9 月,韩国成立了唐手道协会,后更名为跆拳道协会,并成为全国运动会正式比赛项目。跆(TAE),意为蹬踢,腾跃;拳(KWON),意为用拳击打,防御;道(DO),为练习的方法,也为一种精神。

1966 年,国际跆拳道联盟(ITF)成立,崔泓熙任首届联盟主席。1973 年 5 月,世界跆拳道联盟在韩国首尔成立(WTF),金云龙当选为主席。截至 1998 年,世界跆拳道联盟已有会员国 144 个。1975 年世界跆拳道联盟被正式接纳为国际体育联盟会员。1980 年国际奥委会正式承认世界跆拳道联盟。在短短 20 多年里,跆拳道这项运动得到迅猛发展。目前世界上约有 140 多个国家的 3000 多万人在进行跆拳道的训练。跆拳道第 1 届世界锦标赛和第 1 届亚洲锦标赛分别于 1973 年和 1974 年在韩国首尔举行。跆拳道在 1986 年第 10 届亚运会上被列为正式比赛项目。1994 年 9 月经国际奥委会正式通过,被列为 2000 年奥运会正式比赛项目,设男女各四个级别。

目前,跆拳道运动已经成为完全独立的国际体育组织和正规的比赛项目。在世界锦标赛、亚洲锦标赛和亚运会上共设有男女各八个级别。跆拳道每两年举办一次世界锦标赛和世界杯比赛。

三、我国跆拳道运动的发展

中国现今已正式开展跆拳道运动,1992 年 10 月 7 日,中国跆拳道协会筹备小组正式成立;1994 年 5 月,在河北保定举行了首届跆拳道教练员、裁判员学习班;1994 年 9 月,首届全国跆拳道比赛在昆明举行,15 个单位约 150 余名运动员参加了比赛;1995 年 5 月,首届全国跆拳道锦标赛在北京体育大学举行,22 个单位约 250 名运动员参加了比赛;1995 年 7 月,中国跆拳道协会成立;1995 年 11 月,中国派出 16 人(其中有 11 名运动员)组成的中国国家跆拳道队赴菲律宾参加了第 12 届男子、第 5 届女子世界跆拳道锦标赛,赛前,中国跆拳道协会被世界跆拳道联盟接纳为正式会员;1996 年 3 月 25 日,中国跆拳道队一行 12 人出访香港,参加香港第 2 届亚洲城市金杯国际跆拳道邀请赛,比赛结果,中国队获 6 枚金牌、2 枚银牌、3 枚铜牌,女队获团体第一;1996 年 6 月,中国队参加了在澳大利亚墨尔本举行的第 12 届亚洲跆拳道锦标赛,男子 83 公斤级获得 1 枚铜牌,中国跆拳道协会被亚跆联接纳为正式会员;1997 年 5 月,中国跆拳道队参加了在韩国举行的东亚运动会,取得了 2 枚银牌;1997 年 8 月,中国跆拳道队参加了在英国举行的国际 A 级跆拳道比赛,获得 1 银、2 铜;1997 年 11 月在香港举行的第 13 届男子、第 6 届女子世界跆拳道锦标赛上,中国队获得 1 枚银牌、1 枚铜牌和 3 个第五名的战绩;1998 年 5 月在越南胡志明市举行的亚洲跆拳道锦标赛上,中国队获得 1 枚金牌、1 枚银牌、5 枚铜牌,女子团体第三名;在 2000 年、2004 年、2008 年、2012 年、2016 年的五届奥运会上,中国跆拳道队都获有金牌。

四、现代跆拳道的特点与作用

1. 跆拳道的特点

(1)以腿为主,以手为辅。腿法技术在跆拳道整体运用中约占 4/5,因为腿的长度和力量是人体中最长最大的,其次才是手。在竞赛规则之外的跆拳道实战中,人体的一些主要关节部位亦可用来作进攻的武器或防守的盾牌,这是跆拳道技术的本质,如人体的手、肘、脚等关节部位,是跆拳道实战中最常用、最有效的打击武器。

(2)方法简捷,刚直相向。不论是在比赛时还是在格斗中,跆拳道的进攻方法都是十分简捷而有效的。对抗时,双方都是直接接触,以简练的方法直接击打对方,速度快,变化多。

(3)内外兼修,方法独特。跆拳道理论认为,经过专门训练,人的关节部位能产生不可思议的威力,特别是拳、肘、膝和脚四个部位,尤以脚和手为基础。长期专门练习跆拳道,可以使人达到内外合一的程度,即内功和外力达到统一的巅峰。

2. 跆拳道的作用

(1) 修身养性,培养优秀的意志品质。跆拳道练习推崇"以礼始,以礼终"的尚武精神,练习中要以"礼义廉耻,忍耐克己,百折不屈"为宗旨。

(2) 强体防身,练就健全的体魄。跆拳道运动紧张激烈,对抗性强,可使人强壮身骨,提高各个关节的灵活性及肌肉的伸展性和收缩能力,提高人的速度、反应、灵敏、力量和耐力素质,提高人体内脏器官的机能和神经系统的灵活性,增强人体的击打和抗击打能力。通过攻防练习,可以学习掌握实用技击技术和防身自卫能力。

(3) 观赏竞技,享受击打艺术的美感。跆拳道比赛或实战时,双方队员不仅要斗智、斗勇,而且还要通过高超的技艺展示跆拳道技术动作的优势。使人在欣赏跆拳道竞技比赛的同时,潜移默化地受到良好的意志品质熏陶。

第二节　跆拳道基本技术

跆拳道技术是指跆拳道竞赛中所使用的,能够充分发挥运动员机体能力,合理有效地完成动作的方法。它是为适应奥运会比赛的需要,从跆拳道体系中分化出来的。因为比赛只能按照竞赛规则的要求去进行,所获得的成绩才能被世人所承认。这样,在某种程度上限制了一些技术的使用,如用拳击头和用肘、膝攻击的技术是被禁止使用的。同时,在一定程度上也保护了双方运动员,减少了伤害事故的发生。

跆拳道技术大致分为进攻技术、防守技术和反击技术三大类。进攻技术包括横踢、劈腿、前踢、双飞踢和拳的进攻等;防守技术主要通过手臂的格挡、脚步的移动来表现;反击技术有后踢、后旋踢和拳的反击等。

一、跆拳道的步法

步法是维持身体重心平衡,配合拳法、腿法等攻防动作快速出击和防守的移动身体、调整距离的一种技术。其主要作用是保持进攻与防守的最佳距离位置。

(1) 前滑步。在实战姿势基础上,后脚前掌支地,前脚先向前方滑进20—30厘米,后脚迅速上一步(图14-1)。

图 14-1　　　　图 14-2　　　　图 14-3　　　　图 14-4

（2）前进步。前进步要求同前滑步，只是滑进的距离约 30—50 厘米。

（3）后滑步。在实战姿势的基础上，前脚前掌支地，后脚先向后方滑撤 20—30 厘米，前脚迅速后撤一步（图 14-2）。

（4）后退步。后退步要求同后滑步，只是向后滑撤 30—50 厘米。

（5）左滑步。在实战姿势的基础上，前脚先向左方平行滑进 20—30 厘米，后脚迅速向左平行跟进一步（图 14-3）。

（6）右滑步。在实战姿势的基础上，后脚先向右方平滑进 20—30 厘米，前脚迅速向右平行跟进一步（图 14-4）。

（7）垫步。在实战姿势的基础上，后脚向前方迈进约 60 厘米，即由左势换为右势（图 14-5）。

图 14-5　　　　　　　　　　图 14-6　　　　　　　　　图 14-7

二、跆拳道的拳法

（1）左直拳。保持实战姿势，出拳时，左手握拳由屈到伸，当肘臂还未完全伸直时，拳头向右方旋转，拳背向上，同时向右拧腰转肩，力达拳面，迅速收回（图 14-6）。

（2）右直拳。保持实战姿势，右脚蹬地，髋部向左旋转，右手握拳由屈到伸，当肘臂还未完全伸直时，拳头向左旋转，拳背向上，转体、顺肩，向前快速击出，力达拳面（图 14-7）。

三、跆拳道的腿法

（1）前踢。以左势实战姿势开始，右脚向后蹬地，身体重心前移至左脚；右脚蹬地顺势屈膝提起，左脚以前脚掌为轴外旋约 90°，同时，右腿迅速以膝关节为轴伸膝、送髋、顶髋，小腿快速向前踢出，力达脚尖或前脚掌。踢击目标后，右腿迅速放松弹回，落回原地仍成左势实战姿势（图 14-8）。

图 14-8

动作要领：膝关节上提时大小腿折叠，膝关节夹紧，小腿和踝关节放松，有弹性；踢击时顺势往前送髋；高踢时往上送髋。

易犯错误：直腿上撩，大小腿没有折叠，膝关节不夹紧；上体后仰过大，失去平衡；踢击目标时向前用力，与推踢动作混淆。

进攻部位：腹部、肋部、胸部、颈部。

（2）横踢。右脚蹬地，重心移到左脚，右脚屈膝上提，两拳置之于胸前；左脚前脚掌辗地内旋，髋关节左转，左膝内扣；随即左脚掌继续内旋转180°，右脚膝关节向前抬至水平状态；小腿快速向左前横踢出；击打目标后迅速放松收回小腿（如图14-9）。

图 14-9

动作要领：膝关节夹紧，向前提膝，尽量走直线；支撑脚外旋180°；髋关节往前顺，身体与大小腿成直线，严格注意击打的力点正脚背；踝关节放松，击打的感觉是"面团"、"鞭梢"。

进攻部位：头部、胸部、腹部和肋部。

易犯错误：膝关节不夹紧，大小腿折叠不够；外摆的弧形太大；上身太直、太往前，重心往下落；踝关节不放松，脚内侧击打（应为正脚背）。

（3）后踢。左脚掌为轴内旋约90°，上身旋转重心移到右脚，屈膝收腿直线踢出，重心前移落下，回到准备姿势（图14-10）。

图 14-10

动作要领：起腿后上身与小腿折叠成一团；动作延伸，用力延伸；转身、提膝、出腿一次性完成，不能停顿；击打目标在正前方稍偏右。

易犯错误：上身、大小腿不折叠，直腿往上撩；转身、踢腿有停顿，不连贯；击打成弧线，旋转发力；肩、上身跟着旋转，容易被反击。

（4）下劈。实战姿势开始，右脚蹬地，重心前移至左脚。同时，右腿以髋关节为轴屈膝上提，两手握拳置于胸前；随即充分送髋，上提膝关节至胸部，右小腿以膝关节为轴向上伸直，将右腿直举于体前，右脚过头；然后放松向下以右脚后跟（或脚掌）为力点劈击。

动作要领：腿尽量往高、往头后举，要向上送髋，重心往高起；脚放松往前落，落地要有控制；起腿要快速、果断；踝关节要放松。劈腿的主要攻击部位有头项、脸部和锁骨（图14-11）。

图 14 - 11

（5）双飞。实战姿势开始，攻方先用右横踢攻击对方左肋部，同时，左脚蹬地起跳，身体腾空右转，腾空高度在膝关节以上，但不宜过高；左脚起跳后在空中用左横踢迅速踢击对方胸部或腹部；左右脚交换，右脚落地支撑，左脚横踢目标后迅速前落，成左势实战姿势（图 14 - 12）。

图 14 - 12

动作要领：右腿横踢目标的同时，左脚蹬地跳；左脚起跳后迅速随身体右转横踢目标；两腿在空中交换，右脚先落地。

进攻部位：肋部、胸部、腹部、头部。

（6）后旋踢。实战姿势开始，两脚以两脚掌为轴均内旋约180°，身体右转约90°，两拳置于胸前。上体右转，与双腿拧成一定角度。右脚将蹬地的力量与上体拧转的力量合在一起，将右腿向后上以髋关节为轴直腿摆起，右腿继续向右后旋摆鞭打，同时上体向右转，带动右腿弧形摆至身体右侧，右腿屈膝回收；右脚落至右后成实战姿势（图14 - 13）。

图 14 - 13

动作要领：转身、旋转、踢腿连贯进行，一气呵成，中间没有停顿；击打点应在正前方，呈水平弧线；屈膝起腿的旋转速度要快；重心在原地旋转360°。

攻击部位：前额和胸部。

第三节　跆拳道组合技术

跆拳道组合技术,就是根据比赛中攻防情况的变化,将两个以上的动作组合在一起的连接技术。运动员在比赛中要根据场上的具体情况,灵活多变地运用组合技术,使得对手摸不清自己技术动作的规律,借以达到出奇制胜的目的。

(1) 左(腿)横踢＋右(腿)横踢(图 14－14)。第一个横踢要真做,若是能直接得分,则一般应上前贴住对方;若是第一个横踢假做,则主要是使对方后撤,再立即使用第二个横踢继续进攻得分。此时则应注意对方使用后踢、后旋踢或劈腿等反击动作。

图 14－14

(2) 右前踢＋左横踢(图 14－15)。第一个前踢要真做,若能直接得分,则一般应上前贴住对方;若是第一个前踢假做,则主要是使对方后撤或换位后撤,再立即使用后腿横踢继续进攻得分。此时则应注意对方使用后踢、后旋踢动作。

图 14－15

(3) 右横踢＋左横踢＋右后踢(图 14－16)。第一个横踢要真做,若能直接得分,则一般应上前贴住对方;若是第一个横踢没有得分,对方后撤,则立即使用第二个横踢进攻得分;若第二个横踢没有得分,在对方反攻的一刹那,使用后踢阻击对方;若是第一个横踢假做,则主要是使对方后撤,再立即使用第二个横踢继续进攻得分。此时则应注意对方使用后踢、后旋踢动作。

图 14－16

第四节 跆拳道竞赛主要规则

一、跆拳道比赛场地

跆拳道比赛场地是长 12 米、宽 12 米水平的、无障碍物的正方形场地。场地的地面应为有弹性的垫子。场地中央长 8 米、宽 8 米的区域为比赛区，其余部分为警戒区。警戒区和比赛区表面用两种不同颜色划分，同时用 5 厘米宽的白线划分。

二、跆拳道比赛时间

跆拳道每场比赛分为 3 局，每局比赛时间为 3 分钟，局间休息 1 分钟。青年锦标赛每场比赛为 3 局，每局比赛时间为 2 分钟，局间休息 1 分钟。

三、跆拳道比赛中允许使用的技术

跆拳道比赛中使用拳的技术时，必须握紧拳，用拳正面的食指或中指部分击打；使用脚的技术时，必须用踝关节以下的脚的前部击打。这里需要注意，指、掌、肘、膝等技术只适合于平时练习或表演中使用，在比赛中禁止使用；抓、搂、抱、推等动作在比赛中也是禁止使用的，如出现，将被判罚警告一次，警告两次将被扣 1 分。

四、跆拳道比赛中允许攻击的部位

跆拳道比赛中允许攻击的部位包括髋骨以上至锁骨以下以及两肋部，但背部没有护具保护的部位禁止攻击。头部两耳向前头颈的前部只允许用脚的技术攻击。

五、跆拳道比赛中得分与犯规

1. 得分

使用允许的技术，准确有力地击中有效得分部位，即为得分 1 次，得分 1 次累加 1 分。有效得分部位包括腹部和两肋部以及面部允许被攻击的部位。如使用的技术击中被护具保护的非有效得分部位，击倒对方时按得分记。

2. 犯规

犯规是跆拳道比赛中的一个重要因素，仅仅 1 个罚分就可能左右比赛的胜负，如果一场比赛被罚 3 分也意味着自动失败。跆拳道犯规分两种：最常见的一种犯规是警告，意味着罚 0.5 分，但是若仅有 1 次这种犯规不计入罚分，除非再次犯规而累计罚 1 分，如选手抓、抱、推对方、逃避性的背对对方、假装受伤等，则判警告。另一种更为严重的犯规将被罚 1 分，如扔对手、在对手双脚离地时故意将其放倒、故意攻击对手后背、用力猛击对手的脸部等。

六、跆拳道比赛的获胜方式

（1）击倒胜（K·O 胜）。

（2）主裁判终止比赛胜（RSC 胜）。

（3）比分或优势胜（判定胜）。

（4）对方弃权胜（弃权胜）。

（5）对方失去资格胜（失格胜）。

（6）主裁判判罚犯规胜（犯规胜）。

【复习思考题】

■ 简述跆拳道的发展史。

■ 现代跆拳道的特点与作用是什么？

■ 跆拳道有几种腿法？请分别说明。

第十五章　武术运动

第一节　武术运动概述

武术是以攻防等技击动作为主要内容,以套路演练和搏斗对抗为运动形式,注重内外兼修的民族传统体育项目,又称武艺。在我国已经有几千年的历史,是中国传统文化的重要内容之一,也称为国术。受港台武打片的影响,外国人把中国武术叫作功夫。

一、武术的起源与发展

先秦时代,在人类与野兽的搏斗过程中武术开始萌芽,并产生了一些简单的武器,氏族部落间的战争促进了武术的发展。殷周时期青铜兵器的产生和使用,促进了武艺的提高;大规模的车战促进了武器的多样化;在武术训练方面,练武与武舞已逐渐分开;射艺也得到全面发展。

春秋战国时期,武术的训练、比赛、套路已初步形成。

武术到了秦代发展较为迟缓。秦始皇统一中国后,将大量民间的兵器销毁,限制民间的练武活动,但却使徒手项目得到很大发展,出现了一种很有意思的拳种:象形拳。当时的象形拳有"狗斗拳"、"醉舞"、"五禽戏"等。

两晋南北朝战乱频繁,异常混乱,大量少数民族涌入中原,风格各异的武术得以互相渗透与吸收。但由于社会局面的混乱,玄学盛行,因而在一定程度上阻碍了武术的发展。但在此期间,产生了以后闻名天下的少林武功。

隋唐鼎盛时期,为武术的发展创造了条件。唐代建立了完整的武举制,武举制内容虽在各个朝代均有所变化,但都以此时期的武举制为基础,并一直延续了1000多年。

宋元时期的战争促进了军队武艺的发展。选拔士兵、将领皆以武为准,同时改善和丰富武器的种类,出现了十八般兵器之说。而且在战争中涌现出许多爱国将领,岳飞就是青少年朋友非常熟悉的一个。

其次,民间武术组织在宋元时期得到很大发展,出现"社"的组织。武术套路已经发展得较为完善,出现了以练武为生的职业艺人"路歧人",为了适应表演的需要,多讲究身法、花法、劲力、节奏、套路布局。除了拳术套路、棍术套路,枪对牌、剑对牌等对练套路外,还有集体的武术套路表演,声势颇为浩大。

明代的太平盛世,武术得到空前的大发展。套路运动进一步发展、完善而趋于成型。

套路运动不再是一些攻防格斗动作的简单堆积,有了起式和收式,有了将各种攻防动作完整地连接起来的"左右周旋"性衔接动作,也有一些引人入胜的招数。"花法"套路练习时,注重手、腿、身法、步的配合,使套路演练技巧达到了相当高的水平。

清代各流派繁荣出现,如各式太极拳、八卦掌、形意拳、八极拳、南拳等,都是在这个时期产生的,而且各流派都形成了自己的理论体系,套路运动也在清朝得到迅猛发展。此时武术的另一特点是由于火器的使用,弱化了武术在战争中的作用,逐渐发展成为民间传统体育项目。

民国初期,尚武之风极盛,出现许多民间武术组织,如"精武体育会"、"中华武士会"等。1927 年,国民党政府在南京设立了"中央国术馆",民间武术社团迅速发展,一些学校也纷纷把武术列为课程,纳入了体育课的教学体系。武术表演与竞赛活动日趋频繁。1936 年 8 月,我国曾选拔组织了"国术表演选手"张文广、温敬铭、傅淑云等,随团赴德国柏林,参加了第 11 届奥运会,在那里表演了拳术、器械和对练,获得了各国观众和运动员的好评,这是我国武术运动员首次在奥运会上亮相。从那时起,武术已正式成为一项体育运动。

中华人民共和国成立后,武术事业得到了蓬勃发展。1954 年,各地体育院校开始把武术列为正式课程。1961 年,武术被列入中、小学体育教学大纲,武术基本功、武术操、初级拳、青年拳、初级剑、刀、棍等项目,列入到了教学计划之中。1958 年在北京成立了全国武术协会,同时,国家体委制定了第一部《武术竞赛规则》。1959 年举办的第 1 届全运会,武术是大会比赛项目之一。以后历届全运会,武术均为大会竞赛或表演项目。

1982 年全国武术工作会议提出:要积极稳步地把武术推向世界。1985 年 8 月,在西安由 17 个国家和地区共同发起成立了国际武术联合会筹备委员会。1990 年 10 月,国际武术联合会在北京正式成立,当时有会员 38 个,目前已发展到 45 个。在国际武联筹委会的影响和推动下,世界各国的武术组织纷纷成立。1985 年 11 月在意大利成立了欧洲武术协会,会员有 8 个国家,随后又发展到 12 个。1986 年 11 月在我国天津成立了有 8 个国家和地区参加的亚洲武联筹委会,并于 1987 年 9 月 25 日在日本横滨正式成立了亚洲武术联合会,目前亚武联成员有 21 个。现今,武术活动已发展到非洲、欧洲等国家与地区。这些都为武术进一步发展打下了良好的基础。

二、武术的分类

武术的分类,见表 15－1

表 15－1　武术的分类

类　别	内　容	说　明
拳术	长拳、太极拳、南拳、形意拳、八卦拳、通臂拳、翻子拳、地趟拳、劈挂拳、螳螂拳、八极拳、猴拳、醉拳、华拳、花拳、鹰爪拳、绵拳、蛇拳、六合拳、意拳、少林拳、查拳等	大都各有独特的练法
器械	短器械(刀、剑等) 长器械(枪、棍等) 双器械(双刀、双剑、双枪、双钩等) 软器械(九节鞭、流星锤、绳标等)	器械大都由古代兵器演化而来

类　别	内　容	说　明
对练	徒手对练 器械对练 徒手与器械对练	两人以上按规定动作顺序进行攻防练习或表演
集体表演	6人以上进行徒手或器械的集体演练	动作要求整齐划一,可用音乐伴奏
攻防技术	两人按照一定规则进行搏斗,有散打、推手、短兵、长兵等	动作有实战意义

三、武术运动的特点和作用

1. 武术运动的特点

（1）具有攻防技击性。武术最初作为军事训练手段,与古代军事斗争紧密相连,其技击特性显而易见。在实战中,其目的在于杀伤、制服对方,以最有效的技击方法,迫使对方失去反抗能力。这些技击术至今仍在军队、武警中被采用。而今武术作为体育运动,是将技击寓于搏斗运动与套路运动之中,主要动作仍然是以踢、打、摔、拿、击、刺等方法为主,是套路的核心内容。因此说武术具有明显的攻防技击性。

（2）具有内外合一、形神兼备的民族风格。中国武术在锻炼方法上有其自身的特点,归纳起来有如下几点:内外相合的高度协调;刚柔相间的劲力方法;运气调息贯注动作;气势连贯的整体意识。

（3）具有广泛的适应性。武术的内容和练习形式丰富多样,不同的形式和内容都有与之相适应的各种练功方法。其动作结构、技术要求、运动风格和运动量,分别适应不同年龄、性别、职业、体质的人的锻炼需要,人们可以根据自己的条件和兴趣爱好进行选择练习。同时,武术运动不受时间、季节的限制,场地器材也可以因陋就简,这种广泛的适应性给开展群众性健身活动创造了有利条件。

2. 武术运动的作用

（1）具有增强体质的作用。武术要求神、意、气与动作内外相合,所以它不仅是形体上的锻炼,而且能够使身心得到全面的锻炼。系统地进行武术锻炼,有助于人体速度、力量、灵敏、耐力、柔韧、协调等素质的增长,对外能够利关节、强筋骨、壮体魄,对内能理脏腑、通经络、调精神。武术许多功法注意调息行气和意念活动,对人体内环境的调节、人体机能的改善、体质的增强具有明显的效果。

（2）具有防身自卫的作用。在武术套路和搏斗运动中,技击动作是其主要内容。套路虽然是以演练的形式出现,但它包含了许多在攻防中可以运用的拳法、掌法、腿法、擒拿法和快摔法。经常锻炼不仅人体机能和素质得以提高,而且可以提高对距离、时机的判断能力和自我防卫能力。

（3）具有修身养性的作用。武术锻炼要常年不懈、持之以恒。长期进行武术锻炼,能够培养坚韧不拔、勇敢无畏,以及果敢、冷静、坚毅的意志品质。武术在几千年绵延的历史中,一向重礼仪、讲道德,"尚武崇德"成为对学武之人的一种传统教育内容。诸如尊师重道、明礼诚信、见义勇为、不逞强凌弱、学之有恒、精益求精等,是习武人所崇尚的情操。

激烈的攻防技击与人生修养相结合,可以达到修身养性的目的。

(4) 具有观赏娱乐的作用。武术作为东方文化的人体运动,具有很强的艺术魅力和观赏价值。无论是套路运动还是搏斗运动,历来都为人们喜闻乐见。现代竞技武术套路强调攻防特点,突出高、难、美、新,它所表现的富有生动韵律和气势如虹的招式动作、演练技巧,以及散手的激烈巧取,推手中的借力发力,都具有极高的表演价值和观赏性,给人以美的享受。

此外,人们还可以根据自己的兴趣爱好选择适合自己的项目进行锻炼。群众性的习武活动可以成为人们切磋技艺、交流思想、增进友谊的良好形式,既可达到健身,又可达到自娱娱人的目的。

第二节　武术的基本功和基本动作

一、武术基本功

武术基本功和基本动作一般包括肩、臂、腰、腿、手、步,以及跳跃、平衡等练习。通过基本功和基本动作的练习,可以使身体的各个部位得到较为全面的训练,并能较快地发展武术运动的专项身体素质,为学习套路,提高技术动作水平打下良好的基础。经常练习基本动作和基本功,能增强身体各关节、韧带的柔韧性和灵活性,提高肌肉的控制能力和必要的弹性,减少练习中的伤害事故。

1. 腿功

(1) 正压腿。面对一定高度的物体,左脚跟放在物体上,脚尖勾起,两腿伸直,两手扶按在左膝上,或用两手抓握左脚,然后上体立腰向前下方振压,用头顶尽量触及脚尖。两腿交替进行(图 15 - 1)。

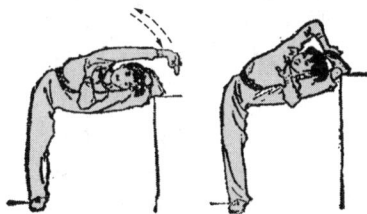

图 15 - 1　　　　　　　　　　　图 15 - 2

(2) 侧压腿。右腿支撑站立,左脚从体侧放置到一定高度的物体上,脚尖勾起,右臂上举,左掌立于胸前,两腿伸直,腰部挺立,上体向左侧下振压,振压幅度要逐渐加大,直到上体能侧倒在左腿上。两腿交替进行(图 15 - 2)。

(3) 后压腿。背对一定高度的物体,两手叉腰,右腿支撑站立,左腿后伸,脚背放到物体上,两腿伸直,上体向后下振压,并逐渐增大振压幅度。两腿交替进行(图 15 - 3)。

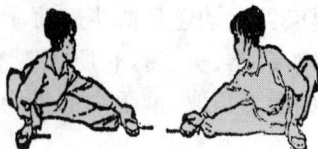

图 15 - 3　　　　　　　　　　图 15 - 4

（4）仆步压腿。右腿屈膝全蹲，全脚着地；左腿向左侧伸直，脚尖内扣；两手分别抓住两脚脚背，成左仆步；腰部挺直，左转前压，左右仆步交替进行（图 15 - 4）。

（5）正搬腿。右腿伸直支撑，左腿屈膝提起，左手扶膝，右手抓住左脚，然后将左脚向前方伸出，直至膝关节挺直，左脚外侧朝前。两腿交替进行（图 15 - 5）。

图 15 - 5

（6）侧搬腿。左腿伸直支撑，右腿从体侧抬起，右手经右小腿内侧绕脚后抱住右脚跟，将右腿伸直，脚尖勾紧。两腿交替进行（图 15 - 6）。

（7）竖叉。两腿伸直前后叉开成直线。左腿后侧着地，脚尖上翘；右腿前侧着地，脚背扣在地上，两臂立掌侧平举。两腿交替进行（图 15 - 7）。

图 15 - 6　　　　　　　　　　图 15 - 7

（8）劈横叉。两腿伸直向左右两侧叉开下坐成直线，两腿内侧着地。两臂立掌侧平举。

2. 腰功

（1）前俯腰。并步站立，两手十指交叉，直臂上举，手心向上；上体前俯，挺胸，塌腰，两手尽力触地。再两手松开，用两手绕过双腿，抱住两脚跟部，尽量使自己的上体、脸部贴紧双腿（图 15 - 8）。

图 15 - 8

（2）甩腰。开步站立,两臂伸直前举,以腰为轴,上体做前后屈和甩腰动作,两臂也随之甩动(图 15－9)。

图 15－9　　　　　　　　　　　　　图 15－10

（3）涮腰。两脚开立,略宽于肩,上体前俯,以髋关节为轴,两臂向左前下方伸出。然后挥动两臂,随上体向前、向右、向后、再向左做翻转绕环。左右涮腰交替进行(图 15－10)。

3. 肩功

（1）压肩。面对一定高度的物体,两脚开立同肩宽,上体前俯,两手抓住横杆,抬头挺胸,塌腰,用力向下振压(图 15－11)。

图 15－11

（2）单臂绕环。左弓步站立,左手扶按左膝,右臂以肩为轴做直臂的顺、逆时针绕环。两臂交替进行。

（3）双臂绕环。开步站立,以肩关节为轴,两臂分别向前和向后做直臂绕环。顺、逆时针绕环交替进行(图 15－12)。

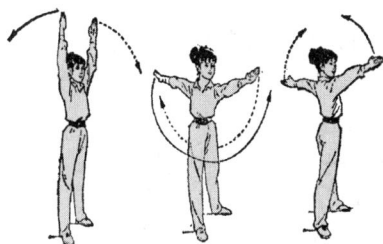

图 15－12　　　　　　　　　　　　图 15－13

（4）两臂交叉绕环。开步站立,两臂直臂上举,左臂以左肩关节为轴,向前下做顺时针绕环;同时,右臂以右肩关节为轴,向后下做逆时针绕环。两臂顺、逆时针交替进行(图 15－13)。

二、武术基本动作

1. 手型（图 15 - 14）

（1）拳。四指并拢卷握，拇指紧扣食指和中指的第二指节。拳握紧，拳面平，腕要直。

（2）掌。四指并拢伸直向后伸张，拇指第一指节弯曲扣虎口处。

（3）勾。五指尖撮拢，屈腕。

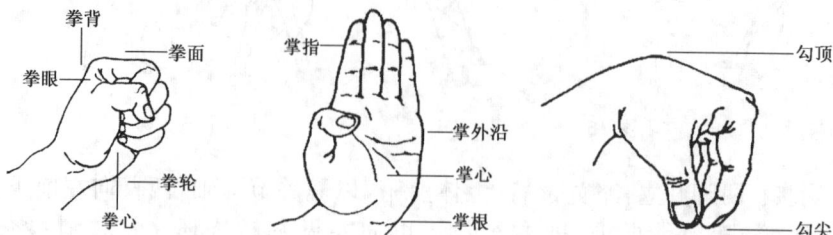

图 15 - 14

2. 步型（图 15 - 15）

（1）弓步。两脚前后开立，后脚尖与前脚跟距离约为本人脚长的 3—4 倍，前腿屈膝半蹲，大腿略高于水平，脚尖稍内扣斜向前方。两脚全脚掌着地，前脚与后脚跟内侧的横向距离为 5—10 厘米，两拳抱贴腰侧，眼平视。弓左腿为左弓步，弓右腿为右弓步。

（2）马步。两脚平行站立，两脚内侧相距约为本人脚长的 3—3.5 倍，脚尖正对前方，屈膝、屈髋成半蹲，两膝内扣，膝垂线不超过脚尖在大腿中间稍偏前。两拳抱贴腰侧，两眼平视。

（3）仆步。左腿屈膝全蹲，大小腿靠紧，臀部接近小腿，脚尖和膝关节外展约为 30°—45°；右腿内侧挺直平仆，脚尖内扣。两脚全掌着地。两拳抱贴腰侧，上体稍右转，眼向右前方平视。仆左腿为左仆步，仆右腿为右仆步。

（4）虚步。两脚前后站立重心落于左腿，左腿屈髋屈膝或半蹲，脚尖外展约 45°；右腿稍屈膝，膝稍内合，脚跟提起，脚面绷平，拇指虚点地。两拳抱贴腰侧或双手叉腰，眼向右前平视。左脚在前为左虚步，右脚在前为右虚步。

（5）歇步。两脚左右交叉，左脚在前，右脚尖与左脚跟在一条直线上，两脚相距约为本人小腿长，两大腿靠拢贴紧屈膝全蹲，左脚全脚掌着地，脚尖外展，右脚前脚掌着地，左膝外侧与右小腿外侧贴紧，臀部坐于右小腿接近脚跟处，上体稍前倾并向前方拧转，两拳抱贴腰侧，眼看左方。左脚在前为左歇步，右脚在前为右歇步。

弓步　　　马步　　　仆步　　　虚步　　　歇步

图 15 - 15

三、五步拳组合动作

（1）弓步冲拳。左脚向左迈出一步成左弓步；同时左手向左平搂后收抱腰间，右拳前冲成平拳。目视前方（图15－16）。

（2）弹踢冲拳。重心前移至左腿支撑，右拳先屈膝提起再向前弹踢；同时左拳前冲成平拳，右拳收抱腰间。目视前方（图15－17）。

图15－16　　　　　　　　　　　　　　图15－17

（3）马步架打。右脚内扣落地，身体左转90°，两腿屈膝下蹲成马步；同时左拳变掌，屈臂上架，右拳向右侧冲成平拳；头右转。眼看右侧方（图15－18）。

（4）插步盖掌。重心稍起，身体左转，左脚经右脚后插一步；同时右拳变掌经头上向前下盖，掌外沿向前，左掌变拳收抱腰间。目视右掌（图15－19）。

图15－18　　　　　　　　　　　　　　图15－19

（5）歇步冲拳。两腿屈膝下蹲成右歇步；同时左拳前冲成平拳，掌变拳收抱腰间。目视左拳（图15－20）。

（6）提膝穿掌。身体立起左转，右脚内扣支撑，左腿屈膝提起；同时左拳变掌收至右腋下，右拳变掌，掌心朝上由左手背上穿出。目视右掌（图15－21）。

图15－20　　　　　　　　　　　　　　图15－21

（7）仆步穿掌。左脚向左落地成左仆步；左掌掌指朝前沿左腿内侧穿出。目视左掌（图15－22）。

（8）虚步挑掌。左腿屈膝前弓,右脚蹬地向前上步成右虚步;同时左手向上、向后划弧成勾手,右手向下、向前顺右腿外侧向上挑掌。目视前方(图15-23)。

图15-22   图15-23

第三节　武术运动套路

一、24 式太极拳

太极拳手法有掤、捋、挤、按、采、挒、肘、靠、分、云、推、搂等。

太极拳运动主要特点是心静体松、呼吸自然、轻灵沉着、圆活连贯、上下相随、虚实分明、柔中寓刚、以意导动。

1. 起势

身体自然直立,两脚开立,与肩同宽,脚尖向前;两臂自然下垂,两手放在大腿外侧;两臂慢慢向前平举,两手高与肩平,与肩同宽,手心向下;上体保持正直,两腿屈膝下蹲;同时两掌轻轻下按,两肘下垂与两膝相对;眼平看前方(图15-24)。

图15-24

2. 野马分鬃

（1）上体微向右转,身体重心移至右腿上;同时右臂收在胸前平屈,手心向下,左手经体前向右下划弧至右手下,手心向上,两手心相对成抱球状;左脚随即收到右脚内侧,脚尖点地;眼看右手。上体微向左转,左脚向左前方迈出,右脚跟后蹬,右腿自然伸直,成左弓步;同时上体继续向左转,左右手随转体慢慢分别向左上、右下分开,左手高与眼平(手心斜向上),肘微屈;右手落在右胯旁,肘也微屈,手心向下,指尖向前;眼看左手(图15-25)。

图 15－25

（2）上体慢慢后坐，身体重心移至右腿，左脚尖翘起，外撇（45°—60°），随后脚掌慢慢踏实，左腿慢慢前弓，身体左转，身体中心再移至左腿；同时左手翻转向下，左臂收在胸前平屈，右手向左上划弧至左手下，两手心相对成抱球状；右脚随即收到左脚内侧，脚尖点地；眼看左手。右腿向右前方迈出，左腿自然伸直，成右弓步；同时上体右转，左右手随转体分别慢慢向左下、右上分开，右手高与眼平（手心斜向上），肘微屈；左手落在左胯旁，肘也微屈，手心向下，指尖向前；眼看右手。接着上体后坐，右脚脚尖翘起，外撇（45°—60°）踏实（图 15－26）。

图 15－26

（3）上体微向左转，左脚向左前方迈出，右脚跟后蹬，右腿自然伸直，成左弓步；同时上体继续向左转，左右手随转体慢慢分别向左上、右下分开，左手高与眼平（手心斜向上），肘微屈；右手落在右胯旁，肘也微屈，手心向下，指尖向前；眼看左手（图 15－27）。

图 15－27　　　　　图 15－28

3. 白鹤亮翅

上体微向左转，左手翻掌向下，左臂平屈胸前，右手向左上划弧，手心转向上，与左手成抱球状；眼看左手。右脚跟进半步，上体后坐，身体重心移至右腿，上体先向右转，面向右前方，眼看右手；然后左脚稍向前移，脚尖点地，成左虚步，同时上体再微向左转，面向前方，两手随转体慢慢向右上、左下分开，右手上提停于右额前，手心向左后方，左手落于左胯前，手心向下，指尖向前；眼平看前方（图 15－28）。

4. 搂膝拗步

（1）右手从体前下落，再从右下向后向上划弧至右肩外，与耳同高，手心斜向上；左手向右画弧至右肩前,手心斜向下。同时上体先稍向左再向右,左脚收至右脚内侧,脚尖点地,眼看右手(图15-29)。

(2) 上体左转,左脚向前成弓步,右手从耳侧向前推出,力达掌跟,与鼻尖平;左手下按,由左膝前搂过按于左胯旁,指尖向前,眼看右手(图15-30)。

图 15-29   图 15-30

(3) 右腿弯曲,上体后坐,左脚脚尖翘起外撇,踩实,身体稍左转,重心移至左腿,右脚收于左脚内侧,脚尖着地;同时左手手掌外翻向上划弧至左肩外侧,肘微屈,与耳同高,手心斜向上,右手随转体向上、向下划弧落于左胸前,手心斜向下;眼看左手(图15-31)。

图 15-31

(4) 与(1)、(2)相同(图15-32)。

图 15-32

5. 手挥琵琶

右脚跟进半步,上体后坐,身体重心转至右腿上,上体半面向右转,左脚略提起稍向前移,变成左虚步,脚跟着地,脚尖翘起,膝部微屈;同时左手由左下向上挑举,高与鼻尖平,掌心向右,臂微屈;右手收回放在左肘里侧,掌心向左;眼看左手食指(图15-33)。

图 15-33

6. 倒卷肱（图 15-34）

（1）上体右转，右手翻掌（手心向上）经腹前由下向后上方划弧平举，臂微屈，左手随即翻掌向上；眼的视线随着向右转体先向右看，再转向前方看左手。

（2）右臂屈肘折向前，右手由耳侧向前推出，手心向前，左臂屈肘后撤，手心向上，撤至左肋外侧；同时左腿轻轻提起向后（偏左）退一步，脚掌先着地，然后全脚慢慢踏实，身体重心移到左腿上，成右虚步，右脚随转体以脚掌为轴扭正；眼看右手。

（3）上体微向左转，同时左手随转体向后上方划弧平举，手心向上，右手随即翻掌，掌心向上；眼随转体先向左看，再转向前方看右手。

（4）与（2）同，只是左右相反。

（5）与（3）同，只是左右相反。

（6）与（2）同。

（7）与（3）同。

（8）与（2）同，只是左右相反。

（9）上体微向右转，同时右手随转体向后上方划弧平举，手心向上，左手放松，手心向下；眼看左手。

图 15-34

7. 左揽雀尾（图 15-35）

（1）身体继续向右转，左手自然下落逐渐翻掌经腹前划弧至左肋前，手心向上；左臂屈肘，手心转向下，收至右胸前，两手相对成抱球状；同时身体重心落在右腿上，左脚收到右脚内侧，脚尖点地；眼看右手。

（2）上体微向左转，左脚向左前方迈出，上体继续向左转，右腿自然蹬直，左腿屈膝，成左弓步；同时左臂向左前方掤出（即左臂平屈成弓形，用前臂外侧和手背向前方推出），高与肩平,手心向后;右手向右下落于右胯旁,手心向下,指尖向前;眼看左前臂。

（3）身体微向左转,左手随即前伸翻掌向下,右手翻掌向上,经腹前向上、向前伸至左前臂下方;然后两手下捋,即上体向右转,两手经腹前向右后上方划弧,直至右手手心向上,高与肩齐,左臂平屈于胸前,手心向后;同时身体重心移至右腿;眼看右手。

（4）上体微向左转,右臂屈肘折回,右手附于左手腕里侧(相距约5厘米),上体继续向左转,双手同时向前慢慢挤出,左手心向右,右手心向前,左前臂保持半圆;同时身体重心逐渐前移变成弓步;眼看左手腕部。

（5）左手翻掌,手心向下,右手经左腕上方向前、向右伸出,高与左手齐,手心向下,两手左右分开,宽与肩同;然后右腿屈膝,上体慢慢后坐,身体重心移至右腿上,左脚尖翘起;同时两手屈肘回收至腹前,手心均向前下方;眼向前平看。

（6）上式不停,身体重心慢慢前移,同时两手向前、向上按出,掌心向前;左腿前弓成左弓步;眼平看前方。

图 15－35

8. 右揽雀尾(图 15－36)

（1）上体后坐并向右转,身体重心移至右腿,左脚尖里扣;右手向右平行划弧至左肋前,手心向上;左臂平屈胸前,左手掌心向下与右手成抱球状;同时身体重心再移至左腿上,右脚收至左脚内侧,脚尖点地;眼看左手。

图 15－36

(2) 同"左揽雀尾"(2)，只是左右相反。

(3) 同"左揽雀尾"(3)，只是左右相反。

(4) 同"左揽雀尾"(4)，只是左右相反。

(5) 同"左揽雀尾"(5)，只是左右相反。

(6) 同"左揽雀尾"(6)，只是左右相反。

9. 单鞭(图 15－37)

(1) 上体后坐，身体重心逐渐移至左腿上，右脚尖里扣；同时上体左转，两手(左高右低)向左弧形运转，直至左臂平举，伸于身体左侧，手心向左，右手经腹前运至左肋前，手心向后上方；眼看左手。

(2) 身体重心再逐渐移至右腿上，上体右转，左脚向右脚靠拢，脚尖点地；同时右手向右上方划弧(手心由里转向外)，至右侧方时变勾手，臂与肩平；左手向下经腹前向下划弧停于右肩前，手心向里；眼看左手。

(3) 上体微向左转，左脚向左前侧方迈出，右脚跟后蹬，成左弓步；在身体重心向左腿的同时，左掌随上体的继续左转慢慢翻转向前推出，手心向前，手指与眼齐平，臂微屈；眼看左手。

图 15－37

10. 云手(图 15－38)

(1) 身体重心移至右腿上，身体渐向右转，左脚尖里扣；左手经腹前向右上划弧至右肩前，手心斜向后，同时右手变掌，手心向右前；眼看左手。

(2) 上体慢慢左转，身体重心随之逐渐左移；左手由脸前向左侧运转，手心渐渐转向左方；右手由右下经腹前向左上划弧至左肩膀前，手心斜向后；同时右脚靠近左脚，成小

图 15－38

开立步(两脚距离约 10—20 厘米);眼看右手。

(3)上体再向右转,同时左手经腹前向右上划弧至右肩前,手心斜面向后;右手右侧运转,手心翻转向右;随之左腿向右横跨一步;眼看左手。

(4)同(2)。

11. 单鞭(图 15 – 39)

(1)上体向右转,右手随之向右运转,至右侧方时变成勾手;左手经腹前向右上划弧至右肩前,手心向内;身体重心落在右腿上,左脚尖点地;眼看左手。

(2)上体微向左转,左脚向左前侧方迈出,右脚跟后蹬,成左弓步;在身体重心移向左腿的同时,上体继续左转,左掌慢慢翻转向前推出,成"单鞭"式。

图 15 – 39

12. 高探马(图 15 – 40)

(1)右脚跟进半步,身体重心逐渐后移至右腿上;右手变掌,两手心翻转向上,两肘微屈;同时身体微向右转,左脚跟渐渐离地;眼看左前方。

(2)上体微向左转,面向前方;右掌经右耳旁向前推出,手心向前,手指与眼同高;左手收至左侧腰前,手心向上;同时左脚微向前移,脚尖点地,成左虚步;眼看右手。

图 15 – 40

13. 右蹬腿(图 15 – 41)

(1)左手手心向上,前伸至右腕背面,两手相互交叉,随即向两侧分开并向下划弧,手心斜向下;同时左脚提起向左前侧方进步(脚尖略外撇);身体重心前移,右腿自然蹬直,成左弓步;眼看前方。

(2)两手由外圈向里圈划弧,两手交叉合抱于胸前,右手在外,手心均向后;同时右脚

图 15 – 41

向左脚靠拢,脚尖点地;眼平看右前方。

（3）两臂左右划弧分开平举,肘部微屈,手心均向外;同时右腿屈膝提起,右脚向右前方慢慢蹬出;眼看右手。

14. 双峰贯耳（图 15－42）

（1）右腿收回,屈膝平举,左手由后向上、向前下落至体前,两手心均翻转向上,两手同时向下划弧分落于右膝两侧;眼看前方。

（2）右脚向右前方落下,身体重心渐渐前移,成右弓步,面向右前方;同时两手下落,慢慢变拳,分别从两侧向上、向前划弧至面部前方,成钳形状,两拳相对,高与耳齐,拳眼都斜向下(两拳中间距离约 10—20 厘米);眼看右拳。

图 15－42

15. 转身左蹬脚（图 15－43）

（1）左腿屈膝后坐,身体重心移至左腿,上体左转,右脚尖里扣;同时两拳变掌,由上向左右划弧分开平举,手心向前;眼看左手。

（2）身体重心再移至右腿,左脚收到右脚内侧,脚尖点地;同时两手由外圈向里圈划弧合抱于胸前,左手在外,手心均向后;眼平看左方。

（3）两臂左右划弧分开平举,肘部微屈,手心均向外;同时左腿屈膝提起,左脚向左前方慢慢蹬出;眼看左手。

图 15－43

16. 左下势独立（图 15－44）

（1）左腿收回平屈,上体右转;右掌变成勾手,左掌向上、向右划弧下落,落于右肩前,掌心斜向后;眼看右手。

（2）右腿慢慢屈膝下蹲,左腿由里向左侧(偏后)伸出,成左仆步;左掌下落(掌心向外)向左下顺左腿内侧向前穿出;眼看左手。

（3）身体重心前移,左脚跟为轴,脚尖尽量向外撇,左脚前弓,右腿后蹬,右脚尖里扣,上体微向左转并向前起身;同时左臂继续向前伸出(立掌),掌心向右,右勾手下落,勾尖向后;眼看左手。

（4）右腿慢慢提起平屈,成左独立势;同时右手变掌,并由后下方顺右腿外侧向前弧行摆出,屈臂立于右腿上方,肘与膝相对,手心向左;左手立于左胯旁,手心向下,指尖向前;眼看右手。

图 15－44

17. 右下势独立(图 15－45)

(1) 右脚下落于左脚前,脚掌着地;然后左脚前掌为轴,脚跟转动,身体随之左转;同时左手向后平举变成勾手,右掌随着转体向左侧划弧,立于左肩前,掌心斜向后,眼看左手。

(2) 同"左下势独立"(2),只是左右相反。

(3) 同"左下独立势"(3),只是左右相反。

(4) 同"左下独立势"(4),只是左右相反。

图 15－45

18. 左右穿梭(图 15－46)

(1) 身体微向左转,左脚向前落地,脚尖外撇,右脚跟离地,两腿屈膝成半坐盘式;同时两手在左胸前成抱球状(左上右下);然后右脚收到左脚的内侧,脚尖点地;眼看左前臂。

图 15－46

（2）身体右转，右脚向右前方迈出，屈膝弓腿，成右弓步；同时右手由脸前向上举并翻掌停在右额前，手心斜向上；左手先向左下再经体前向前推出，高与鼻尖平，手心向前；眼看左手。

（3）身体重心略向后移，右脚尖稍向外撇，随即身体重心再移至右腿，左脚跟进，停于右脚内侧，脚尖点地；同时两手在右胸前成抱球状（右上左下）；眼看左前臂。

（4）同（2），只是左右相反。

19. 海地针（图15-47）

右脚向前跟进半步，身体重心移至右腿，左脚稍向前移，脚尖点地，成左虚步；同时身体稍向右转，右手下落经体前向后、向上提至肩上耳旁，再随身体左转，由右耳旁斜向前下方插出，掌心向左，指尖斜向下；与此同时，左手向前、向下划弧落于左胯旁，手心向下，指尖向前；眼看前下方。

图 15-47

20. 闪通臂（图15-48）

上体稍向右转，左脚向前迈出，屈膝弓腿成左弓步；同时右手由体前上提，屈臂上举，停于右额前上方，掌心翻转斜向上，拇指朝下；左手上起经胸前向前推出，高与鼻尖平，手心向前；眼看左手。

图 15-48

21. 转身搬拦捶（图15-49）

（1）上体后坐，身体重心移至右腿上，左脚尖里扣，身体向后转，然后身体重心再移至左腿上；与此同时，右手随着转体向右、向下（变拳）经腹前划弧至左肋旁，拳心向下；左掌上举于头前，掌心斜向上；眼看前方。

（2）向右转体，右拳经胸前向前翻转撇出，拳心向上；左手落于胯旁，掌心向下，指尖向前；同时右脚收回后（不要停顿或脚尖点地）即向前迈出，脚尖外撇；眼看右拳。

（3）身体重心移至右腿上，左脚向前迈一步；左手上起经左侧向前上划弧拦出，掌心向前下方；同时右拳向右划弧收到右腰旁，拳心向上；眼看左手。

（4）左腿前弓成左弓步，同时右拳向前打出，拳眼向上，高与胸平，左手附于右前臂里侧；眼看右拳。

图 15－49

22. 如封似闭（图 15－50）

（1）左手由右腕下向前伸出，右拳变掌，两手手心逐渐翻转向上并慢慢分开回收；同时身体后坐，左脚尖翘起，身体重心移至右腿；眼看前方。

（2）两手在胸前翻掌，向下经腹前再向上、向前推出，腕部与肩平，手心向前；同时左腿前弓成左弓步；眼看前方。

图 15－50

23. 十字手（图 15－51）

（1）屈膝后坐，身体重心移向左腿，左脚尖里扣，向右转体；右手随着转体动作向右平摆划弧，与左手成两臂侧平举，掌心向前，肘部微屈；同时右脚尖随着转体稍向外撇，成右侧弓步；眼看右手。

图 15－51

（2）身体重心慢慢移至左腿，右脚尖里押，随即向左收回，两脚距离与肩同宽，两腿逐渐蹬直，成开立步；同时两手向下经腹前向上划弧交叉合抱于胸前，两臂撑圆，腕高与肩平，右手在外，成十字手，手心均向后；眼看前方。

图 15－52

24. 收势（图 15－52）

两手向外翻掌，手心向下，两臂慢慢下落，停于身体两侧；眼看前方。

二、初级剑

预备动作（图 15－53）

身体正直，并步站立。左手持剑，右手成剑指。两臂在体侧下垂，两肘稍上提。视左前方。

图 15－53

起式（图 15－54）：

（1）上体半面右转，右脚向右上一步，屈膝成右弓步。同时，右手剑指从身体右侧经胸前屈肘上举，至左肩后向右前平伸指出，拇指一侧在上。视剑指。

（2）上体右转。手持剑由左侧直臂上举，经头部前上方向右侧划弧，至身前时，拇指一侧朝下作反臂平举。同时，右手剑指屈肘收于右腰侧，手心朝上。视剑柄。

（3）左脚向右脚并步，随之左手持剑下落，垂于身体左侧。同时，右手剑指向右侧平伸指出，指一侧在上。视剑指。

（4）左脚向左上一步，屈膝成左弓步。上体随之左转。左脚上步同时，左手持剑屈肘经胸前向上，向前弧形绕环，平举于身体左侧，拇指一侧在下。目视左手腕。

（5）左腿伸直站立，右脚向前并步。左手持剑随之从身前下落，垂于身体左侧。同时，右手剑指屈肘沿右耳侧向前平伸指出，拇指一侧在上。目视剑指。

（6）左手持剑自右手剑指上面向前平伸穿出，拇指一侧在下。右手剑指顺左臂下面屈肘收于左肩前，并且屈腕使手指朝上。上体右转，右脚向右侧跨步，屈膝成右弓步。目视左前方。

（7）上体右转，右手剑指经身前向右侧平伸指出，拇指一侧在上、目视剑指。

（8）右脚前脚掌向里扣。上体左转，重心落于右腿。左脚随之移回半步，屈膝成左虚步。左脚移步的同时，左手持剑向胸前屈肘，手心朝里，准备握住左手之剑。目视剑尖。

图 15－54

第一段

1. 弓步直刺（图 15-55）

右手接握左手剑，左手握成剑指。左脚向前上半步，屈膝成左弓步。同时，上体左转，右手持剑向身前平伸直刺，拇指一侧在上。左手剑指随之伸向身后平举，拇指一侧在上。目视剑尖。

图 15-55　　　　　图 15-56　　　　　图 15-57

2. 回身后劈（图 15-56）

左脚不动，膝部伸直。右脚向前上一步，膝稍屈，上体右转。同时，右手持剑经上向后劈，剑高于肩平，拇指一侧在上，力点达于剑身前部。左手剑指随之由下向上弧形绕环，在头左上方屈肘侧举，拇指一侧在下。目视剑尖。

3. 弓步平抹（图 15-57）

左脚向左前方上一步，屈膝成左弓步。同时，右手持剑（手心转向上）随之向前平抹，剑尖稍向右斜，与肩同高，力点达于剑身前部。左手剑指自胸前下降，经左下向上弧形绕环，屈肘侧举于头左上方，拇指一侧在下。目视前方。

要点：抹剑时，手腕用力须柔和。

4. 弓步左撩（图 15-58）

（1）上体左转。左腿直立支撑身体重心，右腿屈膝提起，脚尖下垂，脚背绷直。同时，右手持剑臂外旋使剑自前向上、向后划弧，至后方时屈肘使手腕、前臂贴靠腹部，手心朝里。左手剑指随之由头顶上方下落，附于右腕部，手心朝下。目视剑身。

（2）接上式。右腿继续向右前方落步，屈膝成右弓步。同时，右手持剑自后方向下、向前反手撩起，小指一侧在上。左手剑指随右手运动，仍附于右手腕处。目视剑尖。

图 15-58　　　　　　　　　图 15-59

5. 提膝平折（图 15-59）

左脚向前上一步。右手持剑，手腕向左上翻转，屈肘，使剑向左平绕至头部前上方，右脚随之由后向身前屈膝提起。右手继续翻转手腕，使剑向右平绕至右方后（手心朝上），再用力向前平斩，剑尖朝前，力点达于剑身，臂伸直。左手剑指由下向左、向上弧形绕环，屈肘横举于头左上方。目视前方。

6. 回身下刺（图 15－60）

右脚向前落步，脚尖外撇，膝稍屈。上体右转。同时，右手持剑手腕反屈，使剑尖下垂，随之向后下方直刺，力点达于剑尖，剑尖低于膝，拇指一侧在上。左手剑指先向身前的右手靠拢，然后在刺剑的同时，向前上方伸直，拇指一侧在上。目视剑尖。

图 15－60

7. 挂剑直刺（图 15－61）

（1）左脚向前上一步。右手持剑，右臂内旋，先使拇指一侧朝下成反手，随之翘腕、摆臂，使剑尖向左、向上抄挂。当剑抄至左肩时，再屈肘使剑平落于胸前，手心朝里。左手剑指屈肘附于右腕。此时左腿伸直站立，右腿随之在体前屈膝提起。目视剑尖。

（2）接上式，以左脚前脚掌蹍地，上身右转。同时，右手持剑，使剑向下插，剑尖朝下。左手剑指仍附于右手腕。目视剑尖。

（3）接上式，仍以左脚前脚掌为轴蹍地，向后转身 180°，右脚向身后跨一大步，屈膝成右弓步。同时，右手持剑向前直刺，力点达于剑尖，剑尖与肩同高，拇指一侧在上。右手剑指随之向后平伸，拇指一侧在上，稍高于肩。

图 15－61

8. 虚步架剑（图 15－62）

（1）右手持剑先将剑尖自左向右划一小圈。臂内旋使持剑手的拇指一侧朝下。同时，以右脚根和左脚前脚掌为轴蹍地，右脚尖外撇，上体从右向后转，左脚向前收拢半步，两膝均稍屈成交叉步。在转体的同时，右手持剑反手向后上方屈肘上架。左手剑指屈肘经肩前附于右腕。目视左前方。

（2）右腿屈膝不动，支撑身体重心。右脚向前一步成左虚步。在右手持剑略向后牵引的同时，左手剑指向前平伸指出，手心朝下。目视剑指。

图 15－62

图 15－63

第二段

9. 虚步平劈（图 15－63）

左脚跟外展，上体右转，重心移于左腿，右脚跟随之离地成右虚步。在转身的同时，右手持剑向下平劈,拇指一侧在上,力点达于剑身前部,与剑同高。左手剑指即向上屈肘,手心向左上方。目视剑尖。

10. 弓步下劈(图 15 - 64)

右脚踏实,身体重心前移。左手剑指伸向右腋下,右手持剑臂内旋使手心朝下。左脚随即向左前方上步成左弓步。在左脚上步的同时,右手持剑屈腕向左平绕,划一小圈后向前下方劈剑,力点达于剑身前部,剑尖高于膝平。左手剑指随之由右腋下向左、向上绕环,在头顶上方屈肘侧举,上体略前俯。目视剑尖。

 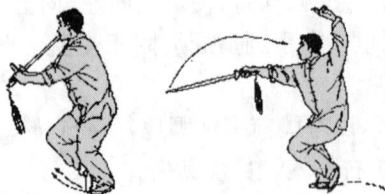

图 15 - 64

图 15 - 65

11. 带剑前点(图 15 - 65)

(1) 右脚向左脚靠拢,以前脚掌虚点地面,两腿屈膝略蹲。同时,右手持剑向上屈腕,使剑向右耳际带回,肘微屈。左手剑指随之由前下落,附于右腕。目视右前方。

(2) 接上式,右脚向右前方跃出一步,落地后即屈膝半蹲,全脚着地。左脚随之跟进,成左丁步。同时,右手持剑向前点击,力点达于剑尖,拇指一侧在上。左手剑指即屈肘向头顶上方侧举,手心朝上。目视剑尖。

12. 提膝下截(图 15 - 66)

(1) 右腿伸直,左腿退步后屈膝,上体后仰。同时,右臂外旋,手心朝上,使剑向右、向后上方弧形绕环。左手剑指不动。

(2) 接上式,右臂内旋使手心向下,继续使剑向左、向前下方划弧下截,力点达于剑身前部。同时,上体向前探倾,左腿屈膝提起。目视剑指。

图 15 - 66

图 15 - 67

13. 提膝直刺(图 15 - 67)

(1) 右腿略屈膝,左脚向前落步,脚尖外撇。同时,右手持剑,右臂外旋使手心朝上,并在左脚落地的同时向上屈肘,将剑柄收抱于胸前,手心朝里,剑尖与肩同高。右手剑指随之下落,屈肘按于剑柄上。此时两腿成为交叉步。目视剑尖。

(2) 左腿直立,支撑身体重心,右腿向体前屈膝提起。脚尖下垂。同时,右手持剑向前平直刺出,力点达于剑尖,拇指一侧在上。右手剑指向后平伸指出,手心朝下。目视剑尖。

14. 回身平崩（图 15 - 68）

（1）右脚向前落步，脚尖外撇；左脚前脚掌蹍地使脚跟外转，屈膝略蹲。同时，上体向右后转，成交叉步；右手持剑臂外旋使手心朝上，屈肘向胸前收回，剑身与右前臂成水平直线。左手剑指随之直臂上举，经左耳侧屈肘前落，附于右手心上面。目视剑尖。

（2）上体稍右转，左腿挺膝伸直，右腿略屈膝。同时，右手持剑使剑前端用力向右平崩，力点达于剑前端，手心仍朝上。左手剑指屈肘侧举于左额上方，手心朝上。目视剑尖。

图 15 - 68　　　　　　　　　　　图 15 - 69

15. 歇步下劈（图 15 - 69）

右腿蹬地起跳，左脚向左跃步横跨一步。落地后，右腿即向左腿后侧插步，随之两腿屈膝全蹲成歇步。同时，右手持剑向上举起，在形成歇步时向左下劈，拇指一侧在上，剑指与踝关节同高，力达剑身。左手剑指随着下劈动作，下按于右腕上面。目视剑身。

16. 提膝下点（图 15 - 70）

（1）右手持剑先使手心朝下成平剑，随后以两脚前脚掌蹍地，上体经右向后转动，两腿边转边站立起来。右手持剑随转体平绕一周。当剑绕至上体右侧时，上体稍向左后仰，同时剑身继续向外、向上弧形绕环，剑尖接近右耳侧。此时，左手剑指离开右手腕向上屈肘侧举于头左上方。目视前下方。

（2）接上式，右腿伸直站立，支持身体重心。左腿屈膝提起，上体向右侧下探俯。同时，右手持剑向前下点击，拇指一侧在上，力点达于剑尖。目视剑尖。

图 15 - 70　　　　　　　　　　　图 15 - 71

第三段

17. 并步直刺（图 15 - 71）

（1）以右脚前掌为轴蹍地，使上体向左后转。同时，右臂内旋并向拇指一侧屈腕，使剑尖指向转身后的身前。左手剑指随之由上经右臂前、腹前绕环，向正前方指出，手心朝下，与肩同高。目视剑指。

（2）左脚向前落步，右脚随之跟进半步，两腿均屈膝半蹲。同时，右手持剑向前平伸直刺，力点达于剑尖，拇指一侧在上。左手剑指顺势附于右腕处。目视剑尖。

18. 弓步上挑(图 15－72)

右脚上步屈膝成右弓步。同时,右手持剑直臂向上挑举,剑尖向上,手心朝左,力点达于剑尖。左手剑指仍向前平伸指出,手心朝下略高于肩。上体稍前倾。目视剑指。

19. 歇步下劈(图 15－73)

右腿伸直,左脚向前上步,脚尖外撇。随之两腿交叉屈膝全蹲成歇步。同时,右手持剑向前下劈,拇指一侧在上。力点达于剑身,剑尖与踝关节同高。左手剑指屈肘附于右腕里侧,上体稍前倾。目视剑身。

图 15－72　　　　　　　　图 15－73　　　　　　　　图 15－74

20. 右截腕(图 15－74)

两脚以前脚掌蹍地,两腿稍伸直立。同时,上体右转 90°,成左虚步。右手持剑,右臂内旋使拇指一侧朝下,用剑的前端下刃向前上方划弧翻转,随着身体起立成虚步,右手持剑再向右后上方托起,剑尖稍高于剑柄。左手剑指仍附于右腕,两肘均稍屈。目视剑身前端。

21. 左截腕(图 15－75)

左脚向前上半步,以前脚掌蹍地,使上身向左、向右、向后转。右脚随之向前上一步,前脚掌着地,两腿屈膝成右虚步。在右脚进步同时,右手持剑,臂外旋,使剑身前端向左前上方划弧翻转,手心朝上,剑身与地面平行,高与肩平。左手剑指随之离开右腕,屈肘向上侧举于左上方。目视剑身前端。

22. 跃步上挑(如图 15－76)

(1) 左脚经身前向前上一步,右脚随之在身后离地,小腿后弯。同时,右手持剑,臂外旋手心朝里,使剑由右向上、向左屈肘划弧。剑至上身左侧时,右手靠近左胯旁,拇指一侧在上并向上屈腕。左手剑指在右手向左下落时附于右腕上。目视剑尖。

(2) 左脚蹬地,右脚向右侧跃步,落地后屈膝略蹲,左脚随之离地,屈膝从身后伸向右后侧方,形成望月平衡。上体向左侧倾俯,同时,右手持剑自左胯旁向下、向右划弧,当剑到达右侧方时,右臂外旋并向拇指一侧屈腕,使剑向上挑击,力达剑尖。左手剑指向左上方屈肘横举,拇指一侧在下。目视右侧方。

 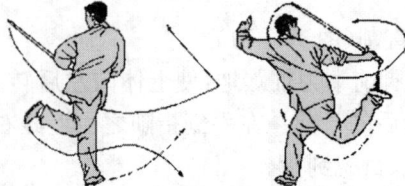

图 15－75　　　　　　　　图 15－76

23. 仆步下压（图 15-77）

（1）右手持剑使剑尖从头上经过,继而向身后、向右弧形平绕。当剑绕到右侧时,即屈肘将剑柄收抱于胸部前下方,手心朝上。同时,右膝伸直站立,支撑身体重心,上体立起,左腿屈膝提于身前。左手剑指仍横举于左额前上方。

（2）接上式,左手剑指经身前下落,按于右腕上。左腿随之向左侧落步,屈膝全蹲。右腿在右侧平铺伸直,脚尖里扣,成右仆步。同时,右手持剑用剑身平面向下带压,剑尖斜向右上方。上体前探,目视右前方。

图 15-77　　　　　　　　　　　图 15-78

24. 提膝直刺（图 15-78）

两腿直立站起,左腿屈膝提于身前,右腿直立支撑身体重心。同时,右手持剑向身前平伸直刺,拇指一侧在上,与肩齐平,力点达于剑尖。左剑指向左上方屈肘横举于左额前上方。目视剑尖。

第四段

25. 弓步平劈（图 15-79）

右手持剑,右臂外旋,使剑的下刃转翻向上,继而向左转体 90°。同时,左脚落地屈膝成弓步。左手剑指随着持剑臂的运行向右、向下、向左、向上圆形绕环后,仍屈肘上架于头左方。右手持剑向身前平劈,拇指一侧在上,臂伸直,剑尖略高于肩,力点达于剑身。目视剑尖。

26. 回身后撩（图 15-80）

右脚向前上一步,膝稍屈。左脚随之离地,小腿向上弯曲。上体前俯,腰向右拧转。同时右手持剑随右脚上步而向后反撩,剑尖斜向后下方,拇指一侧在下,力点达于剑身前部。左手剑指前伸呈侧上举,拇指一侧在下,手心朝外。目视剑尖。

图 15-79　　　　　图 15-80　　　　　　　图 15-81

27. 歇步上崩（图 15-81）

（1）右脚蹬地,左脚向前越步,上体随之右后转。左脚落地,脚尖稍外撇,右腿摆向身后。在上体转动的同时,右手持剑,右臂外旋,使拇指一侧朝上。左手剑指在体后平伸,手心朝下,稍高于肩。目视剑尖。

225

（2）接上式，右脚在身后落步，两腿屈膝前蹲，左大腿盖压在右大腿上，臀部坐在右腿上，成歇步。同时，右手持剑直臂下压，使剑尖上绷，力点达于剑尖。左手剑指随之屈肘侧举于头左上方，拇指一侧在下。目视剑身。

28. 弓步斜削（图15-82）

（1）左脚脚尖里扣，上体右转，右脚随之向前上步。屈膝，左脚在身后挺膝伸直，成右弓步。右手持剑，臂外旋使手心朝上。在转身的同时，屈肘向左肋前收回。左手剑指随之从身前下落，按在剑柄上。上体稍前倾。目视前方。

（2）接上式，右手持剑向后前上方斜面弧形上削，手心斜向上方，手腕稍向掌心一侧弯曲，剑尖稍高于头，力达剑身。同时左手剑指向右方，拇指一侧在上。目视剑尖。

图15-82　　　　　　　　　　　　　　图15-83

29. 进步左撩（图15-83）

（1）右腿伸直，上身向左转，左腿稍屈膝。同时右手持剑使手心朝里，经脸前边转身边向左划弧。剑至体前时，左手剑指附于右手腕里侧。目视剑尖。

（2）以右脚为轴蹍地，脚尖外撇，上体向右后转。左脚随之上前半步，以前脚掌上前半步。同时，右手持剑反手向下、向前、向上继续划弧撩起。剑指前上方时，肘部略屈，拇指一侧在下，剑尖与肩同高。左手剑指随右手动作，仍附于右手腕上。目视剑尖。

30. 进步右撩（图15-84）

（1）右手持剑直臂向上、向右后方划弧。左手剑指随势收于右肩前，手心朝左。目视剑尖。

（2）左脚掌踏实后以脚跟为轴蹍地，脚尖外撇。左脚随之向左前上一步，前脚掌虚着地面。同时，右手持剑由右向下。向前划弧抡臂撩起。剑指前方时，肘微屈，手心朝上，剑尖高于头平。左手剑指由右臂前向下、向前、向后上方绕环，屈肘侧举于头部左上方，手心朝上。目视剑尖。

图15-84　　　　　　　　　　　图15-85

31. 坐盘反撩（图15-85）

右脚踏实后向前上一小步，随即左脚从右腿后向右侧插一步，两腿屈膝下坐成坐盘式。同时，右手持剑向上、向左、向下、再向右上方反手绕环斜上撩，剑尖高过头顶。左手剑指随之经体前向下、向后上方划弧，屈肘举于左耳侧，拇指一侧在下。上体向左倾俯。目视剑尖。

32. 转身云剑（图 15－86）

（1）右脚蹬地，两腿伸直站起，并以两脚的前脚掌蹍地，上体左后转。随后，右腿屈膝稍蹲，右脚踏实，左膝微屈，前脚掌虚着地面，身体重心落于右腿。同时，右手持剑随身体转动一周后屈肘于右腕处。目视剑尖。

（2）接上式，上体稍后仰，右手持剑向左、向后、向右、向前圆形绕环一周。剑至体前时，右手手心朝上，松把，使剑尖下垂。左手剑指放开，拇指一侧朝上，准备接握右手之剑。此时身体重心前移，左脚踏实，右腿伸直，上体稍前倾。目视左手。

图 15－86

图 15－87

结束动作（图 15－87）

右手将剑柄交于左手后握成剑指。左手接剑后握住剑柄向体左侧下垂。随之右脚向右前方上步，脚尖里扣，屈膝略蹲，上体左转。左脚随之向前移步，以前脚掌虚着地面，膝微屈。在上体左转的同时，右手剑指随之由体后向上屈肘侧举于头部右上方，手心朝下。目视左前方。

三、初级刀术

预备式（图 15－88）

两脚并立，目平视前方。左手抱刀（虎口朝下，拇指在前、其余四指在后握住刀柄，手腕部贴靠刀盘），刀刃朝前，刀尖朝上，刀背贴靠前臂内侧。右手五指并拢，垂于身体右侧。

（1）右手向右、向上成弧形直臂绕环上举，手心朝左。

（2）右臂外旋并屈肘，从左下降至左腋近侧，手心朝上；左手握刀在右手屈肘下降之同时，由身前屈肘从右臂里面直臂向上穿出，手心朝右，刀尖朝下。目视右手。

（3）右手从左腋向下、向右弧形绕环，同时左手握刀从上向左、向下弧形绕环。目随右手。

（4）右手继续向上绕环至头顶，屈腕成横掌，掌心朝前，肘关节微屈；左手握刀继续向下绕环至身后，反臂斜举，手心朝右。右腿在右手成横掌之同时屈膝半蹲，左脚则随之向前伸出，前脚掌虚点地面，膝微屈。目向左平视。

（5）左脚向前上半步，膝略屈。右脚不动，腿蹬直。右掌同时从身前向身后弧形下落，至身后反臂斜举。

（6）右脚前进一部，膝略屈。左脚不动，腿蹬直。左手握刀与右手同时从身后向两侧平举。

（7）右腿伸直，左脚向前并步。左手握刀与右手同时从两侧向额前上方绕环，至额前上方时，右手拇指张开贴近刀盘，准备接握左手之刀。

图 15－88

第一段

1. 弓步缠头（图 15－89）

（1）右腿屈膝略蹲，左脚向左上步。右手持刀使刀背贴身从左绕向身后，左臂内旋（拇指一侧朝下）向左伸出，掌心朝后。目向左平视。

（2）上身左转，右腿挺膝伸直，左腿屈膝半蹲，成左弓箭步。右手持刀手心朝上，与上身左转之同时从身后向右、向前、向左肋处绕环平扫，手心朝下，刀背贴靠于左肋，刀身平放，刀尖朝后；左臂随之屈肘上举，至头顶上方成横掌。目向前平视。

图 15－89

2. 虚步藏刀（图 15－90）

（1）上身右转，左腿伸直，右腿屈膝。右手持刀，手心朝下，于上身右转之同时从左肋处向右平扫，刀背朝前；左掌随之向左侧平落，手心向上。目视刀身。

（2）顺扫刀之势右臂外旋，手心朝上，使刀背向身后平摆。

（3）右脚前脚掌为轴蹍地，脚跟外展，上身随之左转。左脚后收半步，膝关节微屈，右腿屈膝略蹲。右手持刀，刀尖朝下，从背后向左肩外侧绕行、向右腋处弧形绕环。目向左前方平视。

（4）右腿屈膝半蹲，左腿微屈膝，左脚前脚掌点地，成右实左虚之虚步。右手持刀从左肩外侧向下、向后拉回，肘略屈，刀刃朝下，刀尖朝前；左手随即向前成侧立掌平直推出，掌指朝上。目视左掌。

图 15－90

3. 弓步前刺（图 15－91）

左脚稍前移,踏实,右脚随即向前上步,左腿挺膝伸直,右腿屈膝半蹲,成右弓箭步。左掌在上步之同时从前向上、向后直臂弧形绕环,至身后平举成勾手,勾尖朝下;右手持刀随之向前直刺,刀刃朝下,刀尖朝前。目视刀尖。

图 15－91　　　　　　　　　图 15－92

4. 并步上挑（图 15－92）

左脚不动,重心后移,右脚蹬地回收,向左脚靠拢,并步直立。右手持刀在右脚向后并步之同时向上挑起,并即屈腕使刀身向背后落下,刀尖朝下,刀背贴靠脊背;左勾手随之向左平摆,与肩同高。目向前平视。

5. 左抡劈（图 15－93）

（1）左脚不动,右脚向左斜前方上步。右手持刀同时向左斜前方劈下,左勾手变掌附于右肘处。目视刀身。

（2）顺劈刀之势右臂内旋屈腕,使刀尖从下摆向身后,身体重心逐渐前移 。

（3）右脚不动,左脚向左斜前方上步,右腿挺膝伸直,左腿屈膝半蹲,成左弓箭步。右手持刀向上提起,刀刃朝上,左掌仍附于右肘处。

（4）右手持刀从上向右斜前方劈下,刀尖稍向上翘;左臂同时屈肘上举至头顶上方成横掌。目视刀尖。

图 15－93

6. 右抡劈（图 15－94）

（1）右腿屈膝略蹲,重心后移至右腿上,左膝微屈。右手持刀向右下方抽回,刀刃朝下。

（2）右手持刀继续运转,臂外旋使刀尖向下、向右绕行,至右侧时,刀背朝上。左掌同时从上向右胸前弧形绕环。

（3）右腿蹬直,左脚向右斜前方上步。左掌向左侧下方绕环,右手持刀臂外旋将刀举起,刀刃朝上。

（4）右脚向右斜前方上步,左腿挺膝伸直,右腿屈膝半蹲,成右弓箭步。右手持刀同时从上向左斜前方劈下,刀尖稍向上翘;左掌随之从下向左、向上弧形绕环,至头顶上方屈肘成横掌。

图 15－94

7. 弓步撩刀（图 15－95）

（1）右手持刀臂外旋屈肘使刀刃朝上，刀尖朝前，右脚提起离地。

（2）右脚随即向前落步。右手持刀向上、向后、向下贴身弧形绕环，左掌此时从上经下向前按于刀背上面。目视刀尖。

（3）左脚从体前上步，右腿挺膝伸直，左腿屈膝半蹲，成左弓箭步。右手持刀随左脚上步之同时向前撩起，刀刃斜朝上，刀尖斜朝下；左掌仍按于刀背，掌指朝上。上身前探，目视刀尖。

图 15－95

8. 弓步藏刀（图 15－96）

（1）右手持刀，手心向下，从体前向后平扫，左臂平举于左侧。

（2）上身右转，左脚尖里扣，右脚向身后撤步，左腿屈膝，右腿伸直。右手持刀顺扫刀之势臂外旋，使刀背向身后平摆，刀尖朝下。

（3）左脚向左斜方撤步，右腿屈膝，左腿伸直。同时左掌向下、向右腋弧形绕环，右手持刀从背后向左肩外侧绕行。

（4）右腿半蹲，成右弓箭步。右手持刀从左肩外侧向右后方下方拉回，刀刃朝下，刀尖朝前；左掌随之从右腋处向前成侧立掌平直推出，高与眉齐，掌指朝上。

图 15－96

第二段

9. 提膝缠头（图 15－97）

（1）右脚不动，左脚向前上步。左掌屈肘收于右肩前方，右手持刀使刀背顺左臂外侧向左方绕行,刀尖朝下。

(2) 左脚尖外撇,上身左转。右手持刀继续顺左臂外侧绕行至背后,左掌随之向左直臂平摆。

(3) 左脚不动,膝部伸直,右脚从身后屈膝在身前提起,脚面绷平,脚尖朝下。右手持刀从背后向前、向左肋处绕环平扫,至左肋下顺扫刀之势臂内旋,手心朝下,使刀平摆于左肋下,刀背贴肋,刀尖朝后;左掌同时从左侧屈肘上举至头顶上方成横掌。目向右平视。

图 15－97

10. 弓步平斩(图 15－98)

左脚不动,右脚向右侧落步,上身稍向右转,左腿挺膝伸直,右腿屈膝半蹲,成右弓箭步。右手持刀(手心朝下)从左肋处向身前平扫,拦腰斩击,刀尖朝前;左掌同时从上向后平落,掌指朝后。目视刀尖。

图 15－98

图 15－99

11. 仆步带刀(图 15－99)

(1) 右手持刀臂外旋使刀刃朝上,刀尖稍向下斜垂。

(2) 左腿屈膝全蹲,右腿挺膝伸直平铺,左脚尖稍向外撇,右脚尖向里紧扣,成仆步。右手持刀向左上方屈肘带回,刀刃仍朝上,刀尖仍稍向下垂;左掌同时屈肘附于刀把内侧,拇指一侧朝下。目向右侧平视。

12. 歇步下砍(图 15－100)

(1) 上身稍抬起。右手持刀,刀尖朝下,从右肩外侧向背后绕行;左掌同时向左侧平伸,拇指一侧朝下。

图 15－100

（2）右脚不动，左脚从身后向右侧插步。同时左掌从左向下、向右腋处弧形绕环；右手持刀从背后向左肩外侧绕行，手心朝下，刀身平放，刀尖朝后。目向右视。

（3）两腿屈膝全蹲成歇步，右大腿压盖在左大腿上面，右脚全脚掌着地，左脚仅以前脚掌着地，臀部坐落在左小腿上。右手持刀在歇步下坐之同时从左向前、右向下方歇砍，刀刃斜朝下，刀尖朝前；左掌随之向左摆出，在左侧上方成横掌。目视刀身。

13. 左劈刀（图 15－101）

（1）身体起立，左掌屈肘收至右额前，并附于右手腕；右手持刀，刀尖朝下，使刀背顺左臂外侧向左后方绕行。

（2）两脚前掌蹍地使上身向左后转。左掌随之向左侧平摆，拇指一侧朝下；右手持刀顺左臂绕行至背后。右腿略屈膝。

（3）上身继续左转成左弓步。

（4）左脚不动，右脚向左斜前方上步，右腿稍屈膝。同时右手持刀从身后向上、向前、向左侧下方斜劈，刀尖斜向下；左掌随之屈肘附于右肘处，掌指朝上。

（5）顺劈刀之势右臂内旋，屈腕使刀尖摆向身后，刀刃朝下；左掌附于右腕处。目向前平视。

图 15－101

14. 右劈刀（图 15－102）

（1）上身稍起立并向右转，右手持刀上举，刀尖朝下，使刀背顺左肩外侧绕向身后，左掌随之上举。

（2）左脚向右斜前方上步，右腿稍屈膝。同时右手持刀从身后向上、向前、向右侧下方（即右腿外侧）斜劈，刀尖斜向下；左掌随之附于右腕处。

（3）顺劈刀之势右臂外旋并屈腕使刀尖向后摆起，刀刃朝下，左掌随之分开。目视刀尖。

图 15－102

15. 歇步按刀（图 15－103）

（1）右手持刀臂外旋屈肘，刀尖朝下，使刀背从右肩外侧向后绕行。目视右手。

（2）左脚前脚掌蹍地使脚跟外展，右脚从身后向左侧插步。右手持刀从背后向左肩外侧绕行,同时左掌从左侧上举,附于右手腕的拇指近侧。

（3）两腿屈膝全蹲成歇步,左大腿压盖在右大腿上面,左脚全脚掌着地,右脚仅以前脚掌着地,臀部坐落在右小腿上。右手持刀向左侧下按,左手附于右腕,刀刃朝下,刀尖朝向身后。目视刀身。

图 15－103

16. 马步平劈（图 15－104）

（1）两腿稍微蹬起,上身向右后转。右手持刀与左掌一起随身体转动至上身左侧时,两手从左向上举起,刀尖向下。目视刀尖。

（2）两腿屈膝半蹲成马步,右手持刀从左向上、向右劈下,刀尖稍向上翘与眉齐;左掌在头顶上方屈肘成横掌,目视刀尖。

图 15－104

第三段

17. 弓步撩刀（图 15－105）

（1）左掌从上向右肩弧形绕环至右肩前,目视左掌。

（2）上身左转,右脚向左侧上一大步,左腿挺膝伸直,右腿屈膝半蹲,成右弓箭步。左掌在右脚上步之同时继续向下、向左、向上圆形绕环,至身后成斜上举,掌心朝上;右手持刀随右脚上步之同时向下、向左侧撩起,刀刃斜朝上,刀尖斜朝下。目视刀尖。

图 15－105

18. 插步反撩（图 15－106）

（1）上身左转,右腿蹬直,左腿屈膝。同时右手持刀从右向上、向后弧形绕环,左掌屈肘收于右胸前。目随刀转。

（2）上身右转，左脚从身后向右侧插步。右手持刀继续向下、向右反臂弧形绕环撩刀，刀刃斜朝上；同时左掌向左侧成横掌推出，拇指一侧朝下，掌指朝前，肘略屈。目视刀尖。

图 15－106

19. 转身挂劈（图 15－107）

（1）以两脚前脚掌为轴蹍地使上身向左后翻转。右手持刀手腕反屈（向手背方向弯曲）使刀尖翘起，随上身翻转之同时从下向左、向上挑挂，刀刃朝前，刀尖朝右上；左掌随上身转动。

（2）上身继续向左后转，两腿交叉，左腿在前，右腿在后。右手持刀随上身后转之同时从上向下、向左弧形绕环挂刀；左掌屈肘附于右腕处。目视刀尖。

（3）左脚不动，右脚向右跨步。右手持刀臂内旋，使刀刃朝上向上举起；左掌从右腕处向下、向左弧形绕环平伸。

（4）右腿伸直，左腿蹬地提起屈膝在腹前，上身略向右倾。右手持刀于左腿提膝之同时从上向右用力下劈，刀刃朝下，刀尖稍微上翘；左掌随之屈肘上举，在头顶成横掌。目视刀尖。

图 15－107

20. 仆步下砍（图 15－108）

（1）左脚在左侧落步，右腿伸直，左腿屈。右手持刀臂外旋屈肘，使刀刃朝后、刀尖下垂，从右肩外侧向后沿肩背绕行；同时左掌从上向左、向下、向右胸前弧形绕环，至右胸前成侧立掌，掌指朝上。

（2）左腿屈膝全蹲，右腿伸直平铺成仆步。右手持刀从背后向左、向前、向右下方绕行平砍，刀刃朝右，刀尖朝前；左掌同时屈肘举于头顶上方成横掌。目视刀身。

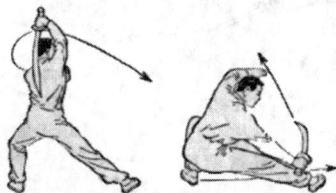

图 15－108

图 15－109

21. 架刀前刺（图 15－109）

（1）左腿蹬地起立并向右侧上步，身体向右后转，右膝略屈。右手持刀臂内旋，使刀刃朝上成上横架；同时左掌附于右手腕的拇指近处。目向前平视。

（2）以左脚前脚掌为轴蹍地，右腿屈膝提起，上身向右后转。转身时，右手持刀上举，刀身经过头顶，刀尖方向不变；转身后，两臂屈肘使刀平落，刀刃仍朝上，刀尖所指的方向不变（经过转体后，此时刀尖实际上向右）。

（3）右脚向前落步，左腿挺膝伸直，右腿屈膝半蹲成弓箭步。右手持刀向前直刺，刀刃朝下；同时左掌向左后方平伸，掌指朝后上方。目视刀尖。

22. 左斜劈（图 15－110）

（1）以两脚前脚掌蹍地使上身向右转。右手持刀臂内旋，刀尖朝下，使刀背沿左肩外侧向后方绕行；左手从右向左前方弧形平摆。目视左手。

（2）左腿屈膝提起。右手持刀从后向右、向前、向左下方绕环下劈；左掌附于右前臂，上身略向前倾。

（3）顺劈刀之势，右臂内旋屈腕，使刀尖向左后上方摆起。

图 15－110

23. 右斜劈（图 15－111）

（1）左脚向前落步。

（2）上身向右后转，右腿随之提膝离地。右手持刀从左向前、向右下方斜劈，左掌向左侧斜上举。目视刀尖。

图 15－111　　　　图 15－112

24. 虚步藏刀（图 15－112）

（1）右脚向后落步伸直，左腿屈膝。右手持刀在落步之同时臂外旋、屈腕，使刀尖朝下沿右肩外侧向左后绕行。

（2）身体重心后移，右腿屈膝略蹲，左脚后退半步。右手持刀从背后向左肩外侧绕行，同时左掌向下、向右腋处弧形绕环。

（3）右手持刀从左肩外侧向下、向后拉回，肘略屈，刀刃朝下，刀尖朝前；左掌随即向前成侧立掌平直推出，掌指朝上。此时，右腿半蹲，左腿屈膝，成右实左虚之虚步。目视左掌。

第四段

25. 旋转扫刀（图 15－113）

（1）左脚踩实。右手持刀臂内旋,使刀尖朝下,沿左臂外侧向左肩部绕行,左掌屈肘附于右手腕的拇指近侧。

（2）左脚尖外撇,右脚上步,上身左转。右手持刀沿左肩向右后方绕行,同时左掌从右向左平摆。目视右方。

（3）左脚从身后向右侧方插步,右手持刀继续从背后向右肩外侧绕行。目视右手。

（4）两腿屈膝全蹲成歇步,右手持刀,手心朝上,从右肩外侧向前下方迅速平扫。目视刀身。

（5）上身向左后转,右手持刀随身转动,低扫一周。转身后,两腿直立,右手持刀顺扫刀之势臂内旋,使手心朝下,将刀贴靠于左臂外侧;左掌附于右手腕的拇指近侧。

图 15－113

26. 翻身劈刀（图 15－114）

（1）上身右转,同时右手持刀向右侧下劈,左掌附于右前臂。目视刀尖。

（2）右脚向左侧摆起,左脚蹬地跳起,同时上身向左后翻转,接着右脚向前落地。在跃步和转身的同时,左掌从右前臂处向下、向左后、向上弧形绕环,至头顶屈肘成横掌;右手持刀随翻转身之势向下、向左后绕环撩起,刀刃朝上。目视右手。

（3）上身继续向后转。左脚向身体的右后方落步,左腿屈膝全蹲,右腿伸直平铺成仆步,上身向右前方探伸。右手持刀,在转身落步之同时从上向前劈下;左掌随之向下、向后、向上摆起,屈肘成横掌。目视刀尖。

图 15－114

27. 缠头箭踢（图 15－115）

（1）左脚蹬直使上身立起。左掌屈肘收于右肩前方,右手持刀臂内旋,刀尖朝下,使刀背沿左臂外侧向后绕行。同时左脚向前摆起,右脚蹬地纵起。左掌此时从右肩向左侧平摆。

（2）在空中,右手持刀做缠头动作,从背后向右、向前、向左肋处绕环平扫;左掌随之屈肘上举至头顶上方成横

图 15－115

掌。同时右脚用脚跟向前蹬踢,左脚用前脚掌落地。

28. 仆步按刀(图 15－116)

（1）上身右转,右手持刀从左肋处向前、向右、向后下方斜劈。目视刀身。

（2）右腿屈膝收回。右手持刀臂外旋,刀尖朝下,使刀从右肩外侧向背后绕行。目视右方。

（3）上身向右后转。同时左脚蹬地纵起,右脚趁势下落。右手持刀在纵步之同时从背后向左肩外侧绕行,左掌随之屈肘附于右手腕的拇指近处。

（4）右腿屈膝全蹲,左脚在左侧方落步,左腿伸直平铺成仆步。右手持刀与左掌同时向下按切,左手附于右手腕,刀尖朝左,刀刃朝下。目向左平视。

图 15－116

29. 缠头蹬腿(图 15－117)

（1）右腿蹬直立起,左膝提起成独立。右手持刀向右后拉回,左掌向前方伸出,掌指朝上。目视左手。

（2）上身左转,右手持刀从后向前由左膝下方朝左裹膝抄起,左掌屈肘附于右前臂。目视前下方。

（3）右手持刀从左肩外侧向后沿肩背绕行,左脚即向左斜前方落步,左掌向左平摆,掌心朝下。

（4）左腿屈膝半蹲,右腿挺膝伸直,成左弓箭步。右手持刀从背后近右肩外侧向前、向左肋绕环平扫,至左肋时顺扫刀之势臂内旋,将刀背贴靠左肋;左掌随之屈肘上举至头顶上方成横掌。

（5）右脚脚尖上跷,用脚跟向前上方蹬腿。目视脚尖。

图 15－117

30. 虚步藏刀(图 15－118)

（1）右脚向前落步。

（2）左脚向前跃步,右脚趁势提起,上身在跃步之同时向右后转。右手持刀,手心朝下,随着转身平扫一周,左掌从上向左后方平摆,掌心朝上。

（3）右脚向后落步,右手持刀臂外旋,使刀从右肩外侧向后绕行。

（4）左掌从左侧向下、向右腋弧形绕环后附于右腕处,右手持刀从背后向左肩外侧绕行。

（5）右腿屈膝半蹲，左腿略屈膝，右脚踏实，左脚尖点地成虚步。右手持刀向下、向后拉回，刀尖朝前；左掌向前平伸推出，掌指朝上。目视左掌。

图 15－118

31. 弓步缠头（图 15－119）

（1）左脚向左前方上半步，挺膝伸直。同时右手持刀臂内旋，刀尖朝下，使刀从左肩外侧向后绕行，做缠头动作。

（2）右腿挺膝伸直，左腿屈膝半蹲，成左弓箭步。右手持刀从背后向右、向前、向左屈肘扫刀顺势右臂内旋，使刀背贴靠于左肋，刀尖朝后；同时左掌屈肘上举至头顶上方成横掌。目向前平视。

图 15－119   图 15－120

32. 并步抱刀（图 15－120）

（1）左腿伸直，右腿屈膝，上身右转。右手持刀向右平扫，左掌随之向左平摆，掌心朝上。目视刀尖。

（2）顺扫刀之势右臂外旋，使刀背向身后平摆。目视右手。

（3）右腿伸直，左脚向右脚靠拢，并步直立。右手持刀，刀尖朝下，刀刃朝后，刀把向额前上方举起，同时左掌朝向额前方举起，拇指张开，用掌心握住刀把，准备将右手之刀接回。目视右侧。

结束动作（图 15－121）

（1）左手将刀接回，与右掌同时从上由前分向两侧落下，左手抱刀，刀背贴靠臂肘，刀刃朝前，刀刃朝上。左脚后退一步。

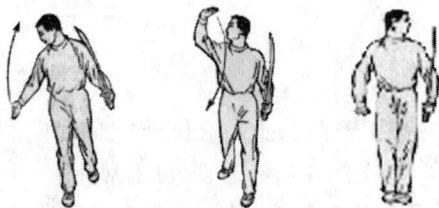

图 15－121

（2）右脚后撤一步,同时右掌从下向后、向上绕向右耳侧成横掌,掌心朝前,拇指一侧朝下;左手握刀不动。目视右手。

（3）左脚后退向右脚靠拢,并步直立。右掌随即从右耳侧向下按落,掌心朝下,肘略屈并向外撑开;左手握刀不动。目向左平视。

【复习思考题】

■ 你喜欢武术吗？为什么？

■ 武术运动有哪些基本手型、步型？

第十六章

拓展训练

第一节　拓展训练概述

一、拓展训练的起源与发展

人类是地球上的精灵，也是大自然的一个组成部分。人类具有社会的属性也具有自然的属性，为了能够更好地生活和共同来完成某一个目标，人们通过某种形式组成了团队，于是体验式培训、拓展训练便如火如荼地发展起来了。

拓展训练，起源于二战期间的英国。当时英国的商务船只在大西洋里屡遭德国潜艇的袭击，许多缺乏经验的年轻海员葬身海底。针对这种情况，哈恩等人创办了"阿伯德威海上学校"，训练年轻海员在海上的生存能力和船触礁后的生存技巧，使他们的身体和意志都得到锻炼。战争结束后，许多人认为这种训练仍然可以保留，于是拓展训练的独特创意和训练方式逐渐被推广开来，训练对象也由最初的海员扩大到军人、学生、工商业人员等各类群体。训练目标也由单纯的体能、生存训练扩展到心理训练、人格训练、管理训练等。在美国，拓展训练被列入高中教学大纲，成为中学生的必修课程，侧重于学生心理素质的培养，理论系统完善，并强调实践环节。在欧洲，拓展训练是否列入教学大纲，各个国家情况不一，但都注重理论和实践的结合，并把拓展训练扩展到企业和其他部门。1995年拓展训练被引进中国大陆，十几年来，拓展训练发展相当迅速。

二、拓展训练与高职体育教育

随着我国经济的发展，社会对高等技能型人才的需求日益增强。为了适应社会对高等技能型人才的需求，国家出台了一系列相应的政策措施，大力发展职业教育。高职院校在提高学生的工作技能上狠下功夫的同时，也在努力提高学生的人文素质。学校注重对学生进行团队合作精神的教育，注重对学生抗挫折与适应社会能力的培养，这有利于学生就业及将来的发展。拓展训练适时引入高职院校的体育教学之中，这是体育社会

图 16-1

功能的一种体现和延伸,也是体育教育面向社会、全面提高学生健康素质的一种时代需要和趋势,这将对高职院校培养职业型、应用型、专门型人才起到积极作用。现今,国家教育部和国家体育总局对拓展训练十分重视,决定在学校公共体育课中加入拓展训练内容,部分地区的学校已开始试点开设拓展训练课(图16-1)。拓展训练内容进入课堂,是我国素质教育的一种有益尝试,此举也必将促进拓展训练正规化、正常化的发展。

三、拓展训练的实践操作

拓展训练是在一定理论指导下的实践课程,是一种体验式学习。拓展训练的过程是一个环节接一个环节、环环相扣的过程,这也是拓展训练的特点和魅力所在。

1. 拓展训练的基本环节

(1) 训前动员。由带训人员和培训师做简短的训前动员,以提高学员的受训意识。培训师在训练开始前就要讲明培训目的,告知学员在这次培训中要领悟到什么、能收获到什么,使学员有一个明确的体验目标。

(2) 团队热身。在培训开始时,团队进行集体热身活动,有助于加深学员之间的相互了解,消除紧张气氛,建立团队情感,轻松愉悦地投入到培训活动中去。

(3) 个人项目设计。个人项目是本着心理挑战最大、体能冒险最小的原则设计的。每次进行个人项目训练,都是对受训者心理承受能力的一次极大的考验。

(4) 团队项目设计。团队项目的设计以改善受训者的合作意识和受训集体的团队精神为目标。通过复杂而艰巨的团队项目训练,促进学员之间的相互信任、理解、默契和配合。

(5) 回顾总结。每次训练结束,都要进行一次总结,帮助学员回顾训练活动的全过程,以消化、整理、提升训练中的体验。通过回顾总结,使学员能将培训的收获迁移到工作中去,以实现整体培训目标。

2. 拓展训练的显著特点

现今,教育存在于社会的每个角落,存在于每个人的一生历程中。每个人从一生下来就接触教育,甚至在母亲肚子里就接受了胎教。在上幼儿园、小学、中学时,学生接受的教育大都是书本上的知识,老师在上面讲,学生在下面听,近乎一种单向灌输。到了高等教育阶段,学生不仅要学习专业知识,而且要学习提高研究问题和分析问题的方法、技能,开始有了独立解决问题的机会。通过参加拓展培训,可以让学员在十分开放的状态下深切体验自己在性格、认知等深层次方面的优势和劣势,这种对人的心理、性格、态度方面的正面教育,具有突出的作用。

(1) 综合活动。拓展训练的所有项目都以体能活动为引导,引发出认知活动、情感活动、意志活动和交往活动,有明确的操作过程,要求学员全身心地投入。

(2) 挑战极限。拓展训练的项目都具有一定难度,表现在心理考验上,需要学员向自己的能力极限挑战,跨越"极限"。

(3) 集体主义精神。拓展训练实行分组活动,强调集体合作。力图使每一名学员竭尽全力地为集体争取荣誉,同时从集体中吸取巨大的力量和信心,在集体中显示个性。

(4) 高峰体验。在克服困难、顺利完成课程要求以后,学员能够体会到发自内心的成就感和自豪感,获得人生难得的高峰体验。

(5) 自我教育。教员只是在课前把课程的内容、目的、要求以及必要的安全注意事项向学员讲清楚,活动中一般不进行讲述,也不参与讨论,充分尊重学员的主体地位和主观能动性。即使在课后的总结中,教员也只是点到为止,主要让学员自己来讲,达到自我教育的目的。

通过拓展训练,参训者在如下方面有显著的提高:认识自身潜能,增强自信心,改善自身形象;克服心理惰性,磨练战胜困难的毅力;启发想象力与创造力,提高解决问题的能力;认识群体的作用,增进对集体的参与意识与责任心;改善人际关系,学会关心,更为融洽地与群体合作;学习欣赏、关注和爱护大自然。

3. 拓展训练中的安全保护

在拓展训练中,常会有一些户外极限项目或专门场地上的高空类对体能要求比较高的项目。为了避免学员受伤,在进行这些项目前,训练指导教师要仔细检查场地设备,并组织学员进行热身活动。在训练项目特别是高空类项目进行中,保护师一定要自始至终集中精力,不能有任何疏忽闪失。训练项目结束后,撤除保护装置也不能掉以轻心,要树立安全防范意识,按照规范操作。安全保护是保证拓展训练成功的重要因素。

第二节　拓展训练的项目分类

拓展训练的项目纷繁复杂,形式众多,人们在实践过程中又不断地开发和设计出一些新的项目。我们可以根据培训的不同目的和要求来确定和设置训练科目。

一、室内训练项目

根据拓展训练的要求,在室内进行的项目以智力为主,兼有体力游戏。拓展训练的"破冰"阶段也通常在室内进行,或遇恶劣天气在室外训练不安全的情况下,也常安排些室内项目。这些项目是根据受训者的相关能力分类设置的,主要有团队建设能力类、逻辑思维能力类、角色模拟能力类、应变能力类、创新能力类、领导能力类、沟通能力类等。

二、场地训练项目

专门为实施拓展训练而修建的人工场地,通常设置在风景优美、空气清新的郊外。学生通过参与有挑战性的体育项目,获得极为深刻的心理体验。这类项目的培训目标明确,内容经典突出,表现形式活泼多样,具有较大的心理挑战性。项目根据受训者的相关能力分类设置,如心理素质类、体能素质类、沟通能力类、合作能力类、创新精神类、团队精神类等。

1. 跳出真我

(1) 设施要求。空中跳台、空中单杠场地、保护绳、全身安全带等。

(2) 项目简介。参与者站在离地 7 米的跳台上,在前方一臂以外的空中,悬着一根单杠。参与者要做的,是从跳台上凌空跃起,抓住那根单杠(图 16 - 2)。

(3) 项目意义。

● 建立临危不惧的自信心,挖掘自身的潜力,挑战自我。

● 培养心理调节能力,增强自我控制能力和自我管理能力。

● 勇于把握机遇。

图 16 - 2

图 16 - 3

2. 断桥

(1) 设施要求。空中断桥场地、保险绳、安全带及安全帽。

(2) 项目简介。如果有人问你能否一步迈过 1.5 米的距离,你可能会觉得这没什么困难。但是,试想如果在离地 12 米的高空,你脚下踩的是一块只有 30 厘米宽、1 米左右长的木板,要迈向另一块同样细长的木板,两者距离还是 1.5 米,你能保证自己的心里一点儿不打鼓吗?"断桥"就是让你在高空迈过这一步(图 16 - 3)。

(3) 项目意义。

● 极度考验个人胆量与身体平衡能力,需要学员克服恐惧的心理障碍。

● 学会正确看待目标和困难。

● 体验环境变化后,在恐惧与挑战面前,团队激励对个人的作用。

● 提高换位思考意识,学会站在不同角度看问题。

3. 求生墙

(1) 设施要求。一座 4 米高的墙,没有任何器械帮助(图 16 - 4)。

(2) 项目简介。该项目是二战时期军舰上的水手发明的,也是真正意义上的求得活命方法——当时军舰下层的水手几乎都是赤身裸体地在船舱最底层工作,所以没有绳子作为救生工具。当军舰被击中,即将沉没时,正常出口被堵塞,只有爬墙求生。墙高 4 米,人无法独立通过,只能靠大家合作,才有逃此一劫的机会。

(3) 项目意义。

● 学会计划、分工、沟通与合作。

● 培养为团队奉献的精神。

4. 信任背摔

(1) 设施要求。1.8 米平台一座、短绳。

(2) 项目简介。队员轮流站在离地 1.8 米高的平台上背向倒下(图 16 - 5)。"背摔"对体力上的要求不高。在这个项目中,你所要做的就是站在台子上,合起双手,向后直倒下去,下面会有同伴们的手臂将你接住。可以说,背摔是非常容易的一个项目,但也使人感到这个项目对自己的胆量以及对同伴的信任是个巨大考验。

(3) 目的意义。信任、承诺,克服恐惧,团体对个人的支持。

243

图 16 - 4

图 16 - 5

5. 生死电网

（1）设施要求。一片竖直绳网，要求网洞大小不一。

（2）项目简介。所有队员在规定时间内成功翻越到对面(图 16 - 6)。

（3）目的意义。计划性，信任与合作。

三、野外训练项目

野外训练项目是把户外运动项目作为拓展训练的主要科目，利用崇山峻岭、瀚海大川等自然环境，通过精心设计的活动内容与方式，达到"磨练意志、陶冶情操、完善人格、熔炼团队"的培训目的。野外拓展训练是借鉴先进的团队培训理论，由传统外展训练发展而来的。它利用大自然各种艰险的环境，设定具体的训练任务与规则，使受训者通过克服各种险阻、挫折来提升个人意志力，团队的沟通能力、协作能力、应变能力，从而达到激发个人潜能，熔炼团队的目的。野外训练项目主要有登山、攀岩(图 16 - 7)、漂流、速降、野营(图 16 - 8)以及新兴项目"生命之旅"(图 16 - 9)，即：两人结队，其中一人蒙上眼睛，由另一人带领翻山穿林、蹚河过桥，中间角色互换，最后到达目的地再分享点评等。

图 16 - 6

图 16 - 7

图 16 - 8

图 16 - 9

图 16 - 10

四、破冰游戏

"破冰"之意,就是打破人际交往间怀疑、猜忌、疏远的篱樊,就像打破严冬厚厚的冰层。在拓展训练开始之前,"破冰"游戏(图 16 - 10)可以起到很好的热身作用,帮助学员放松心情、乐于交往和相互学习。常见的项目有生日重组、解人结、我是谁、结伴同行、心灵密码、似曾相识、进化论、齐齐行、联体婴、露四点、环球速递等,这里就不一一介绍了。

【复习思考题】

■ 拓展训练有哪几个基本环节? 请分别说明其要点。

■ 你参加过拓展训练吗? 请说说你的体验。

参 考 文 献

［1］孙民治.篮球.北京：高等教育出版社,1997.

［2］中国篮球协会.篮球规则.北京：光明日报出版社,2010.

［3］林志超.高职体育与健康规划教程.北京：北京体育大学出版社,2009.

［4］王梅珍.大学体育.郑州：河南人民出版社,2005.

［5］谢敏.大学体育教程.上海：上海科学技术出版社,2004.

［6］丁艺.大学体育与健康教程.沈阳：东北大学出版社,2003.

［7］马永生.新编大学体育.大连：大连理工大学出版社,2003.

［8］梁培根.体育教程.南京：河海大学出版社,2007.

［9］张勇.羽毛球.北京：北京体育大学出版社,2003.

［10］肖杰.羽毛球实战技巧.北京：北京体育大学出版社,2003.

［11］林晓梅.瑜伽标准体式分步图解全书.北京：中国纺织出版社,2009.

［12］张惠兰.瑜伽气功与冥想.北京：人民体育出版社,2010.

［13］刘卫军.跆拳道.北京：北京体育大学出版社,2000.

［14］陶宇平.户外运动与拓展训练教程.长沙：电子科技大学出版社,2006.